John Steinbeck
Nobelpreis für Literatur 1962

Das Buch

Am 23. September 1960 macht sich der 58-jährige John Steinbeck auf eine Rundreise durch Amerika. Einziger Begleiter ist sein Pudel Charley. Der Autor startet in Neuengland, fährt bis in den Norden von Maine, wo er mit frankokanadischen Wanderarbeitern ins Gespräch kommt, die bei der Kartoffelernte helfen. Seine Reise führt an der kanadischen Grenze entlang in Richtung Westen bis zum Pazifik. Er konzentriert sich auf die ländlichen Regionen, meidet größere Städte. Von Seattle aus geht es nach Salinas, seiner Heimatstadt. Erschüttert über die Touristenmassen, die hier die Straßen bevölkern, flieht er durch die Mojave-Wüste nach Texas. Dort ruht er sich bei Verwandten seiner Frau aus und will den Südosten des Landes bereisen. Doch in New Orleans wohnt er durch Zufall einer Demonstration bei, bei der weiße Frauen gegen schwarze Schulkinder protestieren. Zutiefst schockiert über diesen offenen Rassismus bricht er die Reise ab. – John Steinbecks Aufzeichnungen sind weniger ein Reisebericht als eine kritische Betrachtung der amerikanischen Gesellschaft. Der zu Anfang fröhliche Ton schlägt um in Enttäuschung und Bitterkeit.

Der Autor

John Steinbeck wird am 27. Februar 1902 in Salinas (Kalifornien) geboren. Er belegt Seminare in Literatur, Geschichte und Journalistik, arbeitet als Tagelöhner auf Bauernhöfen, Baustellen und in Fabriken, als Reporter und im Zweiten Weltkrieg als Kriegsberichterstatter in Europa. 1935 macht er mit *Tortilla Flat* auf sich aufmerksam. 1936 schreibt er für die *San Francisco News* eine Serie über Wanderarbeiter. Die Recherchen fließen in den sozialkritischen Roman *Früchte des Zorns* ein, der 1941 mit Henry Fonda in der Hauptrolle verfilmt wird. 1962 wird er für diesen Roman mit dem Literatur-Nobelpreis geehrt. Am 20. Dezember 1968 stirbt er in New York an Herzversagen.

John Steinbeck

Die Reise mit Charley

Auf der Suche nach Amerika

Aus dem Englischen von
Burkhart Kroeber

Bild

MIX
Papier aus verantwortungsvollen Quellen
FSC® C014496

Das für dieses Buch verwendete FSC®-zertifizierte Papier *EOS*
liefert Salzer Papier, St. Pölten, Austria.

Lizenzausgabe der Axel Springer AG, Berlin
1. Auflage, Oktober 2011

Lizenzausgabe mit freundlicher Genehmigung des Paul Zsolnay Verlags, Wien

Konzeption und Gestaltung: Klaus Fuereder
redaktionelle Leitung: Willem Tell
Projektkoordination: Stephan Pallmann, Alexandra Wesner
Titelbild: John Steinbeck
Bildnachweis: © ullstein bild - Granger Collection
Bearbeitung: Philippe Krueger.Kommunikation
Satz: GGP Media GmbH, Pößneck
Druck und Bindung: GGP Media GmbH, Pößneck
Gedruckt in Deutschland

ISBN 978-3-942656-38-2

Inhalt

Dieses Buch widme ich Harold Guinzburg
als Ausdruck meiner Hochachtung,
aufgrund einer langen Verbundenheit
und kürzlich noch gewachsenen Zuneigung.
John Steinbeck

Erster Teil

Als ich noch sehr jung war und den Drang verspürte, irgendwo anders zu sein, wurde mir von reifen Menschen versichert, die Reife werde dieses Jucken kurieren. Als ich das Alter erreicht hatte, das mich als reif beschrieb, war das mittlere Alter die verschriebene Medizin. Im mittleren Alter wurde mir versichert, das höhere Alter werde mein Fieber besänftigen, und jetzt, wo ich achtundfünfzig Jahre alt bin, wird das Greisenalter es vielleicht tun. Nichts hat bisher geholfen. Vier heisere Pfiffe einer Schiffssirene, und immer noch richten sich meine Nackenhaare auf, und meine Füße setzen sich in Bewegung. Der Lärm einer Düsenmaschine, ein warmlaufender Motor, ja nur das Klappern von Pferdehufen auf Straßenpflaster, und schon verspüre ich wieder den alten Schauder, der Mund wird mir trocken und der Blick träumerisch, die Handflächen werden heiß, und der Magen hebt sich bis hoch in den Brustkasten. Mit anderen Worten, es wird nicht besser mit mir, oder noch anders gesagt, einmal ein Tramp, immer ein Tramp. Ich fürchte, die Krankheit ist unheilbar. Dies schreibe ich nicht, um andere zu belehren, sondern um es mir selber klarzumachen.

Wenn das Virus der Rastlosigkeit von einem unsteten Menschen Besitz ergreift und die Straße, die in die Ferne führt, ihm breit und gerade und lockend erscheint, dann muß das Opfer zuerst in sich selbst einen guten und zureichenden Grund zum Aufbruch finden. Für den erfahrenen Tramp ist das kein Problem. Er hat ein eingebautes Sortiment von Gründen, aus dem er nur zu wählen braucht. Sodann muß er seine Reise in Raum und Zeit planen, ihr eine Richtung und ein Ziel geben. Und schließlich muß er die Art der Reise festlegen: Wie er sich fortbewegen, was er mitnehmen, wie lange er unterwegs sein will. Dieser Teil des Prozesses ist invariabel und unvergänglich. Ich schreibe das nieder, damit Trampneulinge nicht glauben – so wie es Teenager tun, wenn sie zum ersten Mal die Sünde entdecken –, sie hätten das alles erfunden.

Ist eine Reise einmal geplant, ausgerüstet und in Gang gebracht worden, kommt ein neuer Faktor hinzu und wird dominant. Jede Fahrt, jede Safari, jede Expedition ist eine eigene Entität, die sich von allen anderen Reisen unterscheidet. Sie hat einen eigenen Charakter, ein eigenes Temperament, eigene Individualität und Einmaligkeit. Eine Reise ist eine Person in sich, keine gleicht der anderen. Und alle Pläne, Sicherungen, Kontrollen und Zwänge sind nutzlos. Nach Jahren des Kampfes stellen wir fest, daß wir eine Reise nicht unternehmen, sondern von ihr unternommen werden. Führer, Fahrpläne, Reservierungen, so ehern und unvermeidlich sie sind, zerschellen an der Eigenart der Reise. Nur wenn er dies erkannt hat, kann der wahre Tramp sich entspannt dem Lauf der Dinge hingeben. Nur dann ist er gegen alle Frustrationen gefeit. Darin gleicht eine Reise der Ehe: Die sicherste Art zu scheitern ist zu meinen, man habe sie fest im Griff. Nachdem ich dies ausgesprochen habe, ist mir wohler, obwohl es nur diejenigen verstehen werden, die es selber erfahren haben.

Mein Plan war klar, präzise und vernünftig, denke ich. Viele Jahre lang bin ich in vielen Teilen der Welt gereist. In Amerika lebe ich in New York oder schaue kurz in Chicago oder San Francisco vorbei. Aber New York ist so wenig Amerika, wie Paris Frankreich oder London England ist. So entdeckte ich eines Tages, daß ich mein eigenes Land nicht mehr kannte. Ich, ein amerikanischer Schriftsteller, der über Amerika schreibt, arbeitete aus dem Gedächtnis, und das Gedächtnis ist bestenfalls ein schadhafter, undichter Speicher. Zu lange hatte ich die Sprache Amerikas nicht mehr gehört, sein Gras, seine Bäume, seine Abwassergräben nicht mehr gerochen, seine Hügel und Gewässer nicht mehr gesehen, seine Farben und die Eigenart seines Lichts. Ich kannte die Veränderungen nur aus Büchern und Zeitungen. Aber nicht nur das: Ich hatte das Land seit fünfundzwanzig Jahren nicht mehr *gefühlt*. Kurzum, ich schrieb über etwas, das ich nicht kannte, und mir scheint, bei einem, der sich Schriftsteller nennt, ist das kriminell. Meine Erinnerungen waren durch fünfundzwanzig vergangene Jahre verzerrt worden.

Früher war ich in einem alten Lieferwagen durchs Land gezockelt, einem zweitürigen Klapperkasten mit einer Matratze auf dem Boden. Ich hatte angehalten, wo Leute standen oder zusammenkamen, hatte zugehört und hingesehen und gefühlt, und auf diese Weise hatte ich ein Bild meines Landes gewonnen, dessen Genauigkeit nur durch meine eigenen Unzulänglichkeiten getrübt worden war.

So beschloß ich, erneut hinzusehen und zu versuchen, dieses monströse Land wiederzuentdecken. Andernfalls hätte ich beim Schreiben nicht mehr die kleinen diagnostischen Wahrheiten ausdrücken können, die das Fundament der größeren Wahrheiten sind. Sofort erhob sich eine erste Schwierigkeit. In den vergangenen fünfundzwanzig Jahren war mein Name ziemlich bekannt geworden. Und ich habe die Erfahrung gemacht, daß die Leute, wenn sie von einem gehört haben, ob in gutem Sinne oder nicht, sich verändern; aufgrund der Befangenheit oder der anderen Reaktionen, die ein bekannter Name hervorruft, verhalten sie sich anders, als sie es unter normalen Umständen tun würden. Daher verlangte meine Reise, daß ich meinen Namen und meine Identität zu Hause ließ. Ich mußte ein Paar wandelnder Augen und Ohren sein, eine Art reisende Fotoplatte. Ich durfte mich in kein Hotelregister eintragen, keine Leute treffen, die ich kannte, keine anderen interviewen oder auch nur befragen. Außerdem stören zwei oder mehr Menschen das ökologische Gleichgewicht einer Region. Ich mußte also allein reisen und autark sein, ähnlich einer Schildkröte, die ihr Haus auf dem Rücken trägt.

Mit alldem im Kopf schrieb ich an die Geschäftsleitung eines großen Konzerns, der Lastwagen herstellt. Ich erläuterte ihr mein Vorhaben und was ich dazu brauchte. Ich wollte einen Dreiviertel-Tonner mit Ladefläche, der jedem Gelände auch unter härtesten Bedingungen gewachsen war, und auf der Ladefläche wollte ich ein kleines Haus ähnlich einer Bootskajüte haben. Ein Wohnanhänger ist auf Bergstraßen schwer manövrierbar, läßt sich unmöglich oder nur illegal parken und unterliegt allerlei Beschränkungen. Nach gebührender Zeit kam die Beschreibung eines robusten, schnellen und bequemen Fahrzeugs mit einem Camper-Aufsatz – eine Kabine mit Doppelbett, vierflammigem Herd, Heizofen, Kühlschrank und Lampen, alles mit Butangas betrieben, dazu eine chemische Toilette, Wandschrank, Vorratsschrank und Fenster mit Insektengittern. Genau das, was ich wollte. Es wurde im Sommer zu meinem kleinen Fischeranwesen in Sag Harbor unweit der Spitze von Long Island geliefert. Zwar wollte ich nicht vor Labor Day* aufbrechen, wenn die Nation wieder zum normalen Leben zurückkehrt, aber ich wollte mich

* Sacherklärungen siehe Seite 283

schon ein bißchen an mein Schildkrötenhaus gewöhnen, es einrichten und kennenlernen. Es kam im August, ein prächtiges Gefährt, stark und doch wendig. Es ließ sich fast so leicht handhaben wie ein Personenwagen. Und weil meine geplante Reise schon ein paar sarkastische Bemerkungen unter meinen Freunden hervorgerufen hatte, taufte ich es »Rosinante«, was bekanntlich der Name von Don Quijotes Pferd war.

Da ich aus meinem Projekt kein Geheimnis machte, erhob sich unter meinen Freunden und Ratgebern eine Anzahl von Einwänden. (Eine geplante Reise erzeugt Ratgeber in Scharen.) So wurde ich darauf hingewiesen, daß es mir angesichts der weiten Verbreitung meines Fotos, für die mein Verleger nach Kräften gesorgt hatte, so gut wie unmöglich sein werde, unerkannt zu reisen. Ich möchte hier gleich vorausschicken, daß ich auf mehr als zehntausend Meilen in vierunddreißig Staaten kein einziges Mal erkannt worden bin. Ich glaube, die Leute erkennen jemanden nur im Kontext. Selbst diejenigen, die mich vor einem Hintergrund, wie sie ihn bei mir erwarten, vielleicht identifiziert hätten, haben mich in keinem Fall am Steuer von Rosinante erkannt.

Des weiteren wurde ich darauf hingewiesen, daß der Name Rosinante, den ich in barockem Spanisch auf die Seite des Wagens gepinselt hatte, an manchen Orten Neugier und entsprechende Fragen hervorrufen werde. Ich weiß nicht, wie vielen Menschen der Name ein Begriff war, jedenfalls hat mir keiner jemals irgendeine Frage über ihn gestellt.

Sodann wurde mir bedeutet, daß ein Fremder, der ohne erkennbaren Grund durchs Land fährt, Anlaß zu allerlei Nachforschungen geben und sogar Verdacht erregen werde. Darum hängte ich eine Schrotflinte, zwei Gewehre und ein paar Angelruten in den Wagen, denn ich habe die Erfahrung gemacht, daß jemand, der auf die Jagd oder zum Angeln geht, allgemeines Verständnis und sogar Zustimmung findet. In Wahrheit sind meine Jägertage vorbei. Ich töte oder fange nichts mehr, was nicht in eine Bratpfanne paßt; ich bin zu alt, um Töten als Sport zu betreiben. Diese Bühnenausstattung erwies sich jedoch als unnötig.

Schließlich wurde mir gesagt, daß meine New Yorker Nummernschilder Interesse wecken und vielleicht Fragen auslösen würden, denn sie waren die einzigen äußeren Erkennungszeichen, die ich hatte. Und so geschah es auch wirklich, vielleicht zwanzig- bis dreißigmal während der Reise. Aber diese Begegnungen folgten einem immergleichen Muster, und das ging ungefähr so:

Einheimischer: »New York, eh?«

Ich: »Yep.«

Einheimischer: »Bin achtunddreißig da gewesen – oder war's neununddreißig? Alice, war's achtunddreißig oder neununddreißig, daß wir nach New York gefahren sind?«

Alice: »Das war sechsunddreißig. Ich weiß es noch genau, weil's das Jahr war, in dem Alfred gestorben ist.«

Einheimischer: »Na jedenfalls, ich hab's scheußlich gefunden. Würd' nicht da leben wollen, auch wenn Sie mich dafür bezahlten.«

Viele waren ehrlich besorgt, daß ich allein reisen wollte, ungeschützt gegen Angriffe, Raubüberfälle und dergleichen. Man weiß ja, wie gefährlich unsere Straßen sind. Und ich muß zugeben, hier hatte ich selber mulmige Gefühle. Es ist einige Jahre her, daß ich allein gelebt habe, namenlos, ohne Freunde, ohne all jenen Schutz, den einem die Familie, die Nachbarn und Bekannten geben. Die Gefahr hat nichts körperlich Greifbares an sich. Sie ist zunächst bloß ein Gefühl großer Einsamkeit und Hilflosigkeit, man fühlt sich auf einmal ganz verlassen. Aus diesem Grund nahm ich mir einen Gefährten mit auf die Reise – einen alten französischen Pudelherrn namens Charley. Eigentlich heißt er »Charles le Chien«. Er stammt aus dem Pariser Vorort Bercy und ist in Frankreich erzogen worden, und obwohl er inzwischen ein wenig Pudelenglisch kann, reagiert er nur auf französische Kommandos sofort. Andere muß er sich erst übersetzen, und das macht ihn langsam. Er ist ein sehr großer Pudel in einer Farbe, die man *bleu* nennt, und wenn er sauber ist, ist er tatsächlich blau. Charley ist ein geborener Diplomat. Er zieht das Verhandeln dem Kämpfen vor, was sehr vernünftig ist, denn er ist ein sehr schlechter Kämpfer. Nur einmal in seinen zehn Lebensjahren ist er ernsthaft in Not geraten: Als er auf einen Hund traf, der nicht verhandeln wollte. Damals hat Charley ein Stück seines rechten Ohrs eingebüßt. Aber er ist ein guter Wachhund, er hat ein Organ wie ein Löwe, mit dem er nächtlichen Wanderern sehr gut verbergen kann, daß er sich nicht einmal aus einer Papiertüte herausbeißen könnte. Er ist ein guter Freund und Reisegefährte und findet Reisen schöner als alles andere. Wenn er in diesem Bericht des öfteren vorkommt, dann weil er viel zu meiner Reise beigetragen hat. Ein Hund, besonders ein so exotischer wie Charley, ist ein gutes Bindeglied zwischen Fremden. Viele Gespräche, die ich unterwegs hatte, begannen mit der Frage: »Was für ’ne Art Hund is’n das?«

Die Techniken der Gesprächsanknüpfung haben universale Geltung. Ich wußte vor langer Zeit und entdeckte jetzt wieder, daß die beste Art, sich Aufmerksamkeit, Hilfe und ein Gespräch zu verschaffen, darin besteht, sich als verirrt auszugeben. Ein Mann, der seine eigene Mutter, wenn er sie verhungernd vor sich auf dem Boden liegen sähe, mit einem Tritt in den Magen aus dem Weg räumen würde, verbringt bereitwillig mehrere Stunden seines Lebens damit, einem Wildfremden, der sich verirrt zu haben behauptet, falsche Wegbeschreibungen zu geben.

Unter den großen Eichen meines Anwesens in Sag Harbor stand Rosinante, schön und autark, und Nachbarn kamen zu Besuch, auch solche, die wir noch gar nicht kannten. In ihren Augen sah ich etwas, das ich wieder und wieder in allen Teilen Amerikas sehen sollte – ein brennendes Verlangen, loszuziehen, sich aufzumachen, egal wohin, nur weg. Sie sprachen leise darüber, wie gern sie eines Tages fortgehen würden, losziehen, frei und ungebunden, nicht zu etwas hin, sondern einfach weg. Ich sah diesen Blick und spürte dieses Verlangen überall, wo ich hinkam, in jedem Staat. Fast jeder Amerikaner hungert danach, loszuziehen. Ein kleiner Junge von etwa dreizehn Jahren kam jeden Tag. Schüchtern stand er ein bißchen abseits und betrachtete Rosinante, spähte zur Tür hinein, lag sogar unter dem Wagen und studierte die kräftigen Federn. Er war ein stiller, immer gegenwärtiger Junge. Er kam sogar abends, um Rosinante anzustarren. Nach einer Woche hielt er es nicht mehr aus. Seine Worte rangen sich mühsam durch seine Schüchternheit. »Wenn Sie mich mitnehmen«, sagte er, »mache ich alles. Ich koche, ich spüle ab, ich mache die ganze Arbeit und sorge für Sie.«

Leider war mir seine Sehnsucht nur allzu bekannt. »Ich wollte, es ginge«, sagte ich. »Aber der Schulrat und deine Eltern und eine Menge anderer Leute hätten was dagegen.«

»Ich mache alles«, wiederholte er, und ich glaube, er hätte es wirklich getan. Ich nehme an, daß er die Hoffnung erst aufgab, als ich ohne ihn losfuhr. Er hatte denselben Traum, den ich mein ganzes Leben lang geträumt hatte, und dagegen gibt es kein Mittel.

Rosinante auszurüsten war ein langer und genußvoller Prozeß. Ich nahm viel zuviel mit, aber ich wußte ja nicht, was ich vorfinden würde. Werkzeug für Notfälle, Abschleppseile, einen kleinen Flaschenzug, einen Spaten, eine Brechstange, Werkzeug zum Herrichten und Reparieren und Improvisieren. Dann der Notproviant. Ich würde spät in den Nordwesten gelangen und vielleicht eingeschneit werden. Ich nahm Proviant für mindestens eine Woche mit. Wasser war kein Problem: Rosinante hatte einen Dreißig-Gallonen-Tank.

Es könnte sein, daß ich unterwegs etwas schreiben wollte, vielleicht Essays, sicher Notizen, ganz bestimmt Briefe. Ich packte Schreib- und Durchschlagpapier, Schreibmaschine, Stifte, Notizbücher ein, und nicht nur das, auch Wörterbücher, eine Taschenbuch-Enzyklopädie und ein Dutzend anderer Nachschlagewerke, auch schwere. Ich nehme an, unsere Fähigkeit zur Selbsttäuschung ist grenzenlos. Ich wußte sehr gut, daß ich mir nur selten Notizen mache und sie dann entweder verliere oder nicht mehr lesen kann. Auch wußte ich aus dreißig Jahren Berufserfahrung, daß ich nicht unmittelbar nach einem Erlebnis darüber schreiben kann. Es muß erst gären. Ich muß es erst eine Zeitlang »wiederkäuen«, wie ein Freund das nennt. Doch trotz dieser Kenntnis meiner selbst rüstete ich Rosinante mit genügend Schreibmaterial aus, um zehn Bände zu füllen. Desgleichen packte ich hundertfünfzig Pfund jener Bücher hinein, zu deren Lektüre man nie gekommen ist – und natürlich sind das die Bücher, zu deren Lektüre man auch nie kommen wird. Dazu Konserven, Schrotflinten- und Gewehrmunition, Werkzeugkästen und viel zu viele Kleider, Decken und Kissen, auch viel zu viele Schuhe und Stiefel, gefütterte Thermo-Unterwäsche, Plastikteller und -tassen und eine Plastikschüssel zum Abwaschen sowie eine Reserveflasche Butangas. Die überlasteten Federn ächzten und senkten sich immer tiefer. Im nachhinein schätze ich, daß ich von allem ungefähr viermal zuviel mitgenommen habe.

Was Charley angeht, so ist er ein Hund, der Gedanken lesen kann. In seinem Leben hat es schon viele Reisen gegeben, und oft muß er zu Hause bleiben. Wenn wir verreisen wollen, weiß er es immer schon lange, bevor die Koffer hervorgeholt werden, und dann läuft er umher und jault und jiepert und gerät, so alt er ist, in einen Zustand milder Hysterie. In den Wochen der Vorbereitung wich er mir keinen Moment von der Seite und wurde ein richtiger Quälgeist. Er fing an, sich im Wagen zu verstecken, kroch hinein und versuchte sich so klein wie möglich zu machen.

Labor Day nahte, der Tag der Wahrheit, an dem Millionen von Kindern wieder in der Schule sitzen und Millionen von Eltern nicht mehr auf den Landstraßen sein würden. Ich wollte möglichst gleich danach aufbrechen. Und genau zu dieser Zeit wurde gemeldet, daß der Hurrikan Donna sich von der Karibik her auf uns zubewegte. Wir an der Spitze von Long Island haben das oft genug erlebt, um höchst respektvoll zu sein. Auf einen herannahenden Hurrikan bereiten wir uns wie auf eine Belagerung vor. Unsere kleine Bucht ist zwar recht gut geschützt, aber so gut nun auch wieder nicht. Während Donna herankroch, füllte ich die Kerosinlampen, aktivierte die Handpumpe am Brunnen und band alles fest, was beweglich war. Ich besitze ein zweiundzwanzig Fuß langes Motorboot, die *Fayre Eleyne*. Ich band es los und fuhr es in die Mitte der Bucht, ließ dort einen riesigen altmodischen Stockanker an halbzolldicker Kette hinab und verankerte es mit viel Bewegungsspielraum. So konnte es einen Sturm von bis zu zweihundertfünfzig Stundenkilometern überstehen, solange es sich nicht losriß.

Donna schlich heran. Wir holten ein Kofferradio hervor, um die Nachrichten hören zu können, denn wenn Donna zuschlug, würde der Strom ausfallen. Aber jetzt gab es noch eine zusätzliche Sorge – Rosinante, die unter den Bäumen stand. In einem bösen Wachtraum sah ich einen Baum auf sie krachen und sie zerdrücken wie eine Wanze. Ich fuhr sie außer Reichweite eines möglichen Sturzes, aber es war nicht auszuschließen, daß eine ganze Baumkrone fünfzig Fuß durch die Luft flog und sie zerschmetterte.

Am frühen Morgen erfuhren wir aus dem Radio, daß wir es voll abbekommen würden, und um zehn Uhr wurde gemeldet, daß der Wirbelsturm direkt über uns hinweggehen und uns um 13. 07 Uhr – oder zu einer ähnlich präzise angegebenen Zeit – erreichen werde. Unsere Bucht war ruhig, kein Kräuseln rührte sich, aber das Wasser war noch dunkel, und die *Fayre Eleyne* dümpelte vornehm müde in ihrer Verankerung.

Unsere Bucht ist besser geschützt als die meisten, weshalb viele kleine Boote hereinkamen, um zu ankern. Und mit Schrekken sah ich, daß viele ihrer Besitzer nicht wußten, wie man richtig ankert. Schließlich kamen zwei Boote herein, von denen eines das andere im Schlepp hatte, hübsche Dinger. Ein leichter Anker wurde geworfen, und so ließ man sie liegen, den Bug des einen ans Heck des anderen gebunden und beide innerhalb des Radius der *Fayre Eleyne*. Ich schnappte mir ein Megaphon, lief ans Ende meines Anlegestegs vor und versuchte, gegen diesen Unfug zu protestieren, aber die Besitzer hörten entweder nichts oder verstanden mich nicht oder kümmerten sich nicht darum.

Der Sturm brach genau in der vorausgesagten Minute über uns herein und zerwühlte das Wasser wie ein schwarzes Laken. Er schlug zu wie eine Faust. Die ganze Krone einer Eiche krachte herunter und streifte unser Haus genau da, wo wir hinaussahen. Die nächste Bö stieß eines der großen Fenster auf. Ich drückte es wieder zu und trieb mit einer Handaxt oben und unten Keile ein. Strom und Telefon waren, wie erwartet, beim ersten Windstoß ausgefallen. Und es waren zweieinhalb Meter hohe Flutwellen vorausgesagt. Wir sahen den Sturm Erde und Meer aufreißen wie ein wütendes Rudel Terrier. Bäume stürzten um oder bogen sich wie Grashalme, und das aufgepeitschte Wasser schäumte. Ein Boot riß sich los und schlitterte das Ufer hinauf, dann noch eins. Häusern, die im milden Frühling und Sommer gebaut worden waren, schlugen Wellen in die Oberstockfenster. Unser Haus steht auf einem kleinen Hügel etwa zehn Meter über Meereshöhe. Aber die steigende Flut spülte schon über meinen hohen Anlegesteg. Als der Wind drehte, fuhr ich Rosinante ein Stück weiter, so daß sie immer auf der Leeseite unserer großen

Eichen blieb. Die *Fayre Eleyne* ritt elegant auf den Wellen und drehte sich wie eine Wetterfahne im Wind.

Die beiden zusammengebundenen Boote hatten sich inzwischen verheddert, die Bugleine des einen hatte sich um Ruder und Schraube des anderen geschlungen, und die Rümpfe krachten aneinander. Ein weiteres Boot hatte sich losgerissen und war samt Anker in einer Schlickbank am Ufer gelandet.

Charley Dog kennt keine Nerven. Gewehrfeuer oder Donner, Explosionen oder heftiger Wind lassen ihn völlig kalt. Mitten im heulenden Sturm fand er einen warmen Platz unter einem Tisch und legte sich schlafen.

Der Sturm hörte ebenso plötzlich auf, wie er begonnen hatte. Die Wellen gingen zwar weiter hoch, aber sie waren nicht mehr windgepeitscht. Die Flut stieg höher und höher. Alle Anlegestege rings um unsere kleine Bucht waren überschwemmt, nur die Pfosten und Geländer ragten noch heraus. Die Stille war wie ein Dröhnen. Das Radio teilte uns mit, daß wir uns im Auge des Hurrikans befanden, in der beklemmenden Totenstille, die im Zentrum eines Wirbelsturms herrscht. Ich weiß nicht, wie lange die Stille anhielt. Die Wartezeit kam uns endlos vor. Dann traf uns die andere Seite, der Sturm aus der entgegengesetzten Richtung. Die *Fayre Eleyne* schwang anmutig herum und hielt ihren Bug in den Wind. Aber die beiden zusammengebundenen Boote zerrten an ihrem Anker, trieben auf die *Fayre Eleyne* zu und nahmen sie in die Zange. Trotz heftiger Gegenwehr wurde sie quer zum Wind gedreht und an einen benachbarten Anlegesteg gedrückt, und wir hörten, wie ihr Rumpf an die Eichenpfosten rummste. Die Windgeschwindigkeit betrug jetzt über hundertfünfzig Stundenkilometer.

Ohne zu überlegen rannte ich los, rannte gegen den Sturm ankämpfend um den oberen Teil der Bucht herum zu dem Landesteg, an den die Boote gedrückt wurden. Ich glaube, meine Frau, nach der die *Fayre Eleyne* benannt ist, rannte hinter mir her und rief, ich solle stehenbleiben. Die Planken des Stegs waren vier Fuß unter Wasser, aber die Pfosten ragten heraus und boten den Händen Halt. Ich kämpfte mich mühsam voran, das Wasser ging mir bis zur Brust, und der Seewind peitschte mir Wasser in den Mund. Mein Boot schrie und winselte an den Pfosten und zappelte wie ein verängstigtes Kalb. Dann sprang ich und schaffte es, mich an Bord zu ziehen. Zum ersten Mal in meinem Leben hatte ich ein Messer, als ich es brauchte. Die beiden wild gewordenen Boote drückten *Eleyne* an den Landesteg. Ich kappte Ankertau und Bugleine und stieß sie weg, und sie trieben ans Ufer auf die Schlickbank. Aber *Eleynes* Ankerkette war intakt, und der große alte Anker steckte noch unten fest, hundert Pfund Eisen mit speerförmigen, schaufelbreiten Haken.

Eleynes Motor gehorcht nicht immer, aber diesmal startete er auf Anhieb. Ich stand auf dem Deck, klammerte mich fest und griff mit der linken Hand nach Steuer, Gashebel und Kupplung. Und *Eleyne* versuchte mir zu helfen – ich nehme an, sie war sehr verängstigt. Ich bugsierte sie raus und zog mit der rechten Hand an der Ankerkette. Normalerweise kann ich diesen Anker kaum mit beiden Händen bei Windstille herausziehen. Aber diesmal ging alles reibungslos. Der Anker richtete sich auf, die Haken lösten sich, ich zog ihn hoch. Dann drehte ich den Bug in den Wind und gab Gas, und wir fuhren in diesen verdammten Wind hinein und kamen tatsächlich voran. Aber es war, als arbeiteten wir uns durch dicken Haferschleim. Hundert Meter vom Ufer entfernt ließ ich den Anker fallen, er sank auf den Grund und hakte sich fest, und die *Fayre Eleyne* straffte sich, hob den Bug und schien vor Erleichterung regelrecht aufzuseufzen.

Da war ich nun, hundert Meter vom Ufer entfernt, während Donna über mir heulte wie ein Rudel grauer Wölfe. Kein Beiboot hätte ihr auch nur eine Minute standgehalten. Ich sah einen Ast vorbeitreiben und sprang kurzentschlossen hinterher. Es bestand keine Gefahr. Wenn ich den Kopf über Wasser halten konnte, mußte ich ans Ufer getrieben werden, aber ich gebe zu, meine halbhohen Gummistiefel wurden ziemlich schwer.

Es konnte nicht mehr als drei Minuten gedauert haben, bis ich Grund spürte und diese andere Fayre Eleyne und ein Nachbar mich herauszogen. Da erst begann ich am ganzen Leibe zu zittern, aber hinauszuschauen und unser kleines Boot sicher und wohlbehalten auf den Wellen reiten zu sehen, war schön. Ich mußte mich ein wenig übernommen haben, als ich den Anker mit einer Hand hochzog, denn ich brauchte etwas Hilfe, um ins Haus zu kommen; ein Glas Whisky auf dem Küchentisch war ebenfalls hilfreich. Seitdem habe ich mehrmals versucht, den Anker mit einer Hand zu heben, aber es geht nicht.

Der Sturm legte sich rasch und hinterließ uns ein Chaos – Stromleitungen waren gerissen, und eine Woche lang gab es kein Telefon. Aber Rosinante war heil geblieben.

Zweiter Teil

Ich glaube, wer eine Reise von langer Hand plant, ist im Innersten überzeugt, daß er sie niemals antreten wird. Als der Tag näher rückte, wurden mir mein warmes Bett und mein behagliches Haus immer begehrenswerter und meine liebe Frau immer teurer. All dies für drei Monate aufzugeben, um dafür die Schrecken des Unbequemen und Unbekannten einzutauschen, kam mir verrückt vor. Ich wollte nicht aufbrechen. Irgend etwas mußte dazwischenkommen, um mich daran zu hindern, aber nichts passierte. Ich hätte natürlich krank werden können, aber genau das war für mich einer der wichtigsten, wenn auch geheimen Gründe, mich überhaupt auf die Reise zu machen. Im vergangenen Winter war ich ernstlich an einer jener mit sorgfältig ausgesuchten Namen versehenen Malessen erkrankt, die die Vorboten näherrückenden Alters sind. Als ich sie überstanden hatte, bekam ich den üblichen Vortrag zu hören, ich müsse mich schonen, ich müsse abnehmen, ich müsse auf meinen Cholesterinspiegel achten. Das passiert vielen Männern, ich glaube, die Ärzte haben die Litanei auswendig gelernt. So vielen meiner Freunde ist das passiert. Der Vortrag endet mit den Worten: »Schonen Sie sich. Sie sind nicht mehr so jung, wie Sie meinen.« Und so viele haben daraufhin angefangen, ihr Leben in Watte zu packen, ihre Triebe zu dämpfen, ihre Leidenschaften zu unterdrücken und sich schrittweise aus ihrer Männlichkeit in eine Art geistige und körperliche Scheininvalidität zurückzuziehen. Sie werden darin von ihren Frauen und Verwandten bestärkt, und es ist eine süße Falle.

Wer läßt sich nicht gerne allseits umsorgen? Eine Art zweiter Kindheit überkommt viele Männer. Sie tauschen ihre Vehemenz gegen das Versprechen einer kleinen Verlängerung ihrer

Lebensspanne. Im Ergebnis wird der Herr des Hauses zu dessen jüngstem Kind. Und mit einem Gefühl des Grauens habe ich selbst in mir nach dieser Möglichkeit gesucht. Denn ich habe immer vehement gelebt, schwer getrunken, zu viel oder gar nichts gegessen, rund um die Uhr geschlafen oder zwei Nächte durchgemacht, zu hart und zu lange glorios gearbeitet oder eine ganze Zeit völlig vertrödelt. Ich habe gehoben, geschleppt, gefightet, Berge bestiegen, mit Freuden geliebt und meine Kater als Konsequenz und nicht als Strafe genommen. Ich wollte nicht meine Wildheit aufgeben, nur um ein bißchen Boden zu gewinnen. Meine Frau hat einen Mann geheiratet, ich sah keinen Grund, warum sie ein Kleinkind erben sollte. Mir war klar, daß es Schwerarbeit sein würde, einen Lastwagen zehn- bis zwölftausend Meilen weit zu fahren, allein und unversorgt, über alle Arten von Straßen, aber für mich stellte es das Antidot gegen das Gift des berufsmäßig kranken Mannes dar. Und in meinem Leben bin ich nicht bereit, Qualität gegen Quantität einzutauschen. Sollte sich die geplante Reise als zu anstrengend erweisen, dann war es ohnehin Zeit abzutreten. Zu viele Männer zögern ihr Ende mit einem krankhaft langsamen Abgang von der Bühne hinaus. Das ist schlechtes Theater und schlechtes Leben. Ich bin in der glücklichen Lage, eine Frau zu haben, die gerne Frau ist, was heißt, daß sie Männer mag, nicht ältliche Wickelkinder. Obwohl wir nie über diesen letzten Beweggrund meiner Reise gesprochen haben, bin ich sicher, daß sie ihn verstanden hat.

Der Morgen kam, ein klarer Morgen im gelbbraunen Licht der Herbstsonne. Meine Frau und ich trennten uns rasch, denn wir beide können Abschiedsszenen nicht leiden, und keiner von uns wollte zurückbleiben, wenn der andere abgefahren war. Sie ließ ihren Motor aufheulen und schoß davon nach New York, und ich, mit Charley auf dem Beifahrersitz, lenkte Rosinante zur Fähre nach Shelter Island und dann zu einer zweiten Fähre nach Greenport und zu einer dritten von Orient Point über den

Long-Island-Sund zur Küste von Connecticut, denn ich wollte den New Yorker Verkehr meiden und gut vorankommen. Und ich gestehe, daß ich mich ziemlich elend fühlte.

Die Sonne stach auf das Fährendeck, und die Küste des Festlandes war nur eine Stunde entfernt. Eine prächtige Schaluppe fuhr neben uns her, das Vorsegel wie eine geblähte Schärpe, und der ganze Küstenverkehr stampfte mühsam den Sund hinauf oder wälzte sich schwer in Richtung New York. Dann tauchte eine halbe Meile vor uns ein U-Boot auf, und der Tag verlor etwas von seinem Glanz. Weiter hinten schnürte ein zweites dunkles Ungeheuer durchs Wasser und dann noch eins. Sicher, die sind in New London stationiert, und dies hier ist ihr Heimatgewässer. Und vielleicht bewahren sie den Weltfrieden mit ihrem Teufelszeug. Ich wollte, ich hätte nichts gegen Unterseeboote, dann könnte ich sie vielleicht schön finden, aber sie sind zum Zerstören geschaffen, und mögen sie auch den Meeresboden erforschen und kartographieren und vielleicht neue Handelslinien unter dem arktischen Eis erschließen, ihr Hauptzweck ist Drohung. Ich erinnere mich nur zu gut, wie ich den Atlantik auf einem Truppentransporter überquerte und wußte, daß irgendwo unterwegs diese dunklen Dinger lauerten und mit ihren Stielaugen nach uns suchten. Das Licht wird irgendwie fahl für mich, wenn ich sie sehe und an die verbrannten Menschen denken muß, die aus dem ölverschmutzten Meer gezogen wurden. Und heute drohen Unterseeboote mit Massenmord, unsere dumme, unsere einzige Art, vom Massenmord abzuschrecken.

Nur wenige Menschen standen im Wind auf dem Oberdeck der klapprigen Eisenfähre. Ein junger Mann im Trenchcoat, mit weizenblondem Haar und ritterspornblauen Augen, die vom andauernden Wind rotgerändert waren, drehte sich zu mir und zeigte dann auf eines der Boote. »Das ist das neue«, sagte er. »Es kann drei Monate unten bleiben.«

»Wie können Sie die unterscheiden?«

»Ich kenne sie. Ich bin auf einem.«

»Mit Atomantrieb?«

»Noch nicht, aber ich habe einen Onkel auf einem, und vielleicht ist es bald soweit.«

»Sie sind nicht in Uniform.«

»Hatte grad Ausgang.«

»Dienen Sie gern auf ihnen?«

»Aber ja. Die Bezahlung ist gut, und es gibt jede Art von … Zukunft.«

»Würden Sie gern drei Monate unten bleiben?«

»Man gewöhnt sich dran. Das Essen ist gut, es gibt Kino, und … ich würd' gern mal unterm Pol durchfahren. Sie nicht?«

»Doch, glaube schon.«

»Und es gibt Kino und jede Art von … Zukunft.«

»Woher stammen Sie?«

»Von da drüben … New London … bin da geboren. Mein Onkel dient auf den Booten und zwei Vettern auch. Ich glaube, wir sind so'ne Art U-Boot-Familie.«

»Mir machen sie ein bißchen Angst.«

»Och, da würden Sie drüber wegkommen, Sir. Bald würden Sie gar nicht mehr dran denken, daß Sie unter Wasser sind … das heißt, wenn bei Ihnen alles in Ordnung ist. Haben Sie mal Klaustrophobie gehabt?«

»Nein.«

»Na bitte. Sie würden sich schnell dran gewöhnen. Kommen Sie mit runter auf 'ne Tasse Kaffee? Wir haben noch reichlich Zeit.«

»Ja, gern.«

Vielleicht hat er ja recht, und ich liege falsch. Es ist seine Welt, nicht mehr meine. In seinen ritterspornblauen Augen ist kein Ärger und keine Angst und auch kein Haß, also könnte es sein, daß er recht hat. Es ist bloß ein gut bezahlter Job mit Zukunft. Ich darf nicht meine Erinnerungen und meine Angst auf ihn laden. Vielleicht wird es nicht noch einmal wahr, aber dafür muß *er* sorgen. Es ist jetzt seine Welt. Vielleicht versteht er Dinge, die ich nie lernen werde.

Wir tranken unseren Kaffee aus Pappbechern, und er zeigte durch die quadratischen Fährenfenster auf die Trockendocks und die Skelette der neuen U-Boote.

»Das Schöne daran ist, wenn ein Sturm kommt, kann man wegtauchen, und dann ist es ganz ruhig. Man schläft wie ein Baby, und oben ist die Hölle los.« Er beschrieb mir, wie ich aus der Stadt hinausfinden würde, und es war eine der wenigen richtigen Wegbeschreibungen, die ich auf der ganzen Reise bekommen sollte.

»So long«, sagte ich. »Ich hoffe, Sie haben eine gute … Zukunft.«

»Die ist nicht schlecht, glauben Sie mir. Good-bye, Sir.«

Als ich hinter der Stadt im Inneren von Connecticut eine von Bäumen und Gärten gesäumte Straße entlangfuhr, wußte ich, daß er es war, der mich dazu gebracht hatte, mich besser und sicherer zu fühlen.

Wochenlang hatte ich Karten studiert, Karten in großem und kleinem Maßstab, aber Karten sind alles andere als die Wirklichkeit – sie können Tyrannen sein. Ich kenne Leute, die sich so tief in Straßenkarten versenken, daß sie nichts von der Landschaft sehen, durch die sie fahren, und andere, die an der einmal gewählten Route so eisern festhalten, als liefen ihre Räder auf Schienen. Ich fuhr Rosinante auf einen kleinen Rastplatz, der vom Staat Connecticut unterhalten wird, und holte mein Kartenbuch heraus. Und auf einmal wurden die Vereinigten Staaten riesig über alle Maßen, so daß es unmöglich schien, sie zu durchqueren. Wie zum Teufel hatte ich mich auf ein so undurchführbares Unternehmen einlassen können? Es war, wie wenn ich einen Roman zu schreiben beginne. Wenn ich vor der hoffnungslosen Unmöglichkeit stehe, fünfhundert Seiten vollzuschreiben, überfällt mich ein krankhaftes Gefühl der Ohnmacht, und ich weiß, daß ich es niemals schaffen werde. So geht es mir jedesmal. Dann schreibe ich eine Seite und dann noch eine. Vorausbedenken kann ich höchstens die Arbeit eines Tages, und die Möglichkeit, daß ich jemals fertig werde, schließe ich aus. Genauso ging es mir nun, als ich die farbenprächtige Projektion des Monsters Amerika betrachtete. Die Blätter an den Bäumen rund um den Rastplatz waren dick und schwer, sie wuchsen nicht mehr in die Höhe, sondern hingen schlaff herunter und warteten auf den ersten Frost, der sie färben, und den zweiten, der sie zu Boden treiben und ihr Jahr beenden würde.

Charley ist ein großer Hund. Wenn er auf dem Beifahrersitz neben mir saß, war sein Kopf fast auf gleicher Höhe wie meiner. Er hielt seine Nase dicht an mein Ohr und machte »Ftt«. Er ist der einzige Hund, den ich jemals gekannt habe, der den Konsonanten F aussprechen kann. Das liegt daran, daß seine Vorderzähne krumm sind, eine Tragödie, die ihn daran hindert, an Hundeshows teilzunehmen; da seine oberen Vorderzähne ein wenig über die Unterlippe ragen, kann Charley das F aussprechen. Das Wort »Ftt« bedeutet gewöhnlich, daß er gern einen Busch oder Baum begrüßen würde. Ich öffnete die Tür und ließ ihn hinaus, und er machte sich an seine Zeremonie. Er braucht darüber nicht nachzudenken, um sie gut zu verrichten. Auf manchen Gebieten ist Charley intelligenter als ich, das habe ich erfahren, aber auf anderen ist er abgrundtief ignorant. Er kann nicht lesen, er kann nicht Auto fahren, er hat keinen Sinn für Mathematik. Aber in seinem ureigensten Metier, in dem er sich nun betätigte, dem langsamen, besitzergreifenden Beschnüffeln und Besprengen eines Areals, hat er nicht seinesgleichen. Natürlich ist sein Horizont begrenzt, aber wie weit ist meiner?

Wir fuhren weiter in den spätherbstlichen Nachmittag hinein nach Norden. Da ich autark sein mußte, überlegte ich, daß es schön sein würde, wenn ich ab und zu Leute, die ich unterwegs traf, zu einem Drink in mein Haus einladen könnte, aber ich hatte versäumt, Alkohol mitzunehmen. Nun gibt es jedoch hübsche kleine Spirituosengeschäfte an den Landstraßen dieses Staates. Ich wußte, daß ich durch einige »trockene« Staaten kommen würde, aber ich hatte vergessen, welche es waren, und ich konnte mich ebensogut auch gleich hier eindecken. Ein kleiner Laden stand abseits der Straße zwischen Ahornbäumen. Er hatte einen gepflegten Vorgarten und Blumen vor den Fenstern. Der Besitzer war ein graugesichtiger Mann undefinierbaren Alters, vermutlich ein Abstinenzler. Er schlug sein Bestellbuch auf und strich das Kohlepapier mit geduldiger Sorgfalt glatt. Man weiß nie, was die Leute gern trinken würden. Ich bestellte Bourbon, Scotch, Gin, Wermut, Wodka, einen mittelguten Kognak, sehr alten Apfelschnaps und eine Kiste Bier. Mir schien, das würde für die meisten Situationen genügen. Es war eine große Bestellung für einen kleinen Laden. Der Besitzer war beeindruckt.

»Muß 'ne schöne Party sein.«

»Nein, das ist nur Reiseproviant.«

Er half mir die Kartons hinaustragen, und ich öffnete Rosinantes Tür.

»Damit reisen Sie?«

»Freilich.«

»Wohin?«

»Überall rum.«

Und da sah ich, was ich noch so oft auf der Reise sehen sollte – einen Blick voller Sehnsucht. »Herrgott! Ich wollte, ich könnte mit.«

»Gefällt es Ihnen hier nicht?«

»Doch, sicher. Es ist alles in Ordnung, aber ich wollte, ich könnte mit.«

»Sie wissen doch gar nicht, wo ich hinfahre.«

»Das ist egal. Ich würde überallhin mitkommen.«

Später mußte ich die unter Bäumen versteckten Straßen verlassen und mich bemühen, die Städte zu umfahren. Hartford und Providence sind so große Städte, voller Geschäftigkeit und schrecklich verstopft von Verkehr. Sie zu durchqueren dauert viel länger, als ein paar hundert Meilen zu fahren. Und während man damit beschäftigt ist, sich in der vertrackten

Straßenführung zurechtzufinden, hat man ohnehin keine Chance, etwas zu sehen. Aber inzwischen bin ich durch Hunderte von Städten in jedem Klima und vor jeder denkbaren Szenerie gekommen, und natürlich sind alle verschieden, und die Leute unterscheiden sich in vieler Hinsicht, aber in einem Punkt sind alle gleich. Amerikanische Städte sind wie Dachsbauten: von Abfall umgeben – alle ohne Ausnahme –, umzingelt von Bergen rostender Autowracks und fast erstickt unter Müll. Alles, was wir brauchen, kommt in Kisten, Kartons, Behältern, der sogenannten Verpackung, die wir so lieben. Die Berge dessen, was wir wegwerfen, sind sehr viel größer als die der Dinge, die wir benutzen. Daran, wenn nicht an anderem, können wir das wüste und zügellose Übermaß unserer Produktion ermessen, und Abfall scheint der Maßstab zu sein. Als ich daran vorbeifuhr, ging mir durch den Kopf, wie sorgsam in Frankreich oder Italien jedes einzelne dieser weggeworfenen Dinge aufbewahrt und noch zu etwas benutzt werden würde. Dies sage ich nicht, um das eine oder andere System zu kritisieren, aber ich frage mich, ob es nicht bald so weit kommen wird, daß wir uns unsere Abfallmengen nicht mehr leisten können – chemische Abfälle in den Flüssen, metallische Abfälle überall, nukleare Abfälle tief in der Erde vergraben oder im Meer versenkt. Wenn ein Indianerdorf im eigenen Unrat zu ersticken drohte, zogen die Einwohner fort. Wir haben keinen Ort, wohin wir umziehen können.

Ich hatte meinem jüngsten Sohn versprochen, ihm Hallo zu sagen, wenn ich an seiner Schule in Deerfield, Massachusetts, vorbeikommen würde, aber ich kam dort so spät an, daß ich ihn nicht mehr wecken wollte, und so fuhr ich den Berg hinauf und fand eine Molkerei, kaufte mir etwas Milch und bat um die Erlaubnis, unter einem Apfelbaum zu übernachten. Der Molkereibesitzer hatte einen Doktor in Mathematik und mußte auch etwas von Philosophie verstehen, denn er war mit seiner Arbeit zufrieden und wollte nicht anderswo sein – einer der sehr wenigen zufriedenen Menschen, die ich auf meiner ganzen Reise getroffen habe.

Über meinen Besuch in der Eaglebrook-Schule möchte ich lieber den Mantel des Schweigens breiten. Man kann sich vorstellen, was für eine Wirkung Rosinante auf zweihundert minderjährige Insassen einer Erziehungsanstalt hatte, die sich gerade anschickten, ihre Winterhaft abzusitzen. Sie besuchten mein Gefährt scharenweise, manchmal drängten sich nicht weniger als fünfzehn gleichzeitig in der kleinen Kajüte. Und ihre Blicke warfen mir liebenswürdige Flüche zu, weil ich weggehen konnte und sie nicht. Mein eigener Sohn wird es mir wahrscheinlich nie vergeben. Bald nachdem ich losgefahren war, hielt ich an und vergewisserte mich, daß keine blinden Passagiere an Bord waren.

Meine Route führte in nördlicher Richtung ein gutes Stück durch Vermont und dann ostwärts nach New Hampshire in die White Mountains. Auf den Verkaufstischen neben der Straße türmten sich goldgelbe Kürbisse, rostrote Wassermelonen und Körbe voll roter Äpfel, so prall und süß, daß sie vor Saft zu platzen schienen, wenn ich hineinbiß. Ich kaufte Äpfel und eine Gallone frisch gepreßten Cidre. Ich glaube, jeder an diesen Landstraßen verkauft Mokassins und Wildlederhandschuhe, und wer es nicht tut, verkauft Ziegenmilch-Candy. Noch nie zuvor hatte ich die *factory-outlet stores* auf dem flachen Lande gesehen, werkseigene Verkaufsstellen, in denen Schuhe und Kleider feilgeboten werden. Die Dörfer sind, glaube ich, die hübschesten in ganz Amerika, sauber und weißgetüncht und – läßt man die Motels und Touristenzentren beiseite – seit hundert Jahren unverändert, bis auf den Verkehr und die asphaltierten Straßen.

Das Klima wurde rasch kälter, und die Bäume brachen in eine unglaubliche Farbenpracht aus, solche Rot- und Gelbtöne hält man gar nicht für möglich. Das ist nicht nur Farbe, das ist ein Glühen, als hätten die Blätter das Licht der Herbstsonne gierig aufgesogen und ließen es nun langsam wieder frei. Es steckt etwas Feuriges in diesen Farben. Ich gelangte hoch in die Berge, bevor es dämmerte. Ein Schild neben einem Fluß pries frische Eier an, ich fuhr eine Farmstraße hinauf, kaufte ein paar davon und bat um die Erlaubnis, am Fluß zu kampieren, ich würde auch dafür bezahlen.

Der Farmer war ein hagerer Mann mit genau dem Gesicht, das wir für ein Yankee-Gesicht halten, und den tonlosen Vokalen, die wir in der Yankee-Aussprache erwarten.

»Dafür brauchen Sie nichts zu bezahlen«, sagte er. »Das Land liegt brach. Aber ich würde gern mal einen Blick in Ihren Wagen da werfen.«

»Lassen Sie mich nur erst einen ebenen Platz suchen und mich einrichten«, sagte ich. »Dann kommen Sie runter auf 'ne Tasse Kaffee oder was anderes.«

Ich setzte zurück und rangierte, bis ich eine ebene Stelle fand, wo ich den Fluß plätschern hörte; es war schon fast dunkel. Charley hatte mehrmals »Ftt« gemacht, was diesmal hieß, daß er hungrig war. Ich öffnete Rosinantes Hecktür, knipste das Licht an und stand vor einem Chaos. Ich habe schon oft die Einrichtung eines Bootes gegen schweren Seegang gesichert, aber das Rütteln, die schnellen Stops und Starts eines Lasters sind etwas anderes. Der Boden war übersät mit Büchern und Papier. Meine Schreibmaschine thronte auf einem Stapel Plastikteller, eine Jagdflinte war von der Wand gefallen und gegen die Herdkante gestoßen, und eine ganze Packung Schreibmaschinenpapier, fünfhundert Blatt, hatte sich wie Schnee über alles gebreitet. Ich zündete die Gaslampe an, räumte alles in einen Schrank und setzte Kaffeewasser auf. Am nächsten Morgen würde ich meine Ladung neu organisieren müssen. Niemand kann einem sagen, wie man das macht. Man muß die Technik so lernen wie ich – durch Fehler. Kaum war es dunkel geworden, wurde es bitter kalt, aber die Lampe und die Gasflammen des Herdes wärmten mein kleines Haus zur Genüge. Charley verzehrte sein Abendessen, machte seine Pflichtrunde und zog sich dann in eine teppichgepolsterte Ecke unter dem

Tisch zurück, die für die nächsten drei Monate sein Platz sein sollte.

Es gibt so viele moderne Werkstoffe, die einem das Leben erleichtern. Auf meinem Boot hatte ich das Aluminium entdeckt, wegwerfbare Küchengeräte, Bratpfannen und Schüsseln. Man brät einen Fisch und wirft die Pfanne über Bord. Ich war gut ausgerüstet mit solchen Sachen. Ich öffnete eine Dose Corned Beef, füllte den Inhalt in einen Wegwerftopf und stellte ihn auf eine Asbestplatte über kleiner Flamme, um ihn sehr langsam zu erhitzen. Der Kaffee war gerade fertig, als Charley auf einmal sein Löwengebrüll hören ließ. Ich kann nicht beschreiben, wie tröstlich es ist, wenn einem plötzlich mitgeteilt wird, daß draußen im Dunkeln jemand kommt. Und sollte der Betreffende zufällig Böses im Schilde führen, würde ihn diese gewaltige Stimme sicherlich zögern lassen, jedenfalls wenn er Charleys zutiefst friedliche und diplomatische Wesensart nicht kannte.

Der Farmer klopfte an die Tür, und ich bat ihn herein.

»Nett haben Sie's hier«, sagte er. »Ja, Sir, wirklich nett.«

Er zwängte sich auf den Sitz hinter dem Tisch. Dieser Tisch kann für die Nacht tiefer gesenkt werden, und die Sitzpolster lassen sich umlegen, so daß ein Doppelbett entsteht. »Nett«, sagte er noch einmal.

Ich goß ihm einen Becher Kaffee ein. Mir scheint, bei Frost duftet Kaffee noch besser. »Ein bißchen was dazu?« fragte ich. »Etwas, das ihm Autorität verleiht?«

»Nein, so ist er gut. So ist er richtig.«

»Keinen Schluck Apfelschnaps? Ich bin müde vom Fahren, ich würde selber gern einen nehmen.«

Er sah mich mit der verhaltenen Amüsiertheit an, die von Nicht-Yankees für Schweigsamkeit gehalten wird. »Würden Sie einen nehmen, wenn ich nicht mithalte?«

»Nein, ich glaube nicht.«

»Dann will ich Sie nicht darum bringen – nur einen Teelöffel.«

So goß ich jedem von uns einen guten Schuß einundzwanzig Jahre alten Apfelschnaps ein und zwängte mich auf meiner Seite an den Tisch. Charley rückte ein wenig zur Seite und legte das Kinn auf meine Füße.

Es gibt eine Höflichkeit der Landstraße. Direkte oder persönliche Fragen sind verpönt. Allerdings gehört das wohl überall auf der Welt zum guten Benehmen. Er fragte nicht nach meinem Namen und ich nicht nach seinem, aber ich hatte seinen raschen Blick zu den Flinten und Angelruten an der Wand gesehen.

Chruschtschow war damals gerade auf der UN-Vollversammlung, einer der wenigen Gründe, aus denen ich an jenem Tag gern in New York gewesen wäre. »Haben Sie heute Radio gehört?« fragte ich.

»Die Fünfuhrnachrichten.«

»Was hat sich in der UNO getan? Ich hab's vergessen anzuschalten.«

»Sie werden's nicht glauben«, sagte er. »Chruschtschow hat sich den Schuh ausgezogen und damit auf den Tisch getrommelt.«

»Wieso das denn?«

»Ihm gefiel nicht, was da gesagt wurde.«

»Komische Art zu protestieren.«

»Nun, es hat Aufsehen erregt. In den Nachrichten war es das einzige Thema.«

»Man sollte ihm einen Hammer geben, damit er seine Schuhe anbehalten kann.«

»Gute Idee. Könnte ja einer in Schuhform sein, damit er nicht umlernen muß.« Er nippte genußvoll an seinem Apfelschnaps. »Nicht übel«, sagte er.

»Was halten die Leute hier von all diesem Zurückblaffen gegen die Russen?«

»Ich weiß nicht, was andere davon halten. Aber ich meine, wenn man zurückblafft, ist man immer irgendwie in einem Nachhutgefecht. Ich hätt's lieber, wir würden sie soweit bringen, daß sie gegen uns zurückblaffen müssen.«

»Da ist was dran.«

»Mir scheint, wir sind immer in der Defensive.«

Ich füllte die Kaffeebecher neu und goß uns beiden noch etwas Apfelschnaps ein. »Sie meinen, wir sollten angreifen?«

»Ich meine, wir sollten wenigstens ab und zu die Ballführung übernehmen.«

»Ich mache keine Meinungsumfrage, aber wie, glauben Sie, wird die Wahl hier ausgehen?«

»Wenn ich das wüßte«, sagte er. »Die Leute reden nicht darüber. Ich glaube, dies wird die geheimste Wahl, die wir jemals hatten. Die Leute wollen um keinen Preis eine Meinung äußern.«

»Könnte es sein, daß sie keine haben?«

»Vielleicht haben sie keine, vielleicht wollen sie auch bloß nichts sagen. Ich erinnere mich an frühere Wahlen, da gab's manchmal gepfefferte Argumente. Diesmal hab ich kein einziges gehört.«

Genau das sollte ich im ganzen Land finden – keine Argumente, keine Diskussionen.

»Ist das so auch … woanders?« Er mußte mein Nummernschild gesehen haben, aber das hätte er nie erwähnt.

»Mir scheint, ja. Glauben Sie, die Leute fürchten sich, eine Meinung zu haben?«

»Vielleicht einige. Aber ich kenne auch welche, die sich nicht fürchten, und die sagen genauso wenig.«

»Das ist auch meine Erfahrung«, sagte ich. »Aber ich begreife es nicht ganz.«

»Ich auch nicht. Vielleicht ist das alles Teil derselben Sache. Nein danke, nichts mehr. Es duftet schon, Ihr Essen wird gleich fertig sein. Ich mach mich jetzt auf die Socken.«

»Teil welcher selben Sache?«

»Nun, nehmen Sie meinen Großvater und dessen Vater – er lebte noch, bis ich zwölf war. Sie wußten ein paar Dinge, über die sie sicher waren. Sie wußten, was passieren *könnte*, wenn man die Zügel ein bißchen locker ließ. Aber heute – was könnte passieren?«

»Ich weiß nicht.«

»Niemand weiß es. Was nützt eine Meinung, wenn man nichts richtig weiß? Mein Großvater wußte die Zahl der Haare im Bart des Allmächtigen. Ich weiß nicht mal, was gestern passiert ist, ganz zu schweigen von morgen. Er wußte, woraus ein Felsblock oder ein Tisch bestand. Ich verstehe nicht mal die Formel ›Niemand weiß‹. Wir haben nichts, woran wir uns halten können – keine Anleitung zum richtigen Denken über die Dinge. Ich gehe jetzt. Sehen wir uns morgen noch?«

»Ich weiß nicht. Ich werde früh losfahren. Ich will morgen quer durch Maine bis zur Deer Isle kommen.«

»Oh, das ist ein schönes Plätzchen, nicht wahr?«

»Ich weiß noch nicht. Ich bin noch nie dort gewesen.«

»Nun, Sie werden ja sehen. Es wird Ihnen gefallen. Danke für den … Kaffee. Gute Nacht.«

Charley sah ihm nach und seufzte und legte sich wieder schlafen. Ich aß mein Corned Beef, machte mein Bett und kramte dann William L. Shirers *Aufstieg und Fall des Dritten Reiches* hervor. Aber ich merkte, ich konnte nicht lesen, und als ich das Licht gelöscht hatte, konnte ich nicht einschlafen. Das Plätschern des Flusses über den Steinen war ein beruhigendes Geräusch, aber das Gespräch mit dem Farmer ging mir nicht aus dem Sinn – ein so nachdenklicher und klar redender Mann war das gewesen. Ich konnte nicht hoffen, viele wie ihn zu finden. Und vielleicht hatte er den Finger auf den wunden Punkt gelegt. Die Menschen hatten vielleicht eine Million Jahre, um sich an das Feuer als Gegenstand und Begriff zu gewöhnen. Von den Zeiten, als ein Mann sich die Finger an einem vom Blitz getroffenen Baum verbrannte, bis zu dem Moment, als ein anderer etwas davon in seine Höhle trug und merkte, daß es ihn wärmte, waren vielleicht hunderttausend Jahre vergangen, und von da bis zu den Hochöfen von Detroit – wie viele?

Und heute verfügen wir über eine noch so viel stärkere Kraft, aber wir haben nicht die Zeit gehabt, das entsprechende Denken zu entwickeln, denn der Mensch muß zuerst Gefühle und dann Worte haben, ehe er sich ans Denken machen kann, und zumindest in der Vergangenheit hat das ziemlich lange gedauert.

Hähne krähten schon, ehe ich einschlief. Aber jetzt spürte ich endlich, daß meine Reise begonnen hatte. Bis dahin hatte ich wohl noch nicht so richtig daran geglaubt.

Charley ist ein Frühaufsteher. Er hat es gern, wenn auch ich früh auf bin. Wieso auch nicht? Gleich nach seinem Frühstück legt er sich wieder schlafen. Im Laufe der Jahre hat er eine Anzahl unschuldig scheinender Methoden entwickelt, um mich zu wekken. Er kann sich und sein Halsband laut genug schütteln, um Tote zu wecken. Wenn das nicht funktioniert, bekommt er einen Niesanfall. Die vielleicht irritierendste Methode ist jedoch, still neben meinem Bett zu sitzen und mir mit einem sanften und verzeihenden Blick ins Gesicht zu sehen; ich erwache dann aus tiefstem Schlaf mit dem Gefühl, von jemand angesehen zu werden. Aber ich habe gelernt, meine Augen fest geschlossen zu halten. Wenn ich nur blinzle, dann niest er und streckt sich, und mit dem Schlafen ist es für diese Nacht vorbei. Oft geht unser Willenskrieg eine ganze Zeitlang weiter, ich halte angestrengt die Augen geschlossen, und er verzeiht mir, aber am Ende gewinnt er fast immer. Er reiste so gern, daß er möglichst früh aufbrechen wollte, und früh ist für Charley beim ersten Schimmer des anbrechenden Tages.

Ich entdeckte bald, daß ein durchreisender Fremder, der die Einheimischen möglichst unauffällig belauschen will, am besten in Bars und Kirchen geht. In manchen Städten Neuenglands gibt es jedoch keine Bars, und die Kirchen sind nur am Sonntag offen. Eine gute Alternative ist das Speiselokal an der Landstraße, wo sich die Männer zum Frühstück versammeln, bevor sie zur Arbeit oder auf die Jagd gehen. Wenn man diese Orte belebt finden will, muß man sehr früh aufstehen. Und auch das hat eine Kehrseite. Frühaufsteher reden nicht nur sehr wenig mit Fremden, sie sprechen auch kaum miteinander. Die Unterhaltung beim Frühstück beschränkt sich auf eine Reihe lakonischer Grunzer. Die angeborene Schweigsamkeit des Neuengländers erreicht beim Frühstück ihre höchste Vollendung.

Ich fütterte Charley, machte einen kurzen Spaziergang mit ihm und fuhr los. Ein eisiger Nebeldunst verhüllte die Berge und gefror auf der Windschutzscheibe. Normalerweise frühstücke ich nicht, aber hier mußte ich, sonst würde ich bis zum nächsten Tanken keiner Menschenseele begegnen. Beim ersten erleuchteten Straßenlokal hielt ich an und setzte mich an die Theke. Die Gäste hingen wie Farnblätter über ihren Kaffeetassen. Ein normales Gespräch geht so:

Kellnerin: »Dasselbe?«

Gast: »Yep.«

Kellnerin: »Kalt genug?«

Gast: »Yep.«

(Zehn Minuten später.)

Kellnerin: »Noch mal?«

Gast: »Yep.«

Dabei ist dies noch ein wirklich gesprächiger Kunde. Manche begnügen sich mit einem Knurren, und andere antworten gar nichts. Eine Frühstückskellnerin in Neuengland führt ein sehr einsames Leben, doch bald hatte ich gelernt, wenn ich mit einer heiteren Bemerkung ein bißchen Leben und Fröhlichkeit in ihr Tun bringen wollte, senkte sie den Kopf und antwortete »Yep« oder »Mmh«. Dennoch schien mir, daß eine Art Kommunikation stattfand, auch wenn ich nicht sagen kann, worin sie bestand.

Am meisten erfuhr ich aus den morgendlichen Radiosendungen, die ich sehr zu schätzen lernte. Jede Stadt mit ein paar tausend Einwohnern hat ihren eigenen Sender, er tritt an die Stelle der früheren Lokalzeitung. Tausch- und Kaufgeschäfte werden annonciert, gesellschaftliche Ereignisse angekündigt, Warenpreise genannt und persönliche Mitteilungen durchgesagt. Die zwischendurch gespielten Platten sind im ganzen Land dieselben. Wenn »Teen-Age Angel« der meistgespielte Hit in Maine ist, steht er auch in Montana an der Spitze. Im Laufe eines Tages kann man »Teen-Age Angel« dann dreißig- bis vierzigmal hören. Aber zwischen die Lokalnachrichten und -reportagen schleicht sich auch überregionale Werbung ein. Je weiter ich nach Norden kam und je kälter es wurde, desto öfter hörte ich Werbung für Immobilien in Florida, und mit dem Näherrücken des langen harten Winters wurde mir klar, warum Florida solch ein Zauberwort ist. Auf der weiteren Fahrt entdeckte ich, daß immer mehr Menschen sich nach Florida sehnten und daß Tausende schon hingezogen waren und noch viel mehr Tausende es tun wollten und würden. Die Anzeigen machten, wohl mit Seitenblick auf die Federal Communications Commission, keine großen Werbesprüche über die zu verkaufenden Grundstücke, sondern begnügten sich mit der Angabe, daß sie in Florida lagen; als äußerstes wurde versichert, daß sie über der Fluthöhe lagen. Aber das spielte keine Rolle, der bloße Name Florida bedeutete Wärme, Sorglosigkeit und Komfort. Er war unwiderstehlich.

Ich habe in warmem Klima gelebt, und es hat mich zu Tode gelangweilt. Ich mag Wetter lieber als Klima. In Cuernavaca, Mexiko, wo ich einmal gelebt habe und wo das Klima so nahe an der Vollkommenheit ist, wie man es sich nur vorstellen kann, habe ich herausgefunden, daß die Leute, wenn sie in Urlaub verreisen, gewöhnlich nach Alaska fahren. Ich würde gern einmal sehen, wie lange es jemand aus Aroostook County in Florida aushält. Das Dumme ist nur, daß er, wenn er seine Ersparnisse abgehoben und dort investiert hat, nicht mehr gut zurückkann. Seine Würfel sind gefallen und können nicht noch einmal geworfen werden.

Aber ich frage mich, ob ein Ostküstenbewohner, zumal einer aus Maine, der an einem Oktoberabend in Florida draußen auf einem Gartenstuhl aus Nylon und Aluminium auf einem unveränderlich grünen Rasen sitzt und Mosquitos erschlägt –, ich frage mich, ob ihn die Erinnerung nicht hoch oben im Magen sticht, dicht unter den Rippen, wo es wehtut. Und es ist wohl nicht zu kühn, wenn ich annehme, daß er in dem feuchten Dauersommer an den Aufschrei der Farben denkt, an das saubere Klirren der frostigen Luft, an den Duft von brennendem Kiefernholz und an die behagliche Wärme von Küchen. Denn wie kann einer Farben kennen, wenn er in ewigem Grün lebt, und was nützt Wärme ohne die Kälte, die sie kuschelig macht?

Ich fuhr so langsam, wie die Sitten und das ungeduldige Gesetz es erlaubten. Nur so kann man etwas sehen. Alle paar Meilen unterhielten die Staaten Rastplätze abseits der Straße, geschützte Plätze, manchmal an dunklen Flüssen. Dort gab es buntgestrichene Ölfässer für den Abfall, Picknicktische und manchmal Feuerstellen oder Grillroste. In bestimmten Abständen fuhr ich Rosinante auf einen solchen Platz und ließ Charley hinaus, damit er das Register der früheren Gäste abschnüffeln konnte. Dann machte ich mir einen Kaffee, setzte mich bequem auf meine Hintertreppe und betrachtete Wald und Wasser und die steil ansteigenden Berge mit Koniferenkronen und die schneebestäubten Fichten hoch oben. Vor langer Zeit hatte ich einmal zu Ostern ein Guck-Ei geschenkt bekommen. Wenn man durch ein kleines Loch am Ende hineinsah, erblickte man einen entzückenden kleinen Bauernhof, eine Art Traum- oder Ideal-Bauernhof, und auf dem Schornstein hockte ein Storch in seinem Nest. Für mich war das ein Bauernhof aus dem Märchen, so sicher erfunden wie die Zwerge, die unter Schirmpilzen hokken sollen. Später sah ich in Dänemark genau diesen Hof oder seinen Bruder, und er war echt, so wahr und wirklich wie der in dem Guck-Ei. In Salinas, Kalifornien, wo ich aufgewachsen bin, war das Klima in dieser Jahreszeit kühl und neblig, obwohl wir manchmal auch Frost hatten. Wenn wir farbige Bilder von einem Herbstwald in Vermont sahen, war das für uns auch so etwas Märchenhaftes, wir wollten es einfach nicht glauben. In der Schule lernten wir »Snowbound« und kleine Gedichte über Old Jack Frost und seinen Malerpinsel auswendig, aber das einzige, was Jack Frost für uns tat, war, den Wassertrog mit einer dünnen Eishaut zu überziehen, und auch das nur selten. Zu entdecken, daß nicht nur dieses Tollhaus von Farben echt war, sondern daß die Bilder es blaß und ungenau wiedergaben, war eine geradezu bestürzende Erfahrung. Ich kann mir die Farben der Wälder nicht einmal vorstellen, wenn ich sie nicht vor Augen sehe. Ich fragte mich, ob ständige Nähe wohl den Blick dafür abstumpfen läßt, und sprach darüber mit einer Frau aus New Hampshire. Sie sagte, der Herbst versetze sie immer wieder in Erstaunen und freudige Erregung. »Es ist eine Pracht«, sagte sie, »und man kann es nicht im Gedächtnis behalten, so daß es einen jedesmal neu überrascht.«

Im Fluß neben unserem Rastplatz sah ich eine Forelle aus dem dunklen Wasser springen und silberne Ringe um sich herum ausbreiten, und Charley sah sie auch und watete hinein und wurde naß, der Narr. Er denkt nie an die Zukunft. Ich stieg ins Innere von Rosinante, um meinen spärlichen Beitrag für die Abfalltonne zu holen, zwei leere Dosen. Aus der einen hatte ich gegessen, aus der anderen Charley. Und zwischen den Büchern, die ich mir mitgebracht hatte, sah ich einen vertrauten Umschlag und nahm ihn mit hinaus in die Sonne – eine goldene Hand, die gleichzeitig eine Schlange und einen geflügelten Spiegel hielt, darunter in Schreibschrift: *The Spectator. Edited by Henry Morley.*

Ich glaube, meine Kindheit war günstig für einen künftigen Schriftsteller. Mein Großvater Sam'l Hamilton schätzte gute Literatur und verstand auch selber etwas vom Schreiben, und er hatte ein paar blaustrümpfige Töchter, eine davon war meine Mutter. So kam es, daß in Salinas, in dem großen dunklen Nußbaumbücherschrank mit den Glastüren, seltsame und wunderbare Dinge zu finden waren. Meine Eltern boten sie mir nie an, und die Glastüren bewachten sie offensichtlich, und so bediente ich mich klammheimlich aus diesem Schrank. Es war weder verboten noch wurde es mißbilligt. Heute denke ich, wenn wir unseren illiteraten Kindern verbieten würden, die wunderbaren Schätze unserer Literatur zu berühren, dann würden sie sie vielleicht stehlen und sich heimlich daran ergötzen. Sehr früh entwickelte ich eine Liebe zu Joseph Addison, die ich nie verloren habe. Er spielt das Instrument der Sprache, wie Casals Cello spielt. Ich weiß nicht, ob er meinen Prosastil beeinflußt hat, aber ich kann es nur hoffen. In den White Mountains im September 1960, in der Abendsonne sitzend, schlug ich den 1883 gedruckten, wohlvertrauten ersten Band auf. Ich suchte die Nummer 1 des *Spectator* – Donnerstag, den 1. März 1711. Das Motto lautete:

Non fumum ex fulgore, sed ex fumo dare lucem
Cogitat, ut speciosa dehinc miracula promat. – Horaz

Schon damals liebte ich Addisons Gewohnheit, die Substantive im Englischen groß zu schreiben. Unter dem genannten Datum notiert er:

»Ich habe beobachtet, daß ein Leser selten ein Buch mit Vergnügen durchliest, solange er nicht weiß, ob der Verfasser schwarzhaarig oder blond ist, von sanftem oder cholerischem Temperamente, verheiratet oder Junggeselle, dazu andere Besonderheiten der gleichen Natur, die sehr viel zum rechten Verständnis des Autors beitragen. Um diese Neugier zu befriedigen, die so natürlich ist für einen Leser, widme ich dieses Blatt und das nächste der Vorrede zu meinen nachfolgenden Schriften und werde auf ihnen Bericht über mehrere Personen geben, die an diesem Werke beteiligt sind. Da der Hauptanteil des Sammelns, Verarbeitens und Korrigierens auf meine Person entfällt, muß ich mir die Gerechtigkeit widerfahren lassen, das Werk mit meiner eigenen Geschichte zu beginnen.«

Sonntag, den 29. Januar 1961. Jawohl, Joseph Addison, ich höre und will in den Grenzen der Vernunft gehorchen, denn mir scheint, daß die Neugier, von der Sie sprechen, in keiner Weise nachgelassen hat. Ich habe bemerkt, daß viele Leser sich mehr für das interessieren, was ich trage, als für das, was ich denke, und daß sie begieriger sind zu erfahren, wie ich etwas tue, als was ich tue. Angesichts meines Werkes bekunden manche Leser größeren Sinn für das, was es hermacht, als für das, was es besagt. Und da ein Ratschlag von einem Meister ein Befehl nicht unähnlich dem der Heiligen Schrift ist, werde ich jetzt hier eine Abschweifung machen und ihm gehorchen.

Gemessen an der Allgemeinheit der Männer bin ich groß gewachsen – genau einsachtzig –, obwohl ich unter den männlichen Mitgliedern meiner Familie als Zwerg gelte. Sie sind zwischen einsfünfundachtzig und einszweiundneunzig groß, und ich weiß, daß meine beiden Söhne, wenn sie sich zur vollen Höhe erheben, mich überragen. Ich habe sehr breite Schultern und in meiner jetzigen Kondition schmale Hüften. Meine Beine sind lang im Verhältnis zu meinem Rumpf, und es heißt, sie seien wohlgeformt. Mein Haar ist grau meliert, meine Augen blau und meine Wangen rot, eine Pigmentierung, die ich von meiner irischen Mutter geerbt habe. Mein Gesicht hat das Verstreichen der Zeit nicht ignoriert, sondern es mit Narben, Linien, Furchen und Erosionen aufgezeichnet. Ich trage einen Kinn- und Schnurrbart, rasiere mir aber die Wangen; da besagter Bart in der Mitte einen dunklen Skunkstreifen und weiße Ränder hat, erinnert er an gewisse Verwandte. Ich trage diesen Bart nicht aus den Gründen, die man üblicherweise dafür angibt, wie empfindliche Haut oder Schmerzen beim Rasieren, auch nicht zu dem heimlichen Zweck, ein fliehendes Kinn zu verbergen, sondern zur bloßen und schamlosen Dekoration, ganz wie ein Pfau sich an seinem Rad erfreut. Und schließlich ist ein Bart heutzutage das einzige, was eine Frau nicht besser hinkriegt als ein Mann, und wenn doch, kann sie mit Applaus nur in einem Zirkus rechnen.

Mein Reisekostüm war praktisch, wenn auch ein bißchen ausgefallen. Halbhohe Wellington-Gummistiefel mit Kork-Einlegesohlen hielten meine Füße warm und trocken. Baumwollene Khakihosen, die ich aus überschüssigen Armeebeständen erworben hatte, bedeckten meine Schenkel, die oberen Regionen erfreuten sich derweil in einem Jagdrock mit Cordmanschetten und -kragen und einer hinteren Wildbrettasche, die groß genug war, um darin eine Indianerprinzessin in eine YMCA-Herberge zu schmuggeln. Meine Mütze hatte ich schon seit vielen Jahren, eine blaue Sergemütze der Britischen Marine mit kurzem Schirm und darüber dem königlichen Löwen und dem Einhorn, die sich wie stets um die englische Krone streiten. Diese Mütze ist ziemlich schäbig und salzverkrustet, aber ich habe sie vom Kommandanten eines Torpedobootes, auf dem ich während des Krieges von Dover losgefahren war – ein nobler Gentleman und ein Mörder. Nachdem ich sein Kommando verlassen hatte, griff er ein deutsches Torpedoboot an, feuerte aber nicht, sondern versuchte, es unbeschädigt in seine Gewalt zu bringen, da noch nie eins gekapert worden war, und bei dieser Aktion wurde er selber versenkt. Seitdem trage ich seine Mütze ihm zu Ehren und zum Gedenken. Außerdem mag ich sie. Sie paßt zu mir. Solange ich an der Ostküste war, hat sie niemand weiter beachtet, aber als ich später nach Wisconsin, North Dakota und Montana kam und das Meer weit hinter mir lag, schien mir, daß sie Aufsehen erregte, und ich kaufte mir, was man einen Cowboyhut nennt, einen Stetson mit nicht zu breiter Krempe, einen prächtigen konservativen Westernhut, wie ihn meine viehzüchtenden Onkel getragen hatten. Erst als ich drüben in Seattle zu einem anderen Meer gelangte, holte ich die Seemannsmütze wieder hervor.

So weit auf Anweisung Addisons, doch der Leser hat mich jetzt wieder auf dem Rastplatz in New Hampshire. Während ich dort saß und im ersten Band des *Spectator* blätterte und darüber nachdachte, daß der Geist gewöhnlich zwei Dinge gleichzeitig tut, was ihm bewußt ist, und vermutlich noch mehrere andere, die ihm nicht bewußt sind, kam ein luxuriöser Wagen gefahren, und eine ziemlich feiste und aufgetakelte Dame ließ einen ziemlich feisten und aufgetakelten Spitz heraus, der eine Spitzin war. Letzteres hätte ich nicht bemerkt, aber Charley wußte es gleich. Er kam hinter der Abfalltonne hervor, fand das Hundefräulein entzückend, sein französisches Blut geriet in Wallung, und er ging zu Galanterien über, die sogar für die stumpfen Augen der Herrin des Fräuleins nicht zu verkennen waren. Sie stieß einen Quiekschrei aus wie ein verletztes Kaninchen, kam aus dem Luxusschlitten geschossen und hätte ihren Liebling ergriffen und an ihren Busen gedrückt, wenn sie sich so tief hätte bükken können. Es gelang ihr nur, dem großgewachsenen Charley einen Klaps auf den Kopf zu geben. Er schnappte ganz natürlich und beiläufig nach ihrer Hand und widmete sich sogleich wieder seiner Romanze. Bis zu diesem Augenblick hatte ich nie recht gewußt, was die Wendung »das Himmelsgewölbe erzittern lassen« bedeutete. Aber diese Bulldogge von einem Weibsbild ließ es wirklich erzittern. Ich ergriff ihre Hand und sah, daß nicht einmal die Haut geritzt war, dann griff ich nach ihrem Hund, der mich prompt richtig biß, daß es blutete, ehe ich das kleine Biest an der Kehle packen und ein bißchen würgen konnte.

Charley sah die ganze Szene als puren Unfug an. Er befeuchtete zum zwanzigsten Mal die Abfalltonne und fand, daß es nun genug war.

Es dauerte eine Weile, bis die Dame sich wieder beruhigte. Ich holte den Kognak heraus, der sie hätte umbringen können, und sie nahm einen Schluck, der sie hätte umbringen müssen.

Nach allem, was ich für Charley getan hatte, sollte man meinen, daß er mir zu Hilfe kommen würde, aber er kann Neurotiker nicht leiden und verabscheut Betrunkene. Er kletterte ins Innere von Rosinante, kroch unter den Tisch und legte sich schlafen. *Sic semper cum Frenchies.*

Schließlich brauste die Dame mit angezogener Handbremse davon, und der Tag, den ich so schön begonnen hatte, lag in

Scherben. Addison hatte sich in Rauch aufgelöst, die Forelle machte keine Ringe mehr ins Wasser, eine Wolke schob sich vor die Sonne, und es wurde merklich kühler. Ich stellte fest, daß ich schneller fuhr, als ich wollte, und es begann zu regnen; bald prasselte ein kalter grauer Regen nieder. Ich schenkte den hübschen Dörfern nicht die Beachtung, die sie verdienten, und kurz darauf hatte ich die Grenze nach Maine überquert und fuhr weiter ostwärts.

Ich wünschte mir, auch nur zwei Staaten könnten sich über eine Höchstgeschwindigkeit einigen. Kaum hat man sich an fünfzig Meilen pro Stunde gewöhnt, überquert man eine Staatsgrenze, und da sind es fünfundsechzig. Ich frage mich, warum sie sich nicht zusammensetzen und verständigen können. Freilich, in einem Punkt sind sich alle einig – jeder Staat findet, daß er der schönste von allen sei, und verkündet das in Riesenlettern an seinen Grenzen. Unter den fast vierzig Staaten, durch die ich gekommen bin, habe ich keinen einzigen gefunden, der sich nicht irgendeiner guten Eigenschaft rühmte. Mir schien das immer ein bißchen indezent. Es wäre doch besser, die Besucher selber darauf kommen zu lassen. Aber vielleicht würden wir's ja nicht bemerken, wenn man uns nicht mit der Nase drauf stößt.

In Neuengland sind die Vorbereitungen für den Winter drastisch. Im Sommer müssen die Ortschaften wimmeln, die Landstraßen und Highways verstopft sein von Flüchtlingen aus der stickigen Hitze in Boston und New York. Jetzt waren die Hot-Dog-Stände, die Eisdielen, die Souvenirläden, Mokassin- und Wildlederhandschuhboutiquen alle geschlossen und winterdicht gemacht, an vielen hingen Schilder mit der Aufschrift »Open Next Summer«. Ich kann mich nie an die Tausende von Antiquitätenläden an den Straßen gewöhnen, die alle überquellen von echtem und beglaubigtem Plunder aus früheren Zeiten. Meines Wissens betrug die Einwohnerzahl der historischen dreizehn Kolonien weniger als vier Millionen, also muß jeder einzelne damals unentwegt Tische, Stühle, Porzellan, Gläser, Kerzenhalter und seltsam geformte Eisen-, Kupfer- und Messinggegenstände für den künftigen Verkauf an Touristen des 20. Jahrhunderts fabriziert haben. Allein an den Straßen Neuenglands werden genügend Antiquitäten feilgeboten, um die Häuser einer Fünfzig-Millionen-Bevölkerung zu möblieren. Wenn ich ein guter Geschäftsmann wäre und mich auch nur ein Tüpfelchen um das Wohl meiner ungeborenen Urenkel kümmern würde, was ich nicht tue, würde ich allen Schrott und die Autowracks sammeln, die städtischen Müllhalden durchkämmen, das Ergebnis zu Bergen auftürmen und das Ganze mit dem Zeug einsprühen, das die Navy zum Schiffe-Einmotten benutzt. Nach hundert Jahren dürften dann meine Nachkommen diese kostbare Schatzkammer öffnen, und sie wären die Antiquitätenkönige der Welt. Wenn das zerbeulte, gesprungene und zerbrochene Zeug, das unsere Vorfahren loswerden wollten, jetzt soviel Geld einbringt, was wird dann erst ein 1954er Oldsmobile oder ein 1960er Toastmaster einbringen? Und ein Waring Mixer und … Herrgott, die Möglichkeiten sind unerschöpflich! Dinge, für deren Beseitigung wir noch extra bezahlen müssen, könnten uns ein Vermögen einbringen.

Wenn es hier so aussieht, als sei ich übermäßig an Gerümpel interessiert, so liegt das daran, daß ich es *bin* und daß ich auch einen Haufen davon habe – eine halbe Garage voll altem Kram und zerbrochenen Teilen. Ich benutze diese Dinge, um andere mit ihnen zu reparieren. Neulich hielt ich vor dem Ausstellungsgelände eines Trödlers in der Nähe von Sag Harbor. Während ich höflich seine Bestände durchsah, wurde mir plötzlich bewußt, daß ich mehr hatte als er. Man kann nicht leugnen, daß ich ein echtes und fast gieriges Interesse an wertlosen Dingen habe. Meine Entschuldigung ist, daß ich, wenn in unserem Zeitalter des geplanten Verschleißes etwas kaputtgegangen ist – eine Toilette, ein Motor, ein Rasenmäher –, gewöhnlich in meiner Sammlung etwas finde, womit ich es reparieren kann. Aber in Wahrheit mag ich wohl einfach alten Kram.

Schon vor Beginn der Reise war mir klar gewesen, daß ich in Abständen von wenigen Tagen in Rasthäusern oder Motels würde übernachten müssen, weniger um zu schlafen als um ein richtig schönes heißes Bad zu nehmen. In Rosinante machte ich mir Wasser in einem Teekessel heiß und wusch mich mit einem Schwamm, aber sich in einem Eimer zu waschen bringt einem nicht sehr viel Sauberkeit und überhaupt kein Vergnügen. Ein richtiges Vollbad in dampfendem Wasser ist eine reine Freude. Zum Waschen der Kleider erfand ich jedoch sehr früh auf der Reise eine Methode, wie man so bald keine bessere finden wird. Das kam so. Ich hatte einen großen Plastikmülleimer mit Deckel und Henkel. Da er durch die normalen Erschütterungen beim Fahren umkippen würde, band ich ihn mit einem starken elastischen Seil aus stoffummanteltem Gummi an die Kleiderstange in meinem kleinen Schrank, wo er nach Herzenslust wippen konnte, ohne etwas zu verlieren. Am Abend öffnete ich ihn, um den Inhalt in eine Abfalltonne am Straßenrand zu kippen, und fand den am gründlichsten durchmischten und durchgekneteten Müll, den ich jemals gesehen hatte. Ich nehme an, alle großen Erfindungen ergeben sich aus Erfahrungen solcher Art. Am nächsten Morgen wusch ich den Plastikeimer aus, legte zwei Hemden, Unterwäsche und Socken hinein, fügte warmes Wasser und Waschmittel hinzu und hängte ihn mit dem Gummiseil an die Kleiderstange, wo er den ganzen Tag lang wie verrückt wippte und tanzte. Am Abend spülte ich die Sachen in einem Fluß, und nie hat man so saubere Wäsche gesehen. Ich spannte in der Kajüte ein Seil vors Fenster und hängte die Wäsche zum Trocknen auf. Von nun an wurden meine Kleider jeweils an einem Tag gewaschen und am nächsten getrocknet. Ich ging sogar dazu über, Laken und Kissenbezüge auf diese Weise zu waschen. Soviel zur Sauberkeit, aber heiße Bäder konnte das nicht ersetzen.

Nicht weit hinter Bangor hielt ich vor einem Motel und ließ mir ein Zimmer geben. Es war nicht teuer. Die Leuchtschrift verkündete »Stark ermäßigte Winterpreise«. Es war tadellos; alles war aus Plastik – die Fußböden, die Vorhänge, die Tischplatten aus makellosem, hitzebeständigem Kunststoff, die Lampenschirme. Nur die Bettwäsche und die Handtücher waren aus natürlichem Material. Ich ging in das angeschlossene kleine Restaurant. Auch dort war alles aus Plastik – die Tischtücher, die Butterschale. Der Zucker und die Crackers waren in Zellophan verpackt. Es war noch früh am Abend, und ich war der einzige Gast. Auch die Kellnerin trug eine Plastikschürze. Sie war nicht glücklich, aber sie war auch nicht unglücklich. Sie war gar nichts. Aber ich glaube nicht, daß jemand gar nichts sein kann. Irgendwas muß er in sich haben, sei's auch nur, damit die Haut nicht zusammenfällt. Diese leeren Augen, diese lustlose Hand, diese damastenen Wangen, wie ein Doughnut mit Plastikpuder bestäubt, mußten irgendeine Erinnerung oder einen Traum haben.

Ich fragte auf gut Glück: »Wann fahren Sie nach Florida?«

»Nächste Woche«, sagte sie lustlos. Dann regte sich etwas in dieser qualvollen Leere. »Hey, woher wissen Sie, daß ich da hinfahre?«

»Hab wohl Ihre Gedanken gelesen.«

Sie musterte meinen Bart. »Sind Sie bei ’ner Show?«

»Nein.«

»Wie meinen Sie dann, meine Gedanken gelesen?«

»Hab vielleicht bloß geraten. Gefällt es Ihnen dort unten?«

»O ja! Ich fahre jedes Jahr hin. Da gibt’s massenhaft Stellen für Kellnerinnen im Winter.«

»Was machen Sie dort, ich meine, wenn Sie frei haben?«

»Ach, nichts, ich treib mich so rum.«

»Gehen Sie angeln oder schwimmen?«

»Nicht viel. Ich treib mich so rum. Ich mag diesen Sand nicht, er juckt immer so.«

»Verdienen Sie gut?«

»Die Leute sind schäbig da unten.«

»Schäbig?«

»Geben ihr Geld lieber für Schnaps aus.«

»Als für was?«

»Als für Trinkgelder. Genau wie hier die Leute im Sommer. Schäbig.«

Bemerkenswert, wie manche Menschen einen Raum mit Lust und Leben füllen können. Dann gibt es andere, und diese Frau gehörte dazu, die alle Energie und Freude versickern lassen, die das Vergnügen leersaugen und trotzdem keine Kraft daraus beziehen. Solche Menschen strömen eine graue Trübsal aus, die alles rings um sie her erfaßt. Ich war lange gefahren an diesem Tag, und vielleicht war meine Energie gering und meine Widerstandskraft geschwächt. Sie steckte mich an. Ich fühlte mich so trübselig und elend, daß ich unter eine Plastikdecke kriechen und sterben wollte. Wie mußte diese Person als Ausgehfreundin sein, wie als Geliebte? Ich versuchte mir letzteres vorzustellen und konnte es nicht. Einen Augenblick erwog ich, ihr fünf

Dollar Trinkgeld zu geben, aber ich wußte, was passieren würde. Sie würde sich nicht darüber freuen. Sie würde bloß denken, ich wäre verrückt.

Ich ging zurück in mein sauberes kleines Zimmer. Ich trinke nie allein. Es macht mir keinen Spaß. Und ich glaube nicht, daß ich es jemals tun werde, solange ich nicht Alkoholiker bin. Aber an diesem Abend holte ich mir eine Flasche Wodka aus meinen Vorräten und nahm sie mit in meine Zelle. Im Bad standen zwei Zahnputzgläser, eingeschweißt in Zellophanhüllen, auf denen geschrieben stand: »Diese Gläser sind zu Ihrem Schutz sterilisiert worden.« Quer über den Toilettensitz war ein Papierstreifen gespannt, der die Botschaft trug: »Dieser Sitz ist zu Ihrem Schutz mit ultraviolettem Licht sterilisiert worden.« Jeder beschützte mich, es war furchtbar. Ich riß die Gläser aus ihren Hüllen. Ich malträtierte den Toilettensitz mit dem Fuß. Ich goß mir ein halbes Zahnputzglas Wodka ein und trank es aus, dann noch eins. Dann lag ich tief eingetaucht im heißen Badewasser und fühlte mich durch und durch elend, und nirgendwo war Trost in Sicht.

Charley ließ sich von mir anstecken, doch er ist ein galanter Hund. Er kam ins Badezimmer, und da spielte dieser alte Narr doch tatsächlich mit der Plastikbadematte wie mit einer Puppe. Was für eine Charakterstärke, was für ein Freund! Dann lief er zur Tür und bellte, als drohte eine Invasion. Und wäre nicht all dieses Plastik gewesen, er hätte es vielleicht wirklich geschafft, meine Stimmung zu heben.

Ich erinnere mich an einen alten Araber in Nordafrika, einen Mann, dessen Hände niemals mit Wasser in Berührung gekommen waren. Er servierte mir Minztee in einem Glas, das vom langen Gebrauch schon ganz trübe war, aber er bot mir zugleich Kameradschaft an, und darum schmeckte der Tee wunderbar. Und obwohl ich keinerlei Vorsichtsmaßnahmen getroffen hatte, fielen mir hinterher weder die Zähne aus noch bekam ich eiternde Geschwüre. Damals begann ich ein neues Gesetz über das Verhältnis von Schutz und Verzagtheit zu formulieren. Eine traurige Seele kann einen schneller, viel schneller umbringen als eine Mikrobe.

Hätte Charley sich nicht geschüttelt und Theater gemacht und »Ftt« gesagt, ich hätte vielleicht vergessen, daß er jeden Abend Anspruch auf zwei Hundekuchen und einen Spaziergang hat, um einen klaren Kopf zu bekommen. Ich zog mir saubere Sachen an und ging mit ihm hinaus in die sternklare Nacht. Und da hing das Nordlicht über dem Horizont. Ich habe es nur wenige Male in meinem Leben gesehen. Es hing da und wallte in majestätischen Falten wie ein unendlicher Vorhang eines unendlichen Theaters. In Rosa- und Lavendel- und Purpurfarben bewegte es sich pulsierend am Nachthimmel, und die frostklaren Sterne schienen hindurch. Was für ein Anblick, gerade als ich ihn so dringend benötigte! Ich überlegte einen Moment, ob ich diese Kellnerin packen und hinausstoßen sollte, damit sie sich das ansah, aber ich wagte es nicht. Sie war imstande, sogar die Ewigkeit und Unendlichkeit zum Schmelzen zu bringen und einem zwischen den Fingern zerrinnen zu lassen. Die Frostluft prickelte angenehm auf der Haut, und Charley, der vorauslief, begrüßte detailliert eine ganze Ligusterhecke und dampfte beim Laufen. Als er zurückkam, war er zufrieden und froh über mich. Ich gab ihm drei Hundekuchen, zerknautschte das sterile Bett und ging hinaus, um in Rosinante zu schlafen.

Es sieht mir ähnlich, daß ich auf dem Weg nach Westen erst einmal nach Osten fuhr. Das ist schon immer meine Art gewesen. Zur Deer Isle wollte ich aus einem sehr guten Grund. Meine langjährige Freundin und Weggefährtin Elizabeth Otis fuhr jedes Jahr dorthin. Wenn sie davon spricht, bekommt ihr Blick immer etwas Jenseitiges, und sie wird völlig unverständlich. Als ich meine Reise plante, sagte sie: »Natürlich wirst du dann in Deer Isle haltmachen.«
»Das liegt nicht auf meinem Weg.«

»Unsinn«, sagte sie in einem Ton, den ich sehr gut kenne. Ihre Stimme und ihr Benehmen machten mir deutlich, daß ich, wenn ich nicht nach Deer Isle fuhr, mich besser gar nicht mehr in New York blicken ließ. Alsdann telefonierte sie mit Miss Eleanor Brace, bei der sie immer wohnt, und damit war es geschehen. Ich war in die Pflicht genommen. Alles, was ich über Deer Isle wußte, war, daß dort alles ganz unbeschreiblich ist und daß ich verrückt wäre, wenn ich mir das entgehen ließe. Außerdem erwartete mich Miss Brace.

In Bangor verirrte ich mich hoffnungslos im Verkehrsgewühl zwischen Lastwagen, Hupen und umspringenden Ampeln. Ich erinnerte mich vage daran, daß ich auf den US Highway 1 mußte, und fand ihn und fuhr zehn Meilen in die falsche Richtung, zurück auf New York zu. Ich hatte mir zwar eine detaillierte schriftliche Wegbeschreibung geben lassen, die mir genau erklärte, wie ich fahren sollte, aber ist Ihnen schon einmal aufgefallen, daß Angaben von jemandem, der das Land kennt, nur noch mehr in die Irre führen, auch wenn sie korrekt sind? Ich verirrte mich auch in Ellsworth, obwohl das angeblich gar nicht möglich war. Dann wurden die Straßen schmaler, und Langholzwagen röhrten an mir vorbei. Ich wußte fast den ganzen Tag lang nicht genau, wo ich war, obwohl ich die Orte Blue Hill und Sedgwick fand. Spät an diesem verzweifelten Nachmittag hielt ich an, stieg aus und näherte mich einem majestätischen Maine State Trooper, einem berittenen Staatspolizisten. Was für ein Mann war das, graniten wie aus den besten Steinbrüchen über Portland, ein perfektes Modell für ein künftiges Reiterstandbild. Ich frage mich, ob wohl die Helden der Zukunft in marmornen Jeeps oder Streifenwagen sitzend gemeißelt werden.

»Mir scheint, ich habe mich verirrt, Officer. Könnten Sie mir bitte den Weg zeigen?«

»Wohin wollen Sie denn?«

»Ich versuche, die Deer Isle zu finden.«

Er sah mich prüfend an, und als er zu der Überzeugung gelangt war, daß ich nicht scherzte, drehte er sich in der Hüfte und deutete mit der Hand über einen schmalen Streifen offenes Wasser, ohne sich die Mühe zu machen, auch nur eine Silbe zu sagen.

»Ist sie dort?«

Er nickte, indem er den Kopf einmal von oben nach unten senkte und ihn dann unten ließ.

»Und wie komme ich hinüber?«

Ich hatte immer gehört, daß die Leute in Maine ziemlich wortkarg sind, aber dieser Kandidat für Mount Rushmore fand es wohl schon unerträglich redselig, wenn er zweimal an einem Nachmittag mit der Hand in dieselbe Richtung zeigte. Er drehte sein Kinn ein Stück in die Richtung, in die ich gefahren war. Wenn der Nachmittag nicht schon so weit fortgeschritten gewesen wäre, hätte ich versucht, ihm noch ein weiteres Wort zu entlocken, auch auf die Gefahr hin zu scheitern. »Vielen Dank«, sagte ich, und es klang für mich, als ob ich in einem fortschwatzte.

Zuerst kam eine sehr hohe Eisenbrücke, so hoch gewölbt wie ein Regenbogen, dann wenig später eine niedrige Steinbrücke in Form einer S-Kurve, und ich war auf Deer Isle. Meine schriftlichen Instruktionen besagten, daß ich jede Seitenstraße nehmen mußte, die nach rechts abbog, und das Wort *jede* war unterstrichen. Ich fuhr einen Hügel hinauf und bog rechts auf einer schmaleren Straße in einen Kiefernwald ein und bog noch einmal rechts in einen Waldweg mit Fahrspuren auf Kiefernnadeln ein. Es ist so leicht, wenn man's einmal begriffen hat. Ich konnte nicht glauben, daß ich den Platz jemals finden würde, aber nach hundert Metern stand ich vor dem großen alten Haus von Miss Eleanor Brace, und da kam sie selbst und hieß mich willkommen. Ich ließ Charley hinaus, und plötzlich zuckte ein wütender grauer Blitz über die Lichtung und verschwand im Haus. Das war George. Er hieß mich nicht willkommen, und er hieß insbesondere Charley nicht willkommen. Ich habe George nie richtig gesehen, aber seine mürrische Präsenz war überall zu spüren. Denn George ist eine alte graue Katze, die einen so grimmigen Haß auf Menschen und andere Wesen in sich akkumuliert hat, daß sie selbst, wenn sie im Oberstock des Hauses versteckt sitzt, ihren dringenden Wunsch zum Ausdruck bringt, man möge doch bitte ganz schnell wieder verschwinden. Wenn die Bombe fiele und alle Lebewesen außer ihm und Miss Brace auslöschte, wäre George hochzufrieden. So würde er sich eine Welt einrichten, wenn es nach ihm ginge. Er konnte nicht ahnen, daß Charleys Interesse an ihm pure Höflichkeit war; hätte er es erfahren, wäre er in seiner Misanthropie beleidigt worden, denn Charley interessierte sich überhaupt nicht für Katzen, nicht einmal, um sie zu jagen.

Wir bereiteten George keinen Kummer, denn wir blieben zwei Nächte in Rosinante, aber mir wurde erzählt, wenn Gäste im Hause schliefen, verziehe er sich in den Wald und beobachte sie aus der Ferne, grollend vor Unzufriedenheit und strotzend vor Abneigung. Miss Brace gibt zu, daß George als Katze nichts taugt. Er ist kein guter Gesellschafter, er ist nicht sympathisch, und er hat wenig ästhetischen Reiz.

»Vielleicht fängt er Mäuse und Ratten«, erwog ich hilfsbereit.

»Nie«, sagte Miss Brace. »Er denkt nicht mal dran. Und soll ich Ihnen was sagen? George ist eine Sie.«

Ich mußte Charley zurückhalten, denn Georgens unsichtbare Nähe war überall zu spüren. In aufgeklärteren Zeiten, als man Hexen und Anhang noch besser verstand, hätte George sein respektive ihr Ende auf einem Scheiterhaufen gefunden, denn wenn es je einen Hexendiener und Boten des Teufels gab, der Umgang mit bösen Geistern pflegte, dann war es George.

Man muß nicht sehr feinfühlig sein, um die eigenartige Atmosphäre von Deer Isle zu spüren. Und wenn Leute, die seit vielen Jahren dorthin fahren, sie nicht beschreiben können, wie dann ich nach zwei Tagen? Es ist eine Insel, die sich wie ein Säugling an die Brust von Maine schmiegt, aber davon gibt es viele. Das ruhige dunkle Wasser scheint das Licht aufzusaugen, aber das habe ich auch schon anderswo gesehen. Die Kiefernwälder rauschen und der Wind heult über offenes Land, das an Dartmoor erinnert. Stonington, der Hauptort, sieht ganz und gar nicht wie eine amerikanische Stadt aus, weder in der Anlage noch in der Architektur. Die Häuser liegen alle unten an der stillen Bucht. Diese Stadt hat viel Ähnlichkeit mit Lyme Regis an der Küste von Dorset, und ich würde jede Wette eingehen, daß ihre Gründer aus Dorset oder Somerset oder Cornwall kamen. Die Sprache in Maine klingt ähnlich wie die in Westengland, die Diphthonge werden wie im Angelsächsischen ausgesprochen, aber auf Deer Isle ist die Ähnlichkeit doppelt so groß. Die Bewohner der englischen Küste südlich des Bristol-Kanals sind geheimnisvolle Leute, vielleicht haben sie magische Kräfte. In ihren Augen liegt etwas verborgen, aber so tief innen, daß sie vielleicht selber nichts davon wissen. Und genauso ist es auch bei den Bewohnern von Deer Isle. Um es klar zu sagen, diese Insel ist wie Avalon; vielleicht verschwindet sie, wenn man ihr den Rücken kehrt. Oder nehmen wir zum Beispiel die rätselhaften *coon cats*, riesige schwanzlose Katzen mit grauem Pelz und schwarzen Streifen, denen sie ihren Namen »Waschbärkatzen« verdanken. Sie leben wild in den Wäldern und sind sehr grimmig. Ab und zu bringt ein Insulaner ein Junges nach Hause und versucht es aufzuziehen, und wenn ihm das gelingt, betrachtet er es als einen Glücksfall und fast eine Ehre, denn Coon Cats lassen sich selten auch nur annähernd zähmen. Man riskiert immer, gekratzt oder gebissen zu werden. Sie stammen offensichtlich von den auf der Kanalinsel Man beheimateten Manx- oder Mankatzen ab, und selbst wenn man sie mit zahmen Katzen kreuzt, vererben sie ihre Schwanzlosigkeit. Es heißt, ihre Vorfahren seien von einem Schiffskapitän ausgesetzt worden und rasch verwildert. Aber ich frage mich, woher sie dann ihre Größe haben. Sie sind doppelt so groß wie jede Manxkatze, die mir irgendwann unter die Augen gekommen ist. Könnte es sein, daß sie sich mit Luchsen vermischt haben? Ich weiß es nicht. Niemand weiß es.

Unten im Hafen von Stonington wurden die Boote ans Ufer gezogen, um sie für den Winter einzulagern. Und nicht nur hier, auch in den benachbarten Buchten gibt es überall große Hummerfallen voll jener dunkelschaligen Maine Lobsters aus den dunklen Gewässern, die die besten Hummer der Welt sind. Miss Brace bestellte drei davon, nicht mehr als anderthalb Pfund, sagte sie, und am Abend wurde mir die Unübertrefflichkeit dieser Delikatesse jenseits allen Zweifels bewiesen. Es gibt keine besseren Hummer als diese – einfach gekocht, ohne besondere Saucen, nur mit geschmolzener Butter und Zitrone serviert, haben sie nirgendwo ihresgleichen. Sogar wenn sie lebend per Schiff oder Flugzeug aus ihrer dunklen Heimat exportiert werden, verlieren sie etwas von ihrem Geschmack.

In einem wundervollen Laden in Stonington, halb Haushaltswaren-, halb Schiffszubehörgeschäft, kaufte ich eine Petroleumlampe mit Messingreflektor für Rosinante. Ich fürchtete, daß mir früher oder später das Butangas ausgehen würde, und wie sollte ich dann im Bett lesen? Ich schraubte den Lampenarm an die Wand über meinem Bett und trimmte den Docht so, daß die Flamme einen goldenen Schmetterling bildete. Und oft habe ich diese Lampe dann auf der weiteren Reise ebenso wegen ihrer Wärme und Farbe wie wegen ihres Lichtes benutzt. Genau die gleiche Lampe hing, als ich ein Kind war, in allen Räumen unserer Ranch. Es gibt kein angenehmeres Licht, auch wenn sehr alte Leute sagen, Walöl ergebe eine noch schönere Flamme.

Ich habe bewiesen, daß ich Deer Isle nicht beschreiben kann. Es gibt dort etwas, das Worten keine Tür öffnet. Aber es bleibt im Gedächtnis haften, wenn man die Insel verlassen hat, und sogar Dinge, von denen man gar nicht wußte, daß man sie gesehen hatte, kommen einem hinterher in den Sinn. An eines erinnere ich mich ganz deutlich. Es mag durch die Jahreszeit und ihr besonderes Licht verursacht worden sein, durch die herbstliche

Klarheit. Alles hob sich trennscharf von allem anderen ab, ein Felsblock, ein von der See poliertes Stück Treibholz am Strand, eine Dachlinie. Jede Kiefer stand selbstbewußt für sich, auch wenn sie Teil eines Waldes war. Um einen sehr weiten gedanklichen Bogen zu schlagen – könnte ich so etwas auch von den Menschen sagen? Bestimmt sind mir niemals so ausgeprägte Individuen begegnet. Es wäre mir unerträglich, zu versuchen, sie zu etwas zu zwingen, was sie nicht wollen. Ich habe viele Geschichten über die Isle gehört – immer hieß es *Isle* und nicht *Island* – und manchen wortkargen Rat bekommen. Ich will hier nur einen anführen, den mir ein Einheimischer gegeben hat, dessen Namen ich lieber verschweige, um ihn vor eventuellen Repressalien zu schützen.

»Fragen Sie niemals jemanden aus Maine nach dem Weg«, sagte er.

»Wieso denn das nicht?«

»Wir finden es irgendwie lustig, die Leute in die Irre zu schikken, und dabei lächeln wir nicht, aber wir lachen innerlich. Das ist unsere Natur.«

Ich wüßte gern, ob das wahr ist. Ich konnte es nie überprüfen, denn meistens habe ich mich durch eigenes Bemühen verirrt, ohne Hilfe von außen.

Ich habe lobend und sogar mit einer gewissen Zuneigung von Rosinante gesprochen, aber noch nicht von dem kleinen Truck, der den Camperaufbau trug. Es war ein neues Modell mit einem starken Sechszylindermotor, automatischem Getriebe und einer überdimensionalen Lichtmaschine, die mir Strom für die Kajüte lieferte, falls ich ihn brauchen sollte. Das Kühlsystem war so mit Frostschutzmittel gesättigt, daß es selbst die Polarkälte überstanden hätte. Ich glaube, amerikanische Personenwagen werden zum raschen Verschleiß gebaut, damit sie bald durch neue ersetzt werden müssen. Bei Trucks ist das nicht der Fall. Ein Lastwagenfahrer verlangt viele tausend Meilen mehr pannenfreies Funktionieren als ein Pkw-Besitzer. Er läßt sich nicht blenden mit Extras und Heckflossen und anderem Schnickschnack, und er muß auch nicht, um seinen gesellschaftlichen Status zu wahren, jedes Jahr das neueste Modell kaufen. Alles an meinem Wagen war auf lange Haltbarkeit angelegt. Das Chassis war schwer, das Metall solide, der Motor groß und stark. Natürlich habe ich ihn immer gut behandelt, was Ölwechsel und Schmieren betraf, ich habe ihn nie bis an die Grenzen seiner Leistungsfähigkeit getrieben und nicht zu Akrobatenstückchen gezwungen, die man von Sportwagen erwartet. Die Kabine hatte doppelte Wände und eine gute Heizung. Als ich nach mehr als zehntausend Meilen heimkehrte, war der Motor gerade richtig eingefahren. Und er hatte nicht ein einziges Mal auf der ganzen Reise versagt oder auch nur gestottert.

Ich fuhr die Küste von Maine hinauf, durch Millbridge und Addison und Machias und Perry und South Robbinston, bis keine Küste mehr da war. Ich habe nie gewußt oder hatte vergessen, wieviel von Maine gleich einem erhobenen Daumen nach Kanada hineinragt, mit Neubraunschweig im Osten. Wir wissen so wenig von unserer eigenen Geographie. Tatsächlich reicht Maine im Norden fast bis zur Mündung des Sankt-Lorenz-Stroms, und seine obere Grenze liegt vielleicht hundert Meilen nördlich von Quebec. Und noch etwas hatte ich schon wieder vergessen: wie unglaublich riesig Amerika ist. Während ich nach Norden durch die kleinen Städte und den immer größer werdenden Wald fuhr, der sich bis zum Horizont erstreckte, änderte sich die Jahreszeit rasch und heftig. Vielleicht lag es daran, daß ich mich vom mildernden Einfluß des Meeres entfernte, vielleicht auch, daß ich sehr weit nach Norden vordrang. Die Häuser sahen aus wie vom Schnee geprügelt, und viele waren verfallen und verlassen, zu Boden gedrückt von den Wintern. Außer in den Städten gab es nur noch Spuren von einer Bevölkerung, die einst hier gelebt und das Land bestellt und ihr Auskommen gehabt hatte und dann vertrieben worden war. Der Wald war wieder im Vormarsch, und wo einst Bauernwagen gefahren waren, rumpelten jetzt nur die riesigen Langholzlaster. Auch das Wild war wiedergekommen, Rehe wechselten über die Straßen, und ich sah Bärenspuren.

Es gibt Sitten, Verhaltensweisen, Mythen, Strömungen und Veränderungen, die zur Struktur Amerikas zu gehören scheinen. Ich schlage vor, sie hier immer dann und so zu erörtern, wenn und wie sie mich unterwegs beschäftigt haben. Während diese Erörterung weitergeht, stellen Sie sich vor, wie ich auf einer kleinen Landstraße dahinrolle oder nach einer Brücke anhalte oder mir einen großen Topf Bohnen und Pökelfleisch koche. Als erstes wollen wir über die Jagd sprechen. Ich hätte ihr nicht ausweichen können, wie gern ich es auch gewollt hätte, denn die offene Jagdsaison ziert den Herbst. Wir haben viele Verhaltensweisen von unseren jüngeren Ahnen geerbt, die mit diesem Kontinent gerungen haben wie Jakob mit dem Engel, und die Pioniere haben gewonnen. Von ihnen haben wir den Glauben übernommen, daß jeder Amerikaner ein geborener Jäger sei. Und jeden Herbst macht sich eine große Anzahl von Männern auf, um zu beweisen, daß sie ohne Talent, Übung, Kenntnisse oder Erfahrung unfehlbare Schützen sind, ob mit Gewehr oder Schrotflinte. Die Ergebnisse sind zum Grausen. Von dem Moment an, da ich Sag Harbor verlassen hatte, ballerten Flinten auf Wildentenschwärme, und als ich durch Maine fuhr, hätte das Krachen der Gewehre in den Wäldern jede Menge Rotröcke verjagt, solange sie nicht wußten, was da vorging. Was ich hier schreibe, wird mir einen schlechten Ruf als Sportsmann eintragen, aber ich möchte ein für allemal klarstellen, daß ich nichts gegen das Töten von Tieren habe. Irgendwer muß sie töten, nehme ich an. In meiner Jugend bin ich oft meilenweit auf dem Bauch durch eiskalten Wind gekrochen, nur um des Ruhmes willen, ein Sumpfhuhn zu erlegen, das selbst in Salzwasser eingelegt nicht besonders gut schmeckt. Ich mache mir nicht viel aus Hirsch- oder Bären- oder Elchfleisch, abgesehen von der Leber. Die Rezepte, die Kräuter, die Weine, der ganze Aufwand, der für ein gutes Wildgericht nötig ist, würden auch einen alten Schuh zu einem Leckerbissen für Feinschmecker machen. Wenn ich Hunger hätte, würde ich freudig alles jagen, was läuft und kreucht und fleucht, sogar Verwandte, und sie mit den Zähnen zerreißen. Aber es ist nicht der Hunger, der Millionen bewaffneter amerikanischer Männer jeden Herbst in die Wälder und Hügel treibt, wie die Häufigkeit von Herzversagen bei den Jägern beweist. Irgendwie hat die Jägerei mit Männlichkeit zu tun, aber ich weiß nicht genau, wie. Ich weiß, daß es jede Menge gute und tüchtige Jäger gibt, die wissen, was sie tun; aber noch weit mehr sind übergewichtige Herren, mit Whisky angefüllt und mit Hochleistungsgewehren bewaffnet. Sie schießen auf alles, was sich bewegt oder so aussieht, als könnte es sich bewegen, und ihr Erfolg im Sich-gegenseitig-Erschießen mag geeignet sein, einer Bevölkerungsexplosion vorzubeugen. Wenn sich die Verluste auf ihre eigene Spezies beschränken würden, gäbe es kein Problem, aber das Abschlachten von Kühen, Schweinen, Farmern, Hunden und Highwayschildern macht den Herbst zu einer gefährlichen Jahreszeit für Reisende. Ein Farmer im Norden des Staates New York hatte das Wort *COW* in großen schwarzen Buchstaben auf beide Seiten seiner weißen Kuh gemalt, aber die Jäger haben sie trotzdem erschossen. Als ich durch Wisconsin fuhr, hat dort ein Jäger seinen eigenen Jagdführer zwischen die Schulterblätter geschossen. Der Untersuchungsrichter fragte diesen Nimrod: »Dachten Sie, er wäre ein Rehbock?«

»Ja, Sir, das dachte ich.«

»Aber Sie waren nicht sicher, daß er ein Rehbock war.«

»Well … nein Sir. Ich glaube nicht.«

Wegen der Feuerwalze, die sich durch Maine bewegte, war ich natürlich besorgt um mich selbst. Vier Automobile waren am hellichten Tag getroffen worden. Aber hauptsächlich machte ich mir Sorgen um Charley. Ich weiß, daß ein Pudel für einen von diesen Jägern sehr ähnlich wie ein Rehbock aussieht, und so mußte ich etwas erfinden, um ihn zu schützen. In Rosinante gab es eine Schachtel mit roten Kleenextüchern, die mir irgend jemand geschenkt hatte. Ich umwickelte Charleys Schwanz mit rotem Kleenex und befestigte es mit Gummibändern. Jeden Morgen erneuerte ich seine Flagge, und er trug sie auf dem ganzen Weg nach Westen, während Kugeln um uns heulten und pfiffen. Dies soll kein Witz sein. Die Radios warnten davor, ein weißes Taschentuch zu tragen. Zu viele Jäger haben, wenn sie etwas Weißes aufblitzen sahen, es für den Spiegel eines flüchtenden Rehs gehalten und einen Schnupfen mit einem einzigen Schuß kuriert.

Freilich ist dieses Erbe der Pioniere nichts Neues. Als ich ein Kind war, auf der Ranch meiner Eltern bei Salinas in Kalifornien, hatten wir einen chinesischen Koch, der regelmäßig einen hübschen Nebenverdienst daraus bezog. Auf einer nahen Anhöhe lag ein Sykomorenstamm schräg am Boden, auf zwei seiner abgebrochenen Äste gestützt. Eines Tages entdeckte Lee, daß dieses gefleckte rehbraune Stück Holz zahlreiche Einschußlöcher aufwies. Er nagelte ein Paar Hörner an das eine Ende und zog sich in seine Hütte zurück, bis die Jagdzeit zu Ende war. Dann erntete er das Blei aus dem alten Baumstamm. In manchen Jahren kam er auf fünfzig bis sechzig Pfund. Es war kein Vermögen, aber es war leicht verdient. Nach ein paar Jahren, als der Stamm völlig zerschossen war, ersetzte ihn Lee durch vier braune Sandsäcke mit demselben Geweih. Danach war die Ernte noch leichter einzubringen. Hätte er fünfzig Säcke aufgestellt, wäre er reich geworden, aber Lee war ein bescheidener Mann, dem nichts an Massenproduktion lag.

Maine wollte und wollte nicht enden. Es ging mir, wie es Peary ergangen sein mußte, als er sich auf dem Weg zum Nordpol wähnte. Aber ich wollte Aroostook County sehen, den riesigen Verwaltungsbezirk im Nordteil von Maine. Es gibt drei große Kartoffelanbaugebiete in den Vereinigten Staaten – Idaho, Suffolk County auf Long Island und Aroostook. Viele Leute hatten mir von Aroostook County erzählt, aber ich hatte nie jemanden getroffen, der wirklich dort gewesen war. Ich hatte erfahren, daß die Ernte von franko-kanadischen Wanderarbeitern eingebracht wird, sogenannten *Canucken*, die im Herbst scharenweise über die Grenze kommen. Mein Weg führte endlos durch Wälder und an vielen Seen vorbei, die noch nicht zugefroren waren. Sooft es ging, nahm ich die kleinen Landstraßen, was das Vorankommen nicht gerade beschleunigt. Die Temperatur stieg etwas an, es regnete unaufhörlich, und die Wälder weinten. Charley wurde überhaupt nicht mehr trocken und roch, als ob er verschimmelt wäre. Der Himmel hatte die Farbe von nassem grauem Aluminium, und nirgendwo auf diesem lichtdurchlässigen Schild gab es einen Anhaltspunkt, wo die Sonne sein mochte, so daß ich nie genau wußte, in welche Richtung ich fuhr. Auf einer kurvenreichen Straße konnte ich ebensogut nach Osten, Süden oder Westen fahren wie nach Norden, wohin ich wollte. Der alte Schwindel, daß das Moos an der Nordseite der Bäume wachse, hatte mich schon als Pfadfinder in die Irre geführt. Moos wächst an der Schattenseite, und die kann überall sein. Ich beschloß, mir in der nächsten Stadt einen Kompaß zu kaufen, aber an der Straße, die ich fuhr, kam keine nächste Stadt. Die Dunkelheit senkte sich langsam nieder, der Regen trommelte auf das Dach der Kabine, und die Scheibenwischer zogen quietschend ihre Bögen. Hohe dunkle Bäume säumten die Straße, dicht gedrängt auf dem Sand. Es kam mir vor, als sei es Stunden her, seit ich das letzte Mal an einem Wagen oder Haus oder Laden vorbeigekommen war, denn dies war das Land, das der Wald sich zurückgeholt hatte. Eine trostlose Einsamkeit überfiel mich – eine fast beängstigende Einsamkeit. Charley rollte sich naß und bibbernd in seiner Ecke auf dem Beifahrersitz zusammen und leistete mir keine Gesellschaft. Ich fuhr hinter die Auffahrt zu einer Betonbrücke, aber ich konnte am abschüssigen Straßenrand keinen ebenen Platz finden.

Selbst in der Kajüte war es ungemütlich und feucht. Ich schraubte den Glühstrumpf hoch, zündete die Petroleumlampe an und dazu zwei Flammen am Herd, um die Einsamkeit zu vertreiben. Der Regen trommelte auf das Blechdach. Nichts in meinem Lebensmittelvorrat sah eßbar aus. Es dunkelte, und die Bäume rückten näher heran. Durch das Getrommel des Regens glaubte ich Stimmen zu hören, als murmelte eine Menschenmenge hinter der Bühne. Charley war unruhig. Er gab nicht Alarm, aber er knurrte und winselte nervös, was sonst gar nicht seine Art ist, und er fraß nicht und ließ auch seinen Trinknapf unberührt – und das bei einem Hund, der täglich sein eigenes Körpergewicht an Wasser trinkt und das auch nötig hat für seinen Ausstoß. Ich überließ mich voll und ganz meiner trostlosen Stimmung, strich mir zwei Erdnußbutterbrote, ging zu Bett und schrieb lange Briefe nach Hause, in denen ich meine Einsamkeit herumreichte. Dann hörte der Regen auf, und die Bäume tropften, und ich verhalf einer Fülle verborgener Gefahren zum Leben. O ja, wir können die Dunkelheit mit Schreckgestalten bevölkern, sogar wir, die wir uns für aufgeklärt und sicher halten und nichts glauben, was wir nicht messen oder wiegen können. Ich wußte ohne jeden Zweifel, daß die dunklen Wesen, die auf mich eindrangen, entweder nicht existierten oder mir nicht gefährlich waren, und dennoch hatte ich Angst. Ich dachte daran, wie furchtbar die Nächte in einer Zeit gewesen sein mußten, als die Menschen zweifelsfrei glaubten, daß diese Wesen existierten und daß sie tödlich waren. Aber nein, das ist falsch. Wenn ich wüßte, daß sie existieren, hätte ich Mittel gegen sie – Bannsprüche, Gebete, irgendeine Art von Bündnis mit Kräften, die ebenso stark sind, aber auf meiner Seite. Zu wissen, daß sie nicht existierten, machte mich wehrlos gegen sie und vielleicht noch furchtsamer.

Vor langer Zeit hatte ich eine kleine Ranch in den Santa Cruz Mountains in Kalifornien. An einer Stelle im Wald bildeten die Wipfel riesiger Erdbeerbäume ein geschlossenes Dach über einem echten Quellteich mit schwarzem Wasser. Wenn es irgendwo so etwas wie einen Spukort gibt, dann dort, wo das dämmrige Licht durch die Blätter brach und mit der Perspektive Schabernack trieb. Unter meinen Arbeitern war ein Filipino, ein Bergbewohner, klein, dunkel und schweigsam, vielleicht einer von den Maori. Einmal fragte ich ihn, da ich annahm, daß er aus einer Stammesgesellschaft kam, die das Unsichtbare als einen Teil der Wirklichkeit anerkennt, ob er keine Angst vor dem Spukort habe, zumal bei Nacht. Er sagte, er habe keine Angst, denn vor Jahren habe ihm ein Medizinmann einen Zauber gegen böse Geister gegeben.

»Kannst du mir den mal zeigen?«, fragte ich.

»Es sind Wörter«, sagte er. »Es ist ein Wortzauber.«

»Kannst du sie mir sagen?«

»Gewiß«, antwortete er und deklamierte: *»In nomine Patris et Filii et Spiritus Sancti.«*

»Und was heißt das?« fragte ich.

Er zuckte die Schultern. »Weiß nicht«, sagte er. »Es ist ein Zauber gegen böse Geister, und darum habe ich keine Angst vor ihnen.«

Ich habe dieses Gespräch hier aus dem Spanischen übersetzt, das er in einer manchmal seltsamen Weise gebrauchte, aber an seinem Zauberspruch gibt es nichts zu bezweifeln, und er wirkte bei ihm.

In meinem Bett liegend unter der tropfenden Nacht tat ich mein Bestes, um zu lesen und meine elende Stimmung zu überwinden, aber während meine Augen über die Zeilen glitten, horchte ich in die Nacht hinaus. Am Rande des Schlafes riß mich ein neues Geräusch ins Wachen zurück, das Knirschen von Schritten, so schien mir, von langsamen Schritten auf dem Schotter am Straßenrand. Auf dem Bett neben mir hatte ich eine zwei Fuß lange Handlampe, wie sie Waschbärenjäger benutzen. Sie wirft einen mächtigen Lichtstrahl, er reicht mindestens eine Meile weit. Ich stand auf, nahm meinen 30 / 30-Karabiner von der Wand und horchte erneut an der Hecktür von Rosinante – die Schritte kamen näher. Dann stieß Charley sein Warngebrüll aus, und ich machte die Tür auf und tauchte die Straße in gleißendes Licht. Es war ein Mann in Stiefeln und einer gelben Ölhaut. Der Lichtstrahl spießte ihn auf.

»Was wollen Sie?« rief ich.

Er muß sehr erschrocken gewesen sein. Er brauchte einen Moment, bis er antwortete. »Ich will nach Hause. Ich wohne da oben an der Straße.«

Auf einmal wurde mir der ganze Unsinn bewußt, wie dumm ich mich benahm, was für ein lächerliches Verhaltensmuster sich Schicht für Schicht in mir aufgebaut hatte. »Möchten Sie vielleicht eine Tasse Kaffee oder einen Drink?«

»Nein, danke, es ist schon spät. Wenn Sie so gut sein würden, dieses Licht da aus meinem Gesicht zu nehmen, dann gehe ich vorbei.«

Ich knipste die Lampe aus, und er verschwand im Dunkeln, aber als er vorbeikam, sagte seine Stimme: »Übrigens, was machen *Sie* eigentlich hier?«

»Übernachten«, sagte ich, »ich will hier bloß übernachten.« Und diesmal sank ich sofort in Schlaf, kaum daß ich wieder im Bett lag.

Die Sonne schien, als ich erwachte, die Welt war wie neu geschaffen und strahlte. Es gibt so viele verschiedene Welten, wie es verschiedene Tage gibt, und wie ein Opal sein Feuer und seine Farben wechselt, um der Natur eines Tages zu entsprechen, so tue auch ich es. Die Ängste der Nacht und die Einsamkeit lagen so weit hinter mir, daß ich mich kaum noch an sie erinnern konnte.

Sogar Rosinante, so schmutzig und mit Kiefernnadeln bedeckt sie war, schien freudig über die Straße zu hüpfen. Jetzt kamen offene Felder zwischen den Seen und Wäldern, Felder mit krümeligen, lockeren Böden, wie Kartoffeln sie lieben. Pritschenwagen mit leeren Kartoffeltonnen auf der Ladefläche fuhren die Straßen entlang, und die Kartoffelerntemaschine förderte lange Reihen blasser Knollen zutage.

Im Spanischen gibt es ein Wort, für das ich keine Entsprechung im Englischen finde. Es ist das Verb *vacilar*, Partizip Präsens *vacilando*. Es heißt keineswegs dasselbe wie das englische *vacillating*. Wenn jemand *vacilando* ist, dann bewegt er sich zwar einem Ziel entgegen, aber er kümmert sich nicht groß darum, ob er ankommt, er hat nur eine allgemeine Richtung. Mein Freund Jack Wagner in Mexiko hat sich oft in diesen Zustand versetzt. Angenommen, wir wollten durch die Straßen von Mexiko City bummeln, aber nicht ziellos. Dann dachten wir uns einen Artikel aus, den es dort so gut wie sicher nicht zu kaufen gab, und machten uns systematisch auf die Suche danach.

Ich hatte mir vorgenommen, zur Nordspitze von Maine hinaufzufahren, um meine Reise nach Westen dort zu beginnen. Das würde, so schien mir, der Reise eine Form geben, und alles in der Welt muß eine Form haben, sonst lehnt der menschliche Geist es ab. Aber es muß auch einen Zweck haben, sonst schreckt das menschliche Gewissen davor zurück. Maine war meine Form, Kartoffeln mein Zweck. Wenn ich keine einzige Kartoffel zu sehen bekommen hätte, wäre mein Status als *vacilador* dadurch nicht beeinträchtigt worden. Wie sich herausstellte, sah ich dann fast zu viele Kartoffeln. Ich sah Berge von Kartoffeln, Ozeane, mehr als man glauben möchte, daß die Weltbevölkerung in hundert Jahren vertilgen könnte.

Wandernde Erntearbeiter habe ich überall im ganzen Land gesehen: Inder, Filipinos, Mexikaner, Leute aus Oklahoma, weit entfernt von ihrer Heimat. Hier in Maine waren es Franko-Kanadier, die zur Kartoffelernte über die Grenze kamen. Mir scheint, wie die Karthager sich Söldner hielten, die ihre Kämpfe ausfochten, so holen wir Amerikaner uns Söldner ins Land, damit sie für uns die schwere und niedere Arbeit verrichten. Ich hoffe, wir werden nicht eines Tages überwältigt von Völkern, die nicht zu stolz oder zu faul oder zu verweichlicht sind, um sich zur Erde zu bücken und die Früchte herauszuholen, die wir essen.

Diese Canucken waren ein abgehärtetes Volk. Sie reisten und kampierten in Familien und ganzen Sippen, vielleicht sogar ganzen Stämmen: Männer, Frauen, Jungen, Mädchen, auch kleine Kinder. Nur die Säuglinge waren nicht damit beschäftigt, Kartoffeln auszugraben und in die Tonnen zu füllen. Amerikaner fuhren die Lastwagen und benutzten Winden und eine Art Kran, um die vollen Tonnen an Bord zu hieven. Dann fuhren sie weg, um die Ernte in Schuppen einzulagern, die mit hohen Erdwällen gegen den Frost geschützt waren.

Mein Canucken-Französisch habe ich aus Filmen, in denen gewöhnlich Nelson Eddy und Jeanette MacDonald spielen, und es besteht im wesentlichen aus den Worten »*By gar*«. Seltsamerweise habe ich keinen einzigen Kartoffelleser jemals »*By gar*« sagen hören, dabei müssen sie die Filme doch auch gesehen haben und wissen, was sich gehört. Die Mädchen und Jungen trugen gewöhnlich Cordhosen, dicke Pullover und grellbunte Kopftücher, um ihre Haare vor dem Staub zu schützen, der beim leichtesten Wind aus den Feldern aufsteigt. Die meisten waren in großen Lastwagen mit dunklen Leinwandplanen unterwegs, aber ich sah auch Wohnanhänger und ein paar Campingwagen wie Rosinante. Manche schliefen nachts in den Wagen, aber an schönen Stellen waren auch Zelte aufgeschlagen, und die Düfte, die von ihren Herdfeuern herüberwehten, ließen erkennen, daß sie ihr französisches Genie im Suppenkochen nicht verloren hatten.

Zum Glück standen die Zelte und Lastwagen und zwei Wohnanhänger am Rand eines klaren und lieblichen Sees. Ich parkte Rosinante knapp hundert Meter von ihnen entfernt, aber ebenfalls am See. Dann setzte ich Kaffeewasser auf, holte meine Mülleimerwäsche heraus, die zwei Tage lang durchgeschüttelt worden war, und spülte sie im Seewasser aus. Haltungen gegenüber Fremden ergeben sich oft ganz unerwartet. Der Wind kam vom Lager her und trug den Geruch ihrer Suppe zu mir herüber. Nach allem, was ich wußte, konnten diese Leute Mörder, Sadisten, Scheusale, häßliche affenartige Untermenschen sein, aber ich ertappte mich bei dem Gedanken: »Was für reizende Leute, was für einen Flair sie haben, wie schön sie sind. Wie gern würde ich die einmal kennenlernen!« Und alles nur, weil ihre Suppe so köstlich roch.

Wenn ich einen Kontakt zu Fremden herstellen will, ist Charley mein Botschafter. Ich lasse ihn frei laufen, und er nähert sich dem Zielobjekt beziehungsweise dem, was das Zielobjekt gerade kocht. Dann rufe ich ihn zurück, damit er meine Nachbarn nicht belästigt – *et voilà*! Mit einem Kind geht das auch, aber ein Hund ist besser.

Die Sache lief so glatt, wie man es bei einem erprobten und gut eingeübten Skript erwarten kann. Ich sandte meinen Botschafter aus und trank eine Tasse Kaffee, um ihm Zeit zum Operieren zu geben. Dann schlenderte ich zum Lager hinüber, um meine Nachbarn der Belästigung durch meinen ungezogenen Köter zu entheben. Es waren nett aussehende Leute, etwa ein Dutzend, die Kinder nicht mitgezählt, drei hübsche Mädchen mit Neigung zum Gickeln, zwei schwangere Frauen und eine hochschwangere, ein Patriarch, zwei Schwiegersöhne und zwei junge Männer, die daran arbeiteten, Schwiegersöhne zu werden. Der amtierende Häuptling aber, der sein Amt natürlich voll Ehrerbietung gegenüber dem Patriarchen versah, war ein gutaussehender Mittdreißiger, breitschultrig und gewandt, mit dem rosigen Teint eines jungen Mädchens und dichtem schwarzem Lockenhaar.

Der Hund habe sie nicht gestört, sagte er. Tatsächlich hätten sie sogar bemerkt, daß er ein schöner Hund sei. Ich als sein Besitzer war natürlich voreingenommen, trotz seiner Mängel, aber der Hund hatte den meisten anderen eines voraus: Er war in Frankreich geboren und aufgewachsen.

Die Gruppe trat näher. Die drei hübschen Mädchen gickelten, ständig zur Ordnung gerufen von den marineblauen Augen des Häuptlings, den ein Zischen des Patriarchen unterstützte.

Im Ernst? Wo in Frankreich?

In Bercy, einem Vorort von Paris, ob sie den kannten?

Nein, leider waren sie noch nie im Vaterland gewesen.

Ich hoffte, sie würden das nachholen.

Eigentlich hätten sie Charleys französische Nationalität ja gleich an seinen Manieren erkennen müssen. Sie hatten auch schon meine *roulotte* bewundert.

Eine einfache, aber bequeme Kutsche. Wenn sie wollten, werde es mir ein Vergnügen sein, sie ihnen zu zeigen.

Ich sei sehr freundlich. Das Vergnügen werde ganz bei ihnen liegen.

Wenn der gehobene Ton hier den Eindruck erweckt, die Unterhaltung sei auf französisch geführt worden, so ist das falsch. Der Häuptling sprach ein sehr reines und gepflegtes Englisch. Das einzige französische Wort, das er gebrauchte, war *roulotte*. Die Kommentare, die sie untereinander austauschten, waren canuckisch. Mein Französisch ist jedenfalls lächerlich. Nein, der gehobene Ton gehörte zum Zeremoniell der Kontaktaufnahme. Ich rief Charley zu mir. Durfte ich sie nach ihrem Abendessen erwarten, das einen solch köstlichen Duft verströmte?

Es werde ihnen eine Ehre sein.

Ich räumte meine Kajüte auf, aß eine rasch gewärmte Dose Chili con carne, vergewisserte mich, daß das Bier kalt war, las sogar eine Handvoll Herbstblätter auf und stellte sie in einer Milchflasche auf den Tisch. Die Rolle Pappbecher, die ich für solche Gelegenheiten mitgenommen hatte, war an meinem ersten Reisetag von einem fliegenden Wörterbuch plattgedrückt worden, aber ich faltete Untersetzer aus Papierservietten. Es ist erstaunlich, was für Mühen man sich wegen einer Party macht. Dann bellte Charley sie herein, und ich war Gastgeber in meinem eigenen Haus. Sechs Erwachsene können sich hinter meinen Tisch zwängen, und sie taten es. Zwei weitere standen aufrecht neben mir, und die hintere Tür war voller Kindergesichter. Sie waren sehr nette Leute, aber sehr förmlich. Ich machte Bierflaschen für die Großen auf und Limonade für die Zaungäste.

Mit der Zeit erzählten mir diese Leute eine ganze Menge über sich. Sie kamen jedes Jahr zur Kartoffelernte über die Grenze. Wenn alle mitarbeiteten, kam ein hübscher kleiner Vorrat für den Winter zusammen. Hatten sie an der Grenze keine Schwierigkeiten mit der Einwanderungsbehörde? Och, nein. Offenbar wurden die Regeln während der Erntezeit etwas gelockert, außerdem wurde der Weg durch einen Agenten geebnet, dem sie einen kleinen Prozentsatz ihres Lohnes abtraten. Aber sie bezahlten ihn nicht wirklich. Er holte sich sein Geld direkt von den Farmern. Ich habe im Laufe der Jahre eine Menge Binnenmigranten kennengelernt – Arbeiter aus Oklahoma, illegal eingedrungene Mexikaner, die Schwarzen, die nach New Jersey und nach Long Island kommen. Und wo immer ich welchen begegnet bin, war im Hintergrund ein Agent, der ihnen gegen ein Entgelt den Weg ebnete. Früher versuchten die Farmer, mehr Arbeitskräfte anzulocken, als sie brauchten, damit sie die Löhne drükken konnten. Das scheint jetzt nicht mehr der Fall zu sein, denn die staatlichen Agenturen schleusen nur so viele Arbeiter herein, wie benötigt werden, und es gibt eine Art Mindestlohn. In anderen Fällen wurden die Migranten durch ihre Armut und große Not zum Umherziehen und zur Saisonarbeit getrieben.

Meine Gäste wurden an diesem Abend sicherlich weder mißhandelt noch getrieben. Ihre Sippe, die in der Provinz Quebec eine eigene kleine Farm für den Winter stillgelegt hatte, kam nur über die Grenze, um sich einen Spargroschen zu verdienen. Sie brachten sogar ein bißchen Ferienstimmung mit sich, fast wie die Hopfen- und Erdbeerpflücker aus London und den Städten in Mittelengland. Es waren abgehärtete und genügsame Leute, die sehr gut für sich selbst sorgen konnten.

Ich machte noch mehr Bierflaschen auf. Nach der trostlosen Einsamkeit der letzten Nacht empfand ich es als sehr wohltuend, von herzlichen, aber zurückhaltenden Menschen umgeben zu sein. Ich tippte einen artesischen Brunnen des Wohlgefühls an und hielt eine kleine Rede in meinem Pidgin-Französisch. Sie begann mit den Worten: »Messy dam. *Je vous porte un cher souvenir de la belle France – en particulier du Departement de Charente.*«

Sie guckten verblüfft, aber interessiert. Dann übersetzte John der Häuptling langsam meine Rede in High-School-Englisch und danach in kanadisches Französisch. »Charente?« fragte er. »Wieso Charente?« Ich bückte mich, öffnete eine Tür unter meiner Spüle und holte eine Flasche sehr alten und ehrwürdigen Kognak heraus, die ich für Hochzeiten, beißenden Frost und Herzattacken mitgebracht hatte. John studierte das Etikett mit der andächtigen Ehrfurcht, die ein guter Christ den heiligen Sakramenten entgegenbringt. Und voller Ehrfurcht waren auch seine Worte: »*Jesus Christ!*« sagte er. »Ich hatte ganz vergessen: Charente – das ist doch, wo Cognac liegt!« Dann las er das angegebene Geburtsjahr der Flasche und wiederholte leise: »Jesus Christ!«

Er reichte die Flasche dem Patriarchen in seiner Ecke, und der alte Mann lächelte so strahlend, daß ich zum ersten Mal sah: Er hatte vorne gar keine Zähne mehr. Der Schwiegersohn schnurrte wie ein zufriedener Kater, und die schwangeren Damen zwitscherten wie *alouettes* in der Sonne. Ich reichte John den Korkenzieher und stellte das Kristall hin – drei Kaffeetassen aus Plastik, ein Marmeladeglas, eine Rasierschale und mehrere breithalsige Pillenflaschen. Ich schüttete ihre Kapseln in eine Saucenpfanne und spülte den Geruch von Weizenkeimen mit Wasser aus. Der

Kognac war sehr, sehr gut, und vom ersten gemurmelten »*Santé*« und dem ersten genippten Schlückchen an war zu spüren, wie die Brüderlichkeit des Menschen anwuchs, bis sie Rosinante restlos erfüllte – und die Schwesterlichkeit desgleichen.

Sie lehnten eine zweite Runde ab, aber ich bestand darauf. Und die Austeilung der dritten erfolgte auf Basis des Arguments, daß es nun nicht mehr lohnte, den Rest aufzuheben. Und nach diesen letzten gerecht auf alle verteilten Tropfen kam über Rosinante ein triumphaler menschlicher Zauber, der ein Haus zu segnen vermag – oder in diesem Fall einen Truck –: neun Menschen versammelt in tiefstem Schweigen, und diese neun Teile so sicher ein Ganzes bildend, wie meine Arme und Beine Teile meines Körpers sind, getrennt und doch nicht zu trennen. Rosinante bekam einen Glanz, den sie nie mehr völlig verlieren sollte.

Ein solches Gewebe kann und darf man nicht zu lange strapazieren. Der Patriarch gab eine Art Zeichen. Meine Gäste zwängten sich aus ihrer beengten Lage hinter dem Tisch hervor, und ihr Adieu war kurz und förmlich, wie es sich gehörte. Dann gingen sie in die Nacht hinaus, im Schein der Petroleumlampe von Häuptling John. Still schritten sie davon zwischen schläfrig taumelnden Kindern, und ich sah sie nie wieder. Aber sie sind mir ans Herz gewachsen.

Ich verzichtete darauf, mein Bett herzurichten, denn ich wollte früh los. Ich rollte mich hinter dem Tisch zusammen und schlief ein bißchen, bis Charley mir in der ersten trüben Dämmerung ins Gesicht sah und »Ftt« machte. Während ich mir einen Kaffee kochte, schrieb ich ein paar Worte auf einen Karton und befestigte ihn am Hals der leeren Kognakflasche. Dann, als ich an dem schlafenden Lager vorbeikam, hielt ich an und stellte die Flasche so hin, daß sie sie finden mußten. Auf dem Karton stand: »*Enfant de France, mort pour la Patrie.*« Ich fuhr so leise davon, wie ich konnte, denn an diesem Tag wollte ich ein Stück nach Westen und dann die lange Strecke nach Süden durch das lange Ende von Maine fahren. Es gibt Zeiten, die man sein Leben lang als kostbare Schätze bewahrt, und solche Zeiten sind dem Gedächtnis klar und scharf eingebrannt. Ich fühlte mich sehr beglückt an diesem Morgen.

Auf einer Reise wie meiner gibt es dermaßen vieles zu sehen und zu bedenken, daß Ereignisse und Gedanken, würde man sie so niederschreiben, wie sie eintreten, miteinander vermischt und verrührt würden wie die Ingredienzien einer lange kochenden Minestrone. Es gibt Kartenmenschen, denen es mehr Freude bereitet, sich dem farbigen Papier zuzuwenden als der farbigen Landschaft, die an ihnen vorüberzieht. Ich habe Berichte von solchen Reisenden gehört, die sich an jede Straßennummer erinnerten, jede Entfernung in Meilen angaben, aber nur wenig Landschaft entdeckt hatten. Andere müssen immer genau wissen und möglichst mit Stecknadeln auf der Karte markieren, wo sie sich gerade befinden, als gäbe es eine Art Sicherheit in den schwarzen und roten Linien, den verstreuten Punkten, den blauen Klecksen für die Seen und den Schraffierungen für die Berge. Bei mir ist das nicht so. Ich bin schon verirrt auf die Welt gekommen und finde kein Vergnügen daran, gefunden zu werden, ich beziehe auch nicht viel Identitätsgefühl aus Figuren, die Kontinente und Staaten symbolisieren. Außerdem werden die Straßen bei uns so oft geändert, vergrößert, verbreitert oder stillgelegt, daß man Straßenkarten wie Tageszeitungen kaufen müßte. Aber da mir die Leidenschaft der Kartenfexe bekannt ist, will ich hier berichten, daß ich durch Maine nach Norden auf oder parallel der U.S. 1 durch Houlton, Mars Hill, Presque Isle, Caribou, Van Buren gefahren bin, dann nach Westen, immer noch auf der U.S. 1, durch Madawaska, Upper Frenchville und Fort Kent, dann zurück nach Süden auf der Staatsstraße 11 über Eagle Lake, Winterville, Portage, Squa Pan, Masardis, Knowles Corner, Patten, Sherman und Grindstone nach Millinocket.

Ich kann dies so genau berichten, weil ich eine Karte vor mir liegen habe, doch was mir in Erinnerung geblieben ist, hat nichts mit Zahlen, bunten Linien und Kringeln zu tun. Ich habe diese Routenangabe als einen Beruhigungsknochen hingeworfen und werde daraus keine Gewohnheit machen. Was mir in Erinnerung geblieben ist, sind die langen Alleen im Frost, die für den Winter gerüsteten Farmen und Häuser, die tonlose, lakonische Sprache von Maine in den Läden an Straßenkreuzungen, wo ich meine Vorräte ergänzte. Die vielen Rehe, die auf flinken Hufen die Straße überquerten und wie hüpfende Gummibälle vor Rosinante davonsprangen. Die röhrenden Langholzwagen. Und immer wieder mache ich mir bewußt, daß dieses riesige Gebiet einst sehr viel dichter besiedelt war und nun dem vordringenden Wald überlassen wird, den Tieren, den Holzfällercamps und der Kälte. Die großen Städte werden immer größer und die Dörfer kleiner. Der kleine Dorfladen, ob Lebensmittel-, Haushaltswaren-, Eisenwaren- oder Textilgeschäft, kann nicht mit dem Supermarkt und der Ladenkette konkurrieren. Unser gehätscheltes nostalgisches Bild vom dörflichen Kramladen, vom *cracker-barrel store*, in dem sich eine informierte Bürgerschaft trifft, um Meinungen auszutauschen und den Nationalcharakter zu formulieren, ist in sehr raschem Verschwinden begriffen. Leute, die einst Familienfestungen gegen Wind und Wetter, gegen die Geißeln des Frostes, der Dürre und der Insektenplage verteidigten, klammern sich heute an den geschäftigen Busen der großen Stadt.

Der heutige Amerikaner findet seine Herausforderung und seine Liebe in verstopften Straßen unter smogverhangenem Himmel, zwischen Industrieabgasen, kreischenden Reifen und dicht aneinandergedrängten Häusern, während die Kleinstädte langsam verwelken und sterben. Dies gilt für Texas ebenso wie für Maine, ich hab's mit eigenen Augen gesehen. Clarendon, Texas, erliegt Amarillo ebenso hoffnungslos wie Staceyville, Maine, seine Lebenskraft nach Millinocket verblutet, wo die Baumstämme zermahlen werden, die Luft nach Chemikalien riecht, die Flüsse verschmutzt und vergiftet sind und die

Straßen wimmeln von dieser glücklichen, hastenden Brut. Dies trage ich hier nicht als Kritik vor, sondern nur als Beobachtung. Und ich bin sicher, daß irgendwann, da schließlich alle Pendel zurückschwingen, die aufgeblähten Städte wie reife Mutterleiber aufbrechen und ihre Kinder ins Land zurück streuen werden. Beglaubigt wird diese Prophezeiung durch den Trend der Reichen, schon jetzt ins Umland zu ziehen. Wohin die Reichen vorausgehen, werden die Armen folgen oder es jedenfalls versuchen.

Vor ein paar Jahren hatte ich mir bei Abercrombie und Fitch ein sogenanntes *bull horn* gekauft, eine Autohupe, die durch einen Hebel bedient wird und fast alle Rinderlaute nachmachen kann, vom sanften Muhen einer romantischen Färse bis zum grollenden Röhren eines Bullen in der Blüte und Wollust seines Bullentums. Ich hatte das Ding auf Rosinante montiert, und es war sehr wirksam. Wenn sein Ruf ertönte, hob jedes Rind in Hörweite den Kopf und kam dem Ton entgegengetrabt.

In der silbernen Kühle des Maine-Nachmittags, als ich über eine holprige Waldstraße rumpelte, sah ich vier Wapiti-Elchdamen mit würdevoller Schwere meinen Weg kreuzen. Als ich näher kam, verfielen sie in einen wiegenden Trott. Spontan drückte ich den Hebel des Bullenhorns nieder, und ein Gebrüll ertönte wie von einem Kampfstier, der in Stellung geht, bevor er sich auf den Schmetterlingsschwenk seiner ersten Veronica stürzt. Die Damen, die gerade im Wald verschwinden wollten, hörten es, blieben stehen, machten kehrt und kamen mit wachsendem Tempo auf mich zu. In ihren Augen lag etwas, das mir nach Liebesglut aussah – aber vier Liebende gleichzeitig, jede gut über tausend Pfund schwer? So sehr ich die Liebe in allen Aspekten schätze, ich trat aufs Gaspedal und machte, daß ich davonkam. Und dabei dachte ich an eine Geschichte des großen Fred Allen. Ein Mann aus Maine berichtet von einer Elchjagd. »Ich saß auf einem Baumstamm und blies meinen Elchruf und wartete. Auf einmal fühlte ich etwas wie eine warme Badematte an

Hals und Kopf. Nun, Sir, es war eine Elchkuh, die mich leckte, und in ihren Augen glomm ein leidenschaftliches Licht.«

»Haben Sie sie erlegt?« wurde er gefragt.

»Nein, Sir. Ich habe mich rasch davongemacht, aber ich mußte oft daran denken, daß es jetzt irgendwo in Maine eine Elchkuh mit gebrochenem Herzen gibt.«

Maine ist, wenn man es nach Süden hinunterfährt, genauso lang wie nach Norden hinauf, vielleicht noch länger. Ich hätte den Baxter State Park besuchen sollen, aber ich tat es nicht. Zu lange hatte ich schon herumgetrödelt, es wurde kalt, und mir kamen Visionen von Napoleon vor Moskau und den Deutschen vor Stalingrad. So trat ich den geordneten Rückzug an – Brownville Junction, Milo, Dover-Foxcroft, Guilford, Bingham, Skowhegan, Mexico, Rumford. Dort kam ich auf eine Straße, die ich schon auf dem Hinweg durch die White Mountains gefahren war, und vielleicht war das schwach von mir, aber die wollte ich weiterfahren. Die Flüsse waren voller Baumstämme, von Ufer zu Ufer aufgestaut über Meilen, geduldig wartend, daß sie an die Reihe kamen, im Schlachthaus ihre hölzernen Herzen herzugeben, damit die Bollwerke unserer Zivilisation wie das *Time Magazine* oder die *Daily News* weiterleben können, um uns vor der Unwissenheit zu bewahren. Die Papiermühlenstädte sind, bei allem Respekt, widerwärtige Wurmnester. Man kommt vom stillen beschaulichen Land, und plötzlich wird man von einem brüllenden Verkehrsorkan überfallen. Eine Zeitlang kämpft man sich blindlings durch den irren Krach von schepperndem Blech, dann stirbt er ebenso plötzlich weg, und man ist von neuem in einer stillen, beschaulichen Landschaft. Und zwar völlig übergangslos, es gibt weder Randzonen noch Überlappungen. Es ist ein Mysterium, aber ein beglückendes.

In der kurzen Zeit, seit ich das letzte Mal durch die White Mountains gefahren war, hatte das Laub seine Pracht verloren und welkte. Die Blätter fielen, wirbelnd in düsteren Wolken, und die Koniferen an den Berghängen waren mit Schnee überzuckert. Ich fuhr lange und wild entschlossen, zu Charleys großem Verdruß. Immer wieder machte er »Ftt«, und ich überhörte es und bretterte weiter quer durch den erhobenen Daumen von New Hampshire. Ich wollte ein Bad und ein frischbezogenes Bett und einen Drink und ein bißchen menschliche Gesellschaft, und das erwartete ich am Connecticut River zu finden. Es ist eigenartig, wie schwer man sich tut, von einem einmal gesetzten Ziel abzulassen, selbst wenn es mühselig zu erreichen und nicht mal erstrebenswert ist. Die Strecke war länger, als ich gedacht hatte, und ich war sehr müde. Meine Jahre machten sich mit Rückenschmerzen bemerkbar, aber ich wollte partout zum Connecticut River und ignorierte die Müdigkeit, und das war ausgesprochener Unsinn. Es begann schon fast zu dunkeln, als ich den Platz fand, den ich gesucht hatte, nicht weit von Lancaster, New Hampshire. Der Fluß war breit und malerisch, gesäumt von Bäumen und einer idyllischen Wiese, und nahe am Ufer stand, was ich ersehnt hatte – eine Reihe sauberer weißer Häuschen auf grünem Rasen und ein kleines Empfangsgebäude mit Büro und Imbißstube, an dem die einladenden Worte »Open« und »Vacancy« standen. Ich parkte Rosinante davor und ließ Charley hinaus.

Die Abendsonne machte die Fenster des Büro- und Imbißstuben-Gebäudes zu Spiegeln. Mein ganzer Körper schmerzte vom langen Fahren, als ich die Tür öffnete und eintrat. Nirgends war eine Menschenseele. Das Anmeldebuch lag auf dem Tresen, Barhocker standen vor der Theke, Pasteten und Kuchen gammelten unter Plastikfolien, der Kühlschrank summte, schmutziges Geschirr weichte in seifigem Wasser in der rostfreien Spüle, und aus dem Hahn fielen langsame Tropfen.

Ich drückte mehrmals die Klingel auf dem Tresen, dann rief ich laut: »Ist jemand da?« Keine Antwort, nichts. Ich setzte mich auf einen Barhocker, um zu warten. Die numerierten Schlüssel der weißen Häuschen hingen an einem Brett. Das Tageslicht schwand, und es begann dämmrig zu werden. Ich ging hinaus, um Charley zu rufen und mich zu vergewissern, daß auf dem Schild tatsächlich »Open« und »Vacancy« stand. Jetzt wurde es richtig dunkel. Ich zog eine Taschenlampe hervor und durchsuchte das Büro nach einem Zettel, auf dem eine Nachricht wie »Bin in zehn Minuten zurück« stand, aber es gab keinen. Ich kam mir wie ein Eindringling vor, ich hatte hier nichts zu suchen. Schließlich ging ich hinaus, fuhr Rosinante aus der Einfahrt, fütterte Charley, machte mir einen Kaffee und wartete.

Es wäre leicht gewesen, einen Schlüssel vom Brett zu nehmen, einen Zettel mit entsprechender Nachricht auf den Tresen zu legen und mir eines der Häuschen aufzuschließen. Aber es wäre nicht recht gewesen. Ich konnte es nicht. Auf dem Highway fuhren ab und zu Autos vorbei und nahmen die Brücke über den Fluß, aber keines bog ein. Die Fenster des Büro- und Imbißraums blitzten im Scheinwerferlicht der herannahenden Fahrzeuge und versanken dann wieder im Dunkel. Ich hatte vorgehabt, ein leichtes Abendessen zu mir zu nehmen und dann hundemüde ins Bett zu fallen. Ich richtete mir mein Bett her, fand, daß ich überhaupt nicht hungrig war, und legte mich hin. Aber der Schlaf wollte nicht kommen. Ich horchte, ob jemand erschien. Nach einer Weile zündete ich meine Gaslampe an und versuchte zu lesen, aber da ich weiter horchte, konnte ich den Worten nicht folgen. Schließlich döste ich ein, erwachte im Dunkeln und spähte hinaus – nichts, niemand. Mein kurzer Schlaf war unruhig und bedrückt.

Als es dämmerte, stand ich auf und bereitete mir ein ausgiebiges, bedächtiges, zeitraubendes Frühstück. Die Sonne ging auf und schien in die Fenster. Ich ging zum Fluß hinunter, um Charley Gesellschaft zu leisten, kam zurück, rasierte mich sogar und nahm ein Schwammbad über dem Eimer. Inzwischen stand die Sonne schon ziemlich hoch. Ich ging zum Büro hinüber und trat ein. Der Kühlschrank summte, der Hahn tropfte ins kalte Spülwasser. Eine dicke neugeborene Fliege kroch ärgerlich über die Plastikfolie einer Pastete. Um halb zehn fuhr ich schließlich davon, und niemand war erschienen, nirgendwo hatte sich etwas gerührt. Das Schild verkündete immer noch »Open« und »Vacancy«. Ich ratterte über die Eisenbrücke, daß die Stahlplatten krachten. Der gespenstisch leere Ort beunruhigte mich tief, und wenn ich's recht bedenke, tut er es noch.

Auf der langen Reise wurde ich oft von Zweifeln begleitet. Ich habe immer jene Reporter bewundert, die in eine bestimmte Gegend einfallen, mit Schlüsselfiguren reden, Schlüsselfragen stellen, repräsentative Meinungen sammeln und dann einen ordentlichen Bericht schreiben können, der sehr einer Straßenkarte ähnelt. Ich bewundere diese Technik, und zugleich mißtraue ich ihr als Spiegel der Wirklichkeit. Ich finde, es gibt zu viele Wirklichkeiten. Was ich hier niederschreibe, ist so lange wahr, bis ein anderer dieselbe Strecke fährt und die Welt nach seinen Vorstellungen neu arrangiert. In der Literaturkritik hat der Kritiker keine andere Wahl, als sich das Opfer seiner Aufmerksamkeit so herzurichten, daß es in Größe und Gestalt ihm selber gleicht.

Daher bilde ich mir in dieser Reiseerzählung nicht ein, ich hätte es mit Konstanten zu tun. Vor langer Zeit war ich einmal in der schönen alten Stadt Prag, und zugleich befand sich dort Joseph Alsop, der zu recht berühmte kritische Porträtist von Orten und Ereignissen. Er sprach mit wohlunterrichteten Leuten, mit Amtspersonen und Botschaftern, er las Berichte, auch das Kleingedruckte und die Zahlen, während ich in meiner liederlichen Art mit Schauspielern, Zigeunern und Vagabunden herumzog. Joe und ich flogen in derselben Maschine zurück, und unterwegs erzählte er mir von Prag, und sein Prag stand in keiner Beziehung zu dem, das ich gesehen und gehört hatte. Es war einfach nicht derselbe Ort, und doch waren wir beide ehrlich, keiner von uns war ein Lügner, beide waren wir nach allen Maßstäben ziemlich gute Beobachter, aber wir brachten zwei Städte mit nach Hause, zwei Wahrheiten. Darum kann ich meinen Lesern das Land, das ich hier beschreibe, nicht als ein

Amerika präsentieren, das sie vorfinden werden. Es gibt dort so vieles zu sehen, aber unsere Morgenaugen beschreiben eine andere Welt als unsere Nachmittagsaugen, und sicher können unsere ermüdeten Abendaugen nur eine ermüdete Abendwelt beschreiben.

Sonntag morgen in einer Stadt in Vermont, an meinem letzten Tag in Neuengland, rasierte ich mich, zog einen Anzug an, polierte meine Schuhe, machte mich fein und sah mich nach einer Kirche um. Mehrere schied ich aus Gründen aus, an die ich mich nicht mehr erinnere, aber als ich eine John-Knox-Kirche sah, fuhr ich in eine Seitenstraße und parkte Rosinante außer Sichtweite, gab Charley Instruktionen hinsichtlich der Bewachung des Wagens und machte mich würdevoll auf den Weg in eine Kirche aus blendend weißen Schiffsplanken. Ich setzte mich in den hinteren Teil des makellos blankgeputzten Ortes der Andacht. Die Gebete zielten aufs Wesentliche, indem sie die Aufmerksamkeit des Allmächtigen auf gewisse Schwächen und unfromme Neigungen lenkten, von denen ich weiß, daß ich sie habe, und nur annehmen konnte, daß sie auch von den anderen dort Versammelten geteilt wurden.

Der Gottesdienst tat meinem Herzen und hoffentlich auch meiner Seele wohl. Es war ziemlich lange her, daß ich eine solche Ansprache gehört hatte. Wir haben uns daran gewöhnt, zumindest in den Großstädten, von unserer psychiatrischen Priesterschaft zu hören, daß unsere Sünden in Wirklichkeit gar keine Sünden sind, sondern bloß Zwischenfälle, verursacht von Kräften, die sich unserer Kontrolle entziehen. Nichts von solchem Unsinn war in jener Kirche zu hören. Der Prediger, ein Mann aus Eisen mit stählernem Blick und einer Sprechweise wie ein Preßlufthammer, begann mit einem Gebet und versicherte uns sodann, daß wir eine ziemlich üble Bagage seien. Und damit hatte er recht. Wir hatten von Anfang an nicht viel getaugt und waren dann infolge unserer nichtsnutzigen Bemühungen immer mehr abgeglitten. Nachdem er uns solcherart weichgeklopft hatte, ging er zu einer gewaltigen Predigt über, einer wahren Feuer-und-Schwefel-Predigt. Zuerst bewies er uns, daß wir – oder vielleicht auch bloß ich – keinen Pfifferling wert waren, dann malte er uns mit kalter Gewißheit aus, was wir zu erwarten hatten, wenn wir nicht einige elementare Neuorientierungen vornähmen, wofür er allerdings nicht viel Hoffnung sah. Er sprach als Experte über die Hölle, und zwar nicht über die windelweiche Hölle unserer verzärtelten Tage, sondern über eine gut ausstaffierte, weißglühende Hölle, die von erstklassigen Fachleuten bedient wird. Er brachte die Sache so auf den Punkt, daß wir begreifen konnten, was ein richtiges tüchtiges Kohlenfeuer ist, das einen guten Durchzug hat und von einer Schar wackerer Teufel geschürt wird, die mit ganzem Herzen bei der Sache sind – und ihre Sache war ich. Mir war rundum wohl zumute. Einige Jahre lang war Gott für uns ein Kumpel gewesen, der sich mit uns auf eine Stufe gestellt hatte, was ebenso frustrierend ist, wie wenn ein Vater mit seinem Sohn bloß immer Softball spielt. Aber diesem Gott in Vermont war ich so wichtig, daß er sich große Mühe gab, mir den Teufel auszutreiben. Er zeigte mir meine Sünden in einem neuen Licht. Waren sie bisher klein und gemein und häßlich gewesen, so daß man sie am besten vergaß, gab ihnen dieser Gottesmann nun eine gewisse Größe und Blütenfrische und Würde. Jahrelang hatte ich nicht sehr viel von mir gehalten, aber wenn meine Sünden ein solches Format hatten, konnte ich stolz auf sie sein. Ich war nun kein ungezogenes Kind mehr, sondern ein Sünder erster Ordnung, und das ging mir runter wie Butter.

Ich fühlte mich geistig so wiederbelebt, daß ich fünf Dollar auf den Teller legte und dann draußen vor der Kirche dem Pfarrer und möglichst vielen Gemeindemitgliedern herzlich die Hände schüttelte. Das gab mir ein wunderbares Gefühl des Verruchtseins, das bis Dienstag anhielt. Ich erwog sogar, Charley zu verprügeln, um auch ihm ein bißchen Befriedigung zu verschaffen, denn Charley ist nur ein bißchen weniger sündig als ich.

Überall im Land ging ich sonntags zur Kirche, jedesmal in die einer anderen Konfession, aber nirgends fand ich die Qualität jenes Predigers in Vermont. Er schmiedete eine Religion, die auf Dauer angelegt war, nicht auf schnelles vorgeplantes Veralten.

Bei Rouses Point ganz im Norden überquerte ich die Grenze zum Staat New York und hielt mich so nahe wie möglich am Ontario-See, denn mein Plan war, zu den Niagarafällen zu fahren, die ich noch nie gesehen hatte, und dann eine Abkürzung durch Kanada zu nehmen, von Hamilton nach Windsor, um den Erie-See im Süden zu lassen und bei Detroit wieder in die Staaten zurückzukehren – eine Art *end-run*, ein kleiner Triumph über die Geographie. Wir wissen natürlich, daß jeder unserer Staaten einzigartig ist und sich dessen rühmt. Nicht zufrieden mit ihren Namen, legen sie sich beschreibende Titel zu – *the Empire State, the Garden State, the Granite State* –, die sie stolz tragen und die nicht gerade auf Understatement verweisen. Aber jetzt fiel mir zum ersten Mal auf, daß jeder Staat auch seinen eigenen Prosastil hat, der sich besonders deutlich auf seinen Highwayschildern ablesen läßt. Das merkt man vor allem, wenn man Staatsgrenzen überquert. Die Neuenglandstaaten bevorzugen eine möglichst knappe Form der Anweisung, einen schmallippigen, lakonischen Stil, der ohne Worte und mit wenig Buchstaben auskommt. Der Staat New York schreit einen ständig an: Tu dies! Tu das! Links einordnen! Rechts einordnen! Alle naselang ein gebieterischer Befehl. In Ohio sind die Schilder gütiger. Sie bieten freundliche Ratschläge an, die eher wie Vorschläge klingen. Manche Staaten benutzen einen geschwollenen Stil, der einen sehr leicht in die Irre führen kann. Es gibt Staaten, die einem mitteilen, was für Straßenverhältnisse man vorfinden wird, während andere das jeden selber herausfinden lassen. Und fast alle haben das Adverb zugunsten des Adjektivs aufgegeben. *Drive slow. Drive safe.*

Ich bin ein begieriger Leser aller Arten von Schildern, und ich finde, daß bei den Hinweisen auf historische Stätten die Prosa der jeweiligen Staaten ihre schönsten und lyrischsten

Höhen erreicht. Des weiteren habe ich festgestellt, was jedenfalls mir Genugtuung bereitet, daß die Staaten mit der kürzesten Geschichte und den wenigsten weltbewegenden Ereignissen die meisten Gedenktafeln haben. Manche Staaten im Westen rühmen sich sogar halbvergessener Morde und Bankeinbrüche. Die Städte, die nicht dahinter zurückstehen wollen, brüsten sich mit ihren berühmten Söhnen und informieren den Reisenden durch Schilder und Transparente, daß sie der Geburtsort von Elvis Presley, von Cole Porter oder von Alan P. Huggins sind. Das ist freilich nichts Neues, ich glaube mich zu erinnern, daß kleine Städte im alten Griechenland heftig darüber stritten, welche von ihnen der Geburtsort Homers war. Ich selbst habe noch erlebt, wie eine aufgebrachte Bürgerschaft den »roten« Sinclair Lewis zurückhaben wollte, um ihn zu teeren und zu federn, nachdem er *Main Street* geschrieben hatte. Und heute brüstet sich Sauk Centre damit, ihn hervorgebracht zu haben. Wir als Nation hungern ebensosehr nach Geschichte, wie es einst England tat, als Geoffrey of Monmouth seine *Geschichte der Britischen Könige* zusammenrührte, wobei er viele Könige selbst fabrizierte, um die wachsende Nachfrage zu bedienen. Und wie die Staaten und die Gemeinden, so haben auch die einzelnen Amerikaner diesen Hunger nach einem vorzeigbaren Anschluß an die Vergangenheit. Ahnenforscher rackern sich zu Tode, um den Schutt aus früheren Zeiten nach Spuren von Größe zu durchforschen. Vor nicht allzulanger Zeit wurde bewiesen, daß Dwight D. Eisenhower von der britischen Königsfamilie abstammt – ein Beweis, wenn es denn noch eines bedurft hätte, daß jeder von jedem abstammt. Die damals kleine Stadt, in der ich geboren bin, die noch zu Lebzeiten meines Großvaters eine Hufschmiede in einem Morast gewesen war, gedenkt jedes Jahr mit großem Pomp einer glänzenden Vergangenheit voll spanischer Dons und rosenkonsumierender Señoritas, die in der öffentlichen Erinnerung den kleinen versprengten Stamm von raupen- und heuschreckenkonsumierenden Indianern verdrängt haben, welche in Wahrheit unsere ersten Siedler waren.

Ich finde das interessant, aber es macht mich mißtrauisch gegenüber der geschriebenen Geschichte als Aufzeichnung dessen, was wirklich geschehen ist. Dies ging mir durch den Kopf, wenn ich die im Land verstreuten Gedenktafeln las, und ich machte mir klar, wie der Mythos die Fakten verdrängt. Auf einer sehr niedrigen Stufe ist das folgende der Entstehungsprozeß eines Mythos. Als ich durch meine Geburtsstadt kam, sprach ich dort mit einem sehr alten Mann, der mich als Kind gekannt hatte. Er erinnerte sich noch sehr gut daran, wie er mich einmal gesehen habe: als ein mageres frierendes Kind, das eines frostigen Morgens an seinem Haus vorbeigelaufen sei, den dünnen Mantel mit Sicherheitsnadeln vor der schmächtigen Brust zusammengehalten. Dies, so dürftig es klingt, ist der wahre Stoff für Mythen – das arme, leidende Kind, das zu Ruhm aufsteigt, auf einer begrenzten Stufenleiter natürlich. Auch wenn ich mich an die Episode nicht mehr erinnerte, wußte ich doch mit Sicherheit, daß es so nicht gewesen sein konnte. Meine Mutter war eine leidenschaftliche Knopfannäherin. Ein abgerissener Knopf war für sie mehr als Nachlässigkeit, es war Sünde. Hätte ich meinen Mantel mit Sicherheitsnadeln zusammengesteckt, sie hätte mir eine Tracht Prügel verpaßt. Die Geschichte konnte nicht wahr sein, aber diesem alten Herrn gefiel sie so sehr, daß ich ihn niemals von ihrer Falschheit hätte überzeugen können, also versuchte ich es erst gar nicht. Wenn meine Heimatstadt mich mit Sicherheitsnadeln sehen will, kann ich sie durch nichts davon abbringen, schon gar nicht durch die Wahrheit.

Im Staate New York, dem Empire State, regnete es kalt und erbarmungslos, wie die Gedenktafelschreiber es ausgedrückt hätten. Tatsächlich ließ das sintflutartig dichte Gepladder meinen Besuch bei den Niagarafällen als redundant erscheinen. Ich hatte mich hoffnungslos in den Straßen einer kleinen, aber nicht enden wollenden Stadt verirrt, in der Nähe von Medina, glaube ich. Ich fuhr an den Straßenrand und holte mein Kartenbuch hervor. Doch um herauszufinden, wohin man fährt, muß man wissen, wo man ist, und das wußte ich nicht. Die Fenster der Kabine waren fest geschlossen und undurchsichtig vom strömenden Regen. Das Autoradio spielte leise. Plötzlich klopfte es ans Fenster, die Tür wurde aufgerissen, und ein Mann schlüpfte neben mich auf den Beifahrersitz. Er war ziemlich rot im Gesicht und roch nach Whisky. Er trug rote Hosenträger über dem grauen Unterhemd, das seine Brust bedeckte.

»Schalten Sie das verdammte Ding aus«, sagte er und schaltete dann selber mein Radio aus. »Meine Tochter hat Sie aus dem Fenster gesehen«, fuhr er fort. »Wir dachten, Sie hätten Schwierigkeiten.« Er sah auf meine Karten. »Werfen Sie die weg. Also, wo wollen Sie hin?«

Ich weiß nicht, warum man auf solch eine Frage nicht mit der Wahrheit antworten kann. Die Wahrheit war, daß ich von dem großen Highway 104, wo der Verkehr so dicht gewesen war, daß die anderen Wagen mir dauernd Wasserfontänen auf die Windschutzscheibe spritzten, auf kleinere Straßen abgebogen war. Ich wollte zu den Niagarafällen. Warum konnte ich das nicht zugeben? Ich sah auf meine Karte und sagte: »Ich möchte nach Erie, Pennsylvania.«

»Gut«, sagte er. »Werfen Sie diese Karten weg. Jetzt passen Sie auf: Sie wenden, fahren zwei Ampeln weit, dann kommen Sie zur Egg Street. Dort biegen Sie links ab, und nach ungefähr zweihundert Yards auf Egg biegen Sie rechts in eine gewundene Straße ein. Auf der fahren Sie bis zu einer Überführung, aber nicht rüber. Vorher biegen Sie links ab, so rum – sehen Sie? So.« Seine Hand beschrieb eine Kurve. »Dann, wenn die Kurve zu Ende ist, kommt eine Gabelung mit drei Straßen. An der linken steht ein großes rotes Haus, die nehmen Sie nicht, sondern die rechte. Haben Sie's soweit verstanden?«

»Klar«, sagte ich. »Das ist nicht schwer.«

»Gut, dann wiederholen Sie's mal, damit ich weiß, ob Sie richtig fahren.«

Ich hatte seit der gewundenen Straße nicht mehr zugehört. »Vielleicht sagen Sie's mir noch mal.«

»Dachte ich mir. Sie wenden, fahren zwei Ampeln bis Egg Street, biegen links ab und nach zweihundert Yards rechts in eine gewundene Straße, fahren bis zu einer Unterführung, aber nicht rüber.«

»Jetzt ist mir alles klar«, sagte ich rasch. »Haben Sie vielen Dank für Ihre Hilfe.«

»Zum Teufel«, sagte er, »ich hab Sie doch noch gar nicht aus der Stadt rausgeführt.«

Nun, er führte mich aus der Stadt auf einer Route, die, wenn ich sie im Gedächtnis behalten hätte, geschweige denn gefahren wäre, den Pfad in das Labyrinth von Knossos wie eine Schnellstraße hätte erscheinen lassen. Als er schließlich zufrieden und bedankt war, stieg er aus und schlug die Tür krachend zu, aber so groß war meine gesellschaftliche Feigheit, daß ich tatsächlich wendete, da ich wußte, daß er mich aus einem Fenster beobachten würde. Ich fuhr zwei Blocks weit und kehrte reumütig auf den Highway 104 zurück, Verkehr hin oder her.

Die Niagarafälle sind wirklich sehr hübsch. Sie sehen aus wie eine große Version der alten Bond-Reklame am Times Square. Ich bin froh, daß ich sie gesehen habe, denn jetzt kann ich, wenn ich gefragt werde, ob ich die Niagarafälle gesehen habe, mit Ja antworten, und es ist nicht gelogen.

Als ich meinem Streckenberater sagte, daß ich nach Erie in Pennsylvania wolle, hatte ich keineswegs vor, dort hinzufahren, aber wie sich herausstellte, mußte ich es dann doch. Meine Absicht war, durch den Hals von Ontario zu kriechen und nicht nur Erie, sondern auch Cleveland und Toledo auszulassen.

Aus langer Erfahrung kann ich sagen, daß ich alle Nationen liebe und alle Regierungen hasse, und nirgendwo wird mein angeborener Anarchismus mehr aufgestachelt als an nationalen Grenzen, wo geduldige und effiziente Staatsdiener ihre Pflichten in Hinblick auf Einreise- und Zollbestimmungen versehen. Ich habe nie im Leben irgend etwas geschmuggelt. Warum, zum Teufel, habe ich dann immer so ein unangenehmes Schuldgefühl, wenn ich mich einer Zollschranke nähere? Ich fuhr über eine hohe Mautbrücke, durchquerte ein Niemandsland und kam an die Stelle, wo das Sternenbanner Schulter an Schulter neben dem Union Jack stand. Die Kanadier waren sehr freundlich. Sie fragten, wohin ich wolle und für wie lange, warfen einen kurzen Blick in Rosinante und kamen schließlich zu Charley.

»Haben Sie eine Bescheinigung, daß der Hund gegen Tollwut geimpft ist?«

»Nein, hab ich nicht. Sie sehen ja, er ist ein alter Hund. Er ist vor langer Zeit geimpft worden.«

Ein anderer Beamter kam heraus. »Dann raten wir Ihnen, nicht mit ihm über die Grenze zu fahren.«

»Aber ich will doch nur durch ein kleines Stück von Kanada und dann wieder zurück in die Vereinigten Staaten.«

»Das verstehen wir«, sagte er freundlich. »Sie können ihn nach Kanada mitnehmen, aber dann werden ihn die Vereinigten Staaten nicht wieder reinlassen.«

»Aber faktisch bin ich noch in den Vereinigten Staaten, und niemand fragt hier nach einem Impfzeugnis.«

»Wenn er die Grenze überquert hat und wieder zurück will, wird man danach fragen.«

»Also gut, wo kann ich ihn hier impfen lassen?«

Sie wußten es nicht. Ich würde mindestens zwanzig Meilen zurückfahren, einen Tierarzt finden, Charley impfen lassen und dann wiederkommen müssen. Durch Kanada wollte ich nur, um ein bißchen Zeit zu sparen, und das würde die gesparte Zeit auffressen und noch viel mehr kosten.

»Bitte verstehen Sie, es ist Ihre Regierung, nicht unsere. Wir geben Ihnen nur einen Rat. Es ist eine Vorschrift.«

Ich glaube, das ist es, warum ich Regierungen hasse, alle Regierungen. Es ist das Ensemble der Vorschriften, das Kleingedruckte, das von Pedanten des Kleingedruckten ausgeführt wird. Da gibt es nichts, wogegen man kämpfen kann, keine Wand, an die man frustriert mit den Fäusten hämmern kann. Ich bin sehr für Impfungen, ich finde sogar, man sollte sie zur Pflicht machen; Tollwut ist eine schreckliche Krankheit. Dennoch ertappte ich mich dabei, daß ich diese Vorschrift haßte, diese und alle Regierungen, die Vorschriften erlassen. Nicht auf die Impfung kam es an, sondern auf die Bescheinigung. Und genauso ist es gewöhnlich mit den Regierungen – nicht das Faktum zählt, sondern ein Fetzen Papier. Diese Zöllner waren so nette Leute, freundlich und hilfsbereit. Es war nicht viel los an der Grenze, sie gaben mir eine Tasse Tee und Charley ein halbes Dutzend Kekse. Und es schien ihnen ehrlich leid zu tun, daß ich nach Erie in Pennsylvania fahren mußte, weil mir ein Stück Papier fehlte. Ich wendete also und näherte mich dem Sternenbanner und einer anderen Regierung. Beim Rausfahren hatte man mich nicht gestoppt, aber jetzt war die Schranke unten.

»Sind Sie amerikanischer Staatsbürger?«

»Ja, Sir, hier ist mein Paß.«

»Haben Sie etwas zu deklarieren?«

»Ich bin nicht draußen gewesen.«

»Haben Sie ein Tollwutimpfzeugnis für den Hund?«

»Er ist auch nicht draußen gewesen.«

»Aber Sie kommen aus Kanada.«

»Ich bin nicht in Kanada gewesen.«

Ich sah, wie sein Blick stählern wurde und die Brauen sich auf Verdachtsebene senkten. Weit davon entfernt, Zeit zu sparen, sah es eher danach aus, als würde ich hier mehr Zeit verlieren als bei einem Umweg über Erie, Pennsylvania.

»Kommen Sie bitte mal mit ins Büro.«

Dieses Ersuchen wirkt auf mich immer so, wie das nächtliche Klopfen der Gestapo an die Tür gewirkt haben muß. Es ruft Panik, Wut und ein unbestimmtes Schuldgefühl hervor, egal ob ich etwas Unrechtes getan habe oder nicht. Meine Stimme nahm jenen schrillen Ton der gerechten Empörung an, der automatisch Verdacht erregt.

»Kommen Sie bitte mit ins Büro.«

»Ich sage Ihnen, ich bin nicht in Kanada gewesen. Wenn Sie aufgepaßt hätten, hätten Sie gesehen, daß ich umgekehrt bin.«

»Hier hinein bitte, Sir.«

Dann ins Telefon: »New Yorker Nummer, so-und-so. Ja. Pickup mit Camperaufsatz. Ja … ein Hund.« Und zu mir: »Was ist das für ein Hund?«

»Ein Pudel.«

»Pudel … ich sagte Pudel. Hellbraun.«

»Blau«, korrigierte ich.

»Hellbraun. Okay. Danke.«

Ich hoffe sehr, daß ich nicht eine gewisse Traurigkeit über meine Unschuld empfand.

»Die Kanadier sagen, Sie hätten die Grenze nicht überschritten.«

»Genau das habe ich Ihnen gesagt.«

»Kann ich mal Ihren Paß sehen?«

»Wieso? Ich habe das Land nicht verlassen. Und ich habe nicht vor, das Land zu verlassen.« Aber ich gab ihm trotzdem meinen Paß. Er blätterte ihn durch, las die Sichtvermerke von anderen Reisen, prüfte mein Foto, klappte das gelbe Pockenimpfzeugnis auf, das an den Rückendeckel geheftet war. Ganz unten auf der letzten Seite entdeckte er ein paar winzige blasse, mit dünnem Bleistift gekritzelte Buchstaben und Zahlen. »Was ist das?«

»Ich weiß nicht. Lassen Sie mal sehen. Ach, das! Na, das ist eine Telefonnummer.«

»Was macht die in Ihrem Paß?«

»Ich nehme an, ich hatte grad kein Papier zur Hand. Ich weiß nicht mal mehr, wessen Nummer das ist.«

Jetzt hatte er mich am Kanthaken, und er wußte es. »Wissen sie nicht, daß es verboten ist, einen Paß zu verunstalten?«

»Ich werd's ausradieren.«

»Sie dürfen nichts in Ihren Paß schreiben. Das ist gesetzlich verboten.«

»Ich will's auch nie wieder tun. Ich verspreche es Ihnen.« Ich hätte ihm auch versprochen, daß ich nie lügen oder stehlen oder Umgang mit Personen von lockerer Moral pflegen oder meines Nächsten Weib begehren wolle oder sonst irgendwas. Er klappte meinen Paß zu und händigte ihn mir wieder aus. Ich bin sicher, daß er sich besser fühlte, seit er die Telefonnummer gefunden hatte. Man stelle sich vor, er hätte mich nach all der Mühe am Ende unschuldig finden müssen, und das an einem Tag, wo nicht viel los war!

»Danke, Sir«, sagte ich. »Darf ich jetzt weiterfahren?«

Er winkte freundlich. »Fahren Sie zu.«

Und so fuhr ich zurück in Richtung Erie, Pennsylvania, und schuld daran war Charley. Ich kam wieder zu der hohen eisernen Mautbrücke und stoppte, um zu bezahlen. Der Mann lehnte sich aus dem Fenster. »Fahren Sie weiter«, sagte er. »Das geht auf Rechnung des Hauses.«

»Wie meinen Sie das?«

»Ich hab Sie vor 'ner Weile andersrum durchfahren sehen. Ich hab den Hund gesehen. Ich hab gewußt, daß Sie zurückkommen würden.«

»Warum haben Sie mir nichts gesagt?«

»Sie hätten's mir nicht geglaubt. Niemand glaubt es. Fahren Sie weiter. Sie haben eine Überquerung frei.«

Er repräsentierte nicht die Regierung, wie man sieht. Aber die Regierung kann einen dazu bringen, sich so klein und gemein zu fühlen, daß man einiges tun muß, um sein Selbstwertgefühl wiederzugewinnen. An jenem Abend stiegen Charley und ich im größten Autohotel ab, das wir finden konnten, an einem Ort, den nur Reiche sich leisten können, einem Vergnügungspalast mit Elfenbeinschnitzereien und Affen und Pfauen und darüber hinaus einem Restaurant und Zimmerbedienung. Ich bestellte Eis und Soda und mixte mir einen Scotch mit Soda und dann noch einen. Dann ließ ich einen Kellner kommen und bestellte mir Suppe und ein Steak und für Charley ein Pfund rohes Hackfleisch und gab dem Mann ein gnadenlos überhöhtes Trinkgeld. Bevor ich einschlief, ging ich noch einmal alles durch, was ich diesem Grenzhüter gern ins Gesicht gesagt hätte, und manches davon war unerhört scharf und schneidend.

Seit Beginn meiner Reise hatte ich die großen Hochgeschwindigkeitstrassen aus Beton und Asphalt gemieden, die sogenannten »Thruways« oder »Super-Highways«, manche Staaten haben noch andere Namen dafür. Aber ich hatte in Neuengland getrödelt, der Winter kam rasch näher, und ich sah mich schon eingeschneit in North Dakota. So suchte ich mir den U.S. 90 heraus, einen breit in die Landschaft gefrästen Super-Highway, den vielspurigen Transporteur der Güter der Nation. Rosinante preschte dahin. Die Mindestgeschwindigkeit auf dieser Straße war höher als jede, die ich bisher gefahren war. Ich fuhr in einen Wind hinein, der von Steuerbord voraus auf mich eindrosch, und spürte die harten, manchmal rüttelnden Böen des eigenen Fahrtwinds. Ich konnte sein Heulen und Pfeifen um die Wände des Camperaufsatzes hören. Befehle schrien mich vom Straßenrand an: »Nicht anhalten! Weiterfahren! Geschwindigkeit halten!« Lastzüge, lang wie Frachtschiffe, überholten mich donnernd mit einem Fahrtwind, der mich wie ein Faustschlag traf. Diese großen Straßen sind wunderbar für den Gütertransport, aber ganz ungeeignet zur Betrachtung der Landschaft. Man klebt am Lenkrad, die Augen auf das Fahrzeug vor einem gerichtet und auf den Rückspiegel wegen des nachfolgenden und auf den Seitenspiegel wegen der überholenden, und zugleich muß man alle Schilder lesen, um nur ja keine An- oder Unterweisung zu übersehen. Hier gibt es keine Stände am Straßenrand, die frischgepreßte Fruchtsäfte anbieten, keine Antiquitätenläden, keine *farm products* oder *factory outlets*. Wenn wir diese Schnellstraßen einmal quer durch das ganze Land haben werden, wie es früher oder später der Fall sein wird und sein muß, dann wird man von New York nach Kalifornien fahren können, ohne auch nur das geringste zu sehen.

In bestimmten Abständen gibt es Rast- und Erholungsstätten, wo man kalte und warme Speisen, Benzin und Öl, Postkarten und so weiter bekommt, wo es Picknicktische und Abfalleimer gibt, alle sauber und frisch gestrichen, auch Toiletten und Waschräume, in denen die Luft so mit Deodorants und Reinigungsmitteln geschwängert ist, daß man eine Weile braucht, bis man seinen Geruchssinn wiederhat. Denn die Bezeichnung *De*odorant ist nicht ganz richtig gewählt: diese Stoffe beseitigen einen Geruch nicht, sondern ersetzen ihn durch einen anderen, und das Substitut muß viel stärker und durchdringender sein als der Geruch, an dessen Stelle es tritt. Ich hatte mein eigenes Land zu lange vernachlässigt. Die Zivilisation hatte in meiner Abwesenheit große Fortschritte gemacht. Ich erinnere mich noch an die Zeit, als man eine Münze in einen Schlitz warf und dafür einen Kaugummi oder eine Rolle Drops bekam, aber in diesen Speisepalästen stehen Automaten, die einem für verschiedene Münzen Taschentücher, Reisenecessaires, Haarspray und Kosmetika, Verbandpäckchen, Kopfschmerztabletten wie Aspirin, leichte Medikamente und Pillen zum Wachbleiben liefern. Ich stand fasziniert vor diesen Apparaten. Angenommen, man will eine Limonade trinken: Man wählt die gewünschte Sorte – »Sungrape« oder »Cooly Cola« –, drückt auf einen Knopf, wirft eine Münze ein und tritt einen Schritt zurück. Ein Pappbecher fällt herunter, das Getränk fließt hinein und stoppt einen halben Zentimeter vor dem Becherrand – schon hat man ein kaltes, erfrischendes, garantiert synthetisches Getränk. Kaffee ist noch interessanter, denn wenn der heiße schwarze Strahl aufgehört hat, kommt ein Schuß Milch hinterher und ein Tütchen mit Zucker fällt neben die Tasse. Aber der Gipfel des Ganzen ist der Automat für heiße Suppen. Man wählt unter zehn verschiedenen Sorten – Erbsen, Huhn mit Nudeln, Beef mit Gemüse – und wirft die Münze ein. Ein rumpelndes Brummen ertönt aus dem Innern des Riesen, und eine Schrift leuchtet auf, die »Heating« verkündet. Nach einer Minute blinkt ein rotes Licht auf und blinkt so lange weiter, bis man ein Türchen öffnet und den Pappbecher mit siedend heißer Suppe herausnimmt.

Es ist Leben auf dem Gipfel einer bestimmten Art von Zivilisation. Die Restauranteinrichtungen, große muschelförmige Theken mit Kunstlederhockern, sind ebenso makellos sauber wie die Toiletten und diesen nicht unähnlich. Alles, was man nehmen und halten kann, ist in Zellophan versiegelt. Die Speisen sind ofenfrisch, makellos und schmecken nach nichts; keine menschliche Hand hat sie berührt. Ich dachte mit einer gewissen Wehmut an manche Gerichte in Frankreich und Italien, die von zahllosen Menschenhänden berührt worden waren.

Diese Stätten zum Rasten, Speisen und Tanken werden mit Rasen und Blumen verschönert. An der Vorderseite, nahe dem Highway, sind die Parkplätze für Personenwagen und ganze Regimenter von Tanksäulen. Auf der Rückseite parken und tanken die Trucks – die riesigen Fernlastzüge. Da Rosinante technisch gesehen ein Truck war, fand sie ihren Platz auf der Rückseite, und ich machte rasch Bekanntschaft mit den Lastwagenfahrern. Sie sind ein besonderes Völkchen abseits des gewöhnlichen Lebens – die *long-distance truckers.* Irgendwo in einer kleinen oder großen Stadt leben ihre Frauen und Kinder, während die Männer kreuz und quer durch das Land fahren, um jede Art von Waren und Gütern und Lebensmitteln zu transportieren. Sie sind wie ein Clan, sie bleiben gern unter sich und sprechen eine eigene Sprache. Und obwohl ich ein kleines Vehikel zwischen riesigen Lastzügen war, behandelten sie mich freundlich und hilfsbereit.

Ich erfuhr, daß es in den Trucker-Rastätten Duschen mit Seife und Handtüchern gab, daß ich hier parken und übernachten konnte, wenn ich wollte. Diese Männer hatten zwar wenig Umgang mit der örtlichen Bevölkerung, aber da sie begierige Radiohörer waren, konnten sie Neuigkeiten und politische Ereignisse aus allen Teilen des Landes berichten. Die Raststätten an den Park- oder Thruways werden von den jeweiligen Staaten verpachtet, aber an anderen Highways gibt es auch privat betriebene Fernfahrer-Stationen, die Rabatte auf Treibstoff, Betten,

Bäder und stille Ecken zum Sitzen und Plaudern anbieten. Da die Fernfahrer eine Gruppe von Spezialisten sind, die ihr eigenes Leben führen und nur mit ihresgleichen verkehren, hätten diese Raststätten es mir möglich gemacht, das Land zu durchqueren, ohne ein einziges Mal mit einem Ortsansässigen zu sprechen. Denn die Trucker kreuzen über die Oberfläche der Nation, ohne richtig dazuzugehören. Freilich haben sie in den Städten, wo ihre Familien leben, alle möglichen Arten von Wurzeln – Clubs, Tanzfeste, Liebesaffären und Morde.

Ich mochte die Trucker sehr, so wie ich alle Spezialisten mag. Indem ich ihnen zuhörte, lernte ich ein Vokabular der Straße kennen, das sich um Reifen und Federn und Übergewichte dreht. Die Langstreckenfahrer haben entlang ihrer Routen bestimmte Stationen, in denen sie die Tankwarte und die Bedienungen hinter der Theke kennen und sich gelegentlich treffen. Das große Erkennungs- und Zusammengehörigkeitssymbol ist die Tasse Kaffee. Ich stellte fest, daß ich oft anhielt, um einen Kaffee zu trinken, aber nicht weil ich Durst hatte, sondern um eine Pause zu machen und mich von dem endlos abrollenden Band des Highway zu erholen. Einen Fernlastzug zu steuern erfordert Kraft und Geschick und Konzentration, so sehr einem auch die Arbeit durch Luftdruckbremsen und Servolenkung erleichtert werden mag. Es wäre interessant zu wissen und mit modernen Testmethoden leicht zu ergründen, wieviel Energie in Footpound beziehungsweise Meterkilopond verausgabt wird, wenn man sechs Stunden lang einen Truck steuert. Einmal haben Ed Ricketts und ich, als wir zusammen Meerestiere am Strand sammelten und zu diesem Zweck Steine umdrehten, zu schätzen versucht, wieviel Gewicht wir an einem durchschnittlichen Tag gehoben hatten. Die Steine, die wir umdrehten, waren nicht groß, sie wogen zwischen drei und fünfzig Pfund. Wir schätzen, daß an einem guten Tag, wenn wir relativ wenig Energie aufgewandt hatten, jeder von uns vier bis zehn Tonnen Steine gehoben hatte. Man denke nun an das kleine, kaum merkliche Drehen des Lenkrads, vielleicht die Verausgabung von nur 0,2 Meterkilopond für jede Bewegung, an den verschieden starken Druck des Fußes auf das Gaspedal, nicht mehr als 0,1 mkp vielleicht, aber ein enormer Gesamtaufwand nach sechs Stunden. Dann die Schulter- und Halsmuskeln, die ständig angespannt sind, wenn auch unbewußt, der Blick, der ständig von der Straße zum Rückspiegel springt, die tausend kleinen Entscheidungen, die so tief im Unbewußten getroffen werden, daß der bewußte Geist sie gar nicht wahrnimmt. Der Energieaufwand in Nerven und Muskeln ist enorm. Darum ist die Kaffeepause in vieler Hinsicht eine Erholung.

Ich habe oft mit diesen Männern zusammengesessen, ihren Reden zugehört und ab und zu eine Frage gestellt. So habe ich bald gelernt, daß ich keine Kenntnis des Landes, durch das sie fuhren, von ihnen erwarten durfte. Außer an den Raststätten hatten sie keinen Kontakt mit ihm. Mir wurde plötzlich bewußt, wie sehr sie Seeleuten gleichen. Ich erinnere mich, wie erstaunt ich bei meiner ersten Seereise war, daß die Männer, die kreuz und quer über die Welt fuhren und die Häfen fremder, exotischer Länder berührten, nur wenig Kontakt mit dieser Welt hatten. Auf langen Strecken sind die Fernfahrer meistens zu zweit und wechseln sich ab. Wer frei hat, schläft oder liest ein Taschenbuch. Aber unterwegs interessieren sie sich nur für Motoren und für das Wetter und für die gleichbleibende Geschwindigkeit, durch die ein präziser Fahrplan möglich wird. Manche von ihnen fahren bestimmte Strecken hin und zurück, während andere Einzelaufträge erledigen. Es ist ein ganz eigenes Leben, von dem die seßhaften Leute an den Fernfahrerrouten wenig wissen. Ich erfuhr nur gerade soviel über diese Männer, daß ich gerne noch sehr viel mehr über sie erfahren hätte.

Wenn man seit Jahrzehnten Auto fährt, wie ich es tue, sind fast alle Reaktionen automatisch geworden. Man denkt nicht mehr an das, was man macht. Fast die ganze Fahrtechnik ist tief in einem maschinenähnlichen Unbewußten verborgen. Daher bleibt ein großer Teil des Bewußtseins zum Denken frei. Und woran denkt man beim Fahren? Bei kurzen Fahrten vielleicht an die Ankunft am Ziel oder an Dinge, die am Abfahrtsort geschehen sind. Aber daneben bleibt, besonders auf sehr langen Reisen, ein großer Raum zum Tagträumen oder gar, so Gott will, zum Denken. Niemand kann wissen, was andere mit diesem Raum anfangen. Ich für meinen Teil habe Häuser entworfen, die ich nie bauen werde, habe Gärten geplant, die ich nie anlegen werde, habe mir eine Methode ausgedacht, wie ich den mit zerbrochenen Muschelschalen durchsetzten Schlick vom Grund meiner Bucht auf mein Landstück in Sag Harbor heraufpumpen und das Salz auswaschen könnte, um ihn als Dünger zu verwenden. Ich weiß nicht, ob ich das jemals tun werde, aber beim Fahren habe ich es bis ins kleinste durchdacht, bis zu der Art von Pumpe und der Entsalzungsanlage und den Tests zur Bestimmung der Abnahme des Salzgehalts. Ich habe beim Fahren Schildkrötenfallen im Geist konstruiert, habe lange, ausführliche Briefe entworfen, die nie zu Papier gebracht, geschweige denn abgeschickt wurden. Wenn das Radio spielte, hat die Musik Erinnerungen an Zeiten, Orte und Szenen geweckt, komplett mit Personen und Requisiten und so lebendig, daß jedes gesprochene Wort wieder da war. Und ich habe mir genauso vollständig und überzeugend künftige Szenen ausgedacht – Szenen, die nie stattfinden werden. Ich habe Kurzgeschichten im Geist geschrieben und dabei über meinen eigenen Humor gekichert, mich vom Inhalt betrüben oder vom Aufbau anregen lassen.

Ich kann nur vermuten, daß der einsame Mann seine Fahrtenträume mit Freunden bevölkert, daß der ungeliebte sich mit schönen liebenden Frauen umgibt und daß Kinder durch die Träume des kinderlosen Fahrers geistern. Und wie steht es mit den Zonen des Bedauerns, der Reue? Hätte ich doch nur so-und-so gehandelt, hätte ich doch bloß das-und-das nicht gesagt – mein Gott, diese blöde Sache wäre vielleicht nicht passiert! Da mir solche Gedanken nicht fremd sind, kann ich vermuten, daß sie auch bei anderen vorkommen, aber ich werde es nie genau wissen, denn niemand spricht darüber. Aus all diesen Gründen bin ich auf meiner Reise, die ich ja unternommen hatte, um Beobachtungen zu machen, sooft es ging auf Nebenstraßen gefahren, wo es soviel zu sehen und zu hören und zu riechen gibt, und habe die großen Hauptverkehrsadern gemieden, die einen beim Fahren zum Tagträumen animieren. Hier aber fuhr ich nun diesen breiten ereignislosen Super-Highway namens U.S. 90, der an Buffalo und Erie vorbei nach Madison, Ohio, führt, und danach den ebenso breiten U.S. 20 an Cleveland und Toledo vorbei nach Michigan.

Auf diesen Straßen waren außerhalb der Industriezentren zahlreiche *mobile homes* unterwegs, riesige Wohnmobile, die von speziellen Sattelschleppern gezogen werden, und da diese »mobilen Heime« ohnehin eines meiner allgemeinen Themen sind, kann ich ebensogut gleich jetzt auf sie zu sprechen kommen. Schon früh auf meiner Reise war mir diese Neuheit unter der Sonne und ihre große Zahl aufgefallen, und da sie im ganzen Land immer häufiger vorkommen, sind einige Beobachtungen und vielleicht ein paar Spekulationen über sie angebracht. Es handelt sich nicht um gewöhnliche Wohnwagen, die von einem Pkw gezogen werden, sondern um schimmernde Riesendinger, so lang wie Eisenbahnwagen. Seit Beginn meiner Reise hatte ich die Verkaufsflächen bemerkt, wo sie angeboten und gehandelt werden, aber dann entdeckte ich auch die parkähnlichen Standplätze, wo sie sich auf begrenzte Dauer niedergelassen haben. In Maine fing ich an, abends in diesen Parks haltzumachen, um mich mit den Managern und den Bewohnern dieser neuartigen Heime zu unterhalten, denn sie versammeln sich gern in Gruppen mit ihresgleichen.

Es sind wundervoll gebaute Heime, mit Aluminiumhäuten, doppelten Wänden, guter Wärmeisolierung und oft mit Hartholzfurnier verkleidet. Manche sind bis zu zwölf Meter lang, haben zwei bis fünf Räume und sind komplett eingerichtet mit

Klimaanlage, Toilette, Bad und dem unvermeidlichen Fernseher. Die Parkgelände, auf denen sie stehen, sind manchmal landschaftsarchitektonisch gestaltet und mit allem Komfort ausgestattet. Ich sprach mit den Angestellten, die sich enthusiastisch darüber äußerten. Ein Wohnmobil wird zu seinem Standplatz gezogen und auf einer Rampe installiert, eine dicke Kanalisationsröhre aus Gummi wird an der Unterseite befestigt, Wasser und Strom werden angeschlossen, die Fernsehantenne aufgerichtet, und die Familie hat ihren Wohnsitz. Mehrere Parkverwalter sagten übereinstimmend, letztes Jahr sei jede vierte neue Wohneinheit im ganzen Land ein *mobile home* gewesen. Die Gebühren für den Standplatz samt Wasser- und Stromanschluß sind gering, Telefone können fast überall einfach eingestöpselt werden. Manche Parks haben eigene Einkaufsläden, und wenn nicht, sind die Supermärkte, die es überall auf dem Land gibt, leicht zu erreichen. Parkplatzprobleme in den Städten haben die großen Supermarktketten bewogen, aufs flache Land hinauszuziehen, wo sie außerdem nicht so hohe Steuern zahlen müssen. Dies gilt auch für die Wohnmobilparks. Der Umstand, daß diese fahrbaren Heime beweglich sind, heißt nicht, daß sie ständig bewegt werden müssen. Manchmal bleiben ihre Besitzer jahrelang am selben Ort, pflanzen Gärtchen, umgeben sie mit kleinen Mauern aus Hohlziegeln, bringen Markisen an und stellen Gartenmöbel hinaus. Es ist eine ganze Lebensform, die neu für mich war. Diese Heime sind niemals billig, oft sogar ziemlich teuer und großzügig. Ich habe einige besichtigt, die zwanzigtausend Dollar gekostet hatten und all die Geräte enthielten, die uns das Leben erleichtern – Spülmaschinen, automatische Waschmaschinen samt Trockner, Kühl- und Gefrierschränke.

Die Eigentümer führten mich nicht nur bereitwillig, sondern stolz und glücklich durch ihr Heim. Die Räume waren zwar klein, aber wohlproportioniert. Alles nur irgend Erdenkliche war eingebaut. Breite Fenster, manche sogar Panoramafenster genannt, zerstreuten jedes Gefühl der Beengtheit; die

Schlafzimmer und die Betten waren geräumig und der Abstellraum geradezu unglaublich. Das Ganze kam mir vor wie eine Revolution in der Lebensweise, die rasch um sich griff. Warum entschied sich eine Familie, in solch einem Heim zu leben? Nun, warum nicht, es war komfortabel, kompakt, leicht sauber zu halten und leicht zu heizen.

In Maine wurde mir geantwortet: »Ich hatte es satt, in einer kalten Bruchbude zu leben, durch die der Wind pfeift, ich hatte es satt, andauernd Steuern und Abgaben für dies und das zu zahlen. Hier ist es warm und gemütlich, und im Sommer läuft die Klimaanlage.«

»Wieviel muß man für so ein Wohnmobil im Schnitt rechnen?«

»Das kommt darauf an, aber ein großer Teil liegt in der Zehn- bis Zwanzigtausend-Dollar-Klasse.«

»Hat die Unsicherheit auf dem Arbeitsmarkt etwas mit der raschen Verbreitung dieser Lebensweise zu tun?«

»Nun ja, vielleicht spielt das eine Rolle. Wer weiß, was morgen kommt? Mechaniker, Ingenieure, Architekten, Buchhalter, sogar hier und da ein Arzt oder Zahnarzt leben in Wohnmobilen. Wenn ein Werk oder eine Fabrik schließt, sitzt man nicht mit dem unverkäuflichen Eigentum da. Angenommen, ein Familienvater hat einen Job und baut sich ein Haus, und dann wird er entlassen. Das Haus verliert rasch an Wert. Hat er jedoch ein Haus auf Rädern, dann mietet er sich einen Sattelschlepper und zieht woanders hin und hat nichts verloren. Vielleicht muß er das niemals tun, aber zu wissen, daß er es könnte, gibt ihm ein beruhigendes Gefühl.«

»Wie kauft man sie?«

»Auf Raten, genau wie ein Auto. Es ist, als ob man Miete bezahlt.«

Und dann entdeckte ich den größten Kaufanreiz von allen – einen, der fast das ganze amerikanische Leben durchdringt: Diese mobilen Heime werden im Jahresrhythmus verbessert. Wenn es einem wirtschaftlich gutgeht, tauscht man es jedes Jahr gegen das neueste Modell, ganz wie ein Auto, wenn man es sich irgend leisten kann. Das ist eine Statusfrage. Und der Wiederverkaufswert ist höher als bei Autos, denn es gibt einen regen Markt für gebrauchte Wohnmobile. Nach ein paar Jahren kann eine weniger wohlhabende Familie das einst teure Modell erwerben. Sie sind leicht zu unterhalten, sie brauchen nie einen Neuanstrich, da sie gewöhnlich aus Aluminium sind, und sie sind nicht von schwankenden Grundstückspreisen abhängig.

»Wie steht es mit Schulen?«

Der Schulbus holt die Kinder direkt am Park ab und bringt sie wieder hin. Der Familien-Pkw bringt den Hausherrn zur Arbeit und abends die Familie ins Autokino. Das Leben auf dem Land ist gesund. Die Fixkosten, selbst wenn hoch und mit Zinsen belastet, sind nicht schlimmer als bei einer Mietwohnung, in der man sich überdies mit dem Eigentümer wegen der Heizung herumstreiten muß. Und wo gibt es eine so komfortable Parterrewohnung mit Stellplatz fürs Auto direkt vor der Tür zu mieten? Wo sonst können Kinder einen Hund haben? Fast jedes mobile Heim hat einen Hund, wie Charley zu seinem Entzücken entdeckte. Zweimal war ich zum Dinner in einem Wohnmobil eingeladen, und mehrmals habe ich mir Football-Spiele im Fernsehen angesehen. Ein Verwalter erzählte mir, eine der ersten Bedingungen in seinem Geschäft bestehe darin, einen Platz zu finden und zu kaufen, an dem man guten Fernsehempfang hat. Da ich keinerlei Anschlüsse für Wasser, Strom und Kanalisation brauchte, mußte ich pro Übernachtung nicht mehr als einen Dollar bezahlen.

Der erste Eindruck, der sich mir aufdrängte, war, daß Beständigkeit für die Bewohner dieser mobilen Heime weder erreichbar noch erstrebenswert ist. Sie kaufen nicht für spätere Generationen, sondern nur für die Zeit, bis ein neues Modell herauskommt, das sie sich leisten können. Mobile Heime beschränken sich auch keineswegs auf die Parkgemeinschaften. Hunderte von ihnen stehen neben Farmhäusern, und der Grund dafür ist mir erklärt worden. Es gab eine Zeit, da es üblich war, bei der Heirat eines Sohnes, wenn eine Frau dazukam und später Kinder, die Farm um ein zweites Gebäude oder wenigstens einen Anbau am alten Farmhaus zu erweitern. Heute übernehmen die mobilen Heime in vielen Fällen den Platz dieses zusätzlichen Gebäudes. Ein Farmer, bei dem ich Eier und selbstgeräucherten Schinken kaufte, schilderte mir die Vorteile. Jede Familie genießt jetzt eine größere Privatsphäre als je zuvor. Die Alten werden nicht mehr von schreienden Babys genervt. Das Schwiegermutterproblem ist beseitigt, denn die neue Tochter hat eine Privatsphäre, die sie vorher nie besaß, und einen Platz für sich, an dem sie ihre eigene Familie aufbauen kann. Wenn die Jungen irgendwann wegziehen – und fast alle Amerikaner ziehen irgendwann weg oder wollen es tun –, lassen sie keine leeren und daher nutzlosen Räume zurück. Die Verhältnisse zwischen den Generationen haben sich sehr verbessert. Der Sohn ist ein Gast, wenn er das Haus seiner Eltern betritt, und die Eltern sind Gäste im Haus des Sohnes.

Dann gibt es noch die Einzelgänger, und ich habe auch mit denen gesprochen. So sieht man beim Fahren zum Beispiel hoch auf einem Hügel, an einer Stelle, von der aus man eine großartige Aussicht haben muß, ein einzelnes Wohnmobil stehen. Andere haben sich unter Bäumen an einem Fluß oder See eingenistet. Diese Einzelgänger haben ein winziges Stück Land vom Grundbesitzer gemietet. Sie brauchen nur gerade so viel, daß ihr Wohnmobil darauf Platz findet, und das Zufahrtsrecht, um hinzugelangen. Manche graben sich einen Brunnen und eine Senkgrube und legen sich einen Garten an, andere holen sich ihr Wasser in Fünfzig-Gallonen-Fässern. Großen Einfallsreichtum bezeugen einige, die den Wasserspeicher über dem Wohnmobil anbringen und durch einen Plastikschlauch mit ihm verbinden, so daß sie dank der Schwerkraft fließendes Wasser haben.

Eines der Abendessen, zu denen ich in einem solchen Heim eingeladen worden war, wurde in einer tadellosen Küche zubereitet, in der die Wände mit Kunststoffkacheln verkleidet, die Spüle aus rostfreiem Stahl, Herd und Backofen eingebaut waren. Gekocht wurde mit Butan- oder einem anderen Flaschengas, das es überall zu kaufen gibt. Wir aßen in einer Eßecke, die mit Mahagonifurnier getäfelt war. Ich habe während der ganzen Reise nicht besser und komfortabler gegessen. Als meinen Beitrag hatte ich eine Flasche Whisky mitgebracht, und mit der saßen wir hinterher in tiefen, bequemen, schaumgummigepolsterten Sesseln. Meine Gastgeber mochten die Art, wie sie lebten, und dachten gar nicht daran, zu ihrer alten zurückzukehren. Der Mann arbeitete als Mechaniker in einer etwa vier Meilen entfernten Garage und verdiente gut. Zwei Kinder gingen jeden Morgen zur Straße, wo sie von einem gelben Schulbus abgeholt wurden.

Bei einem Highball nach dem Essen, während in der Küche die Spülmaschine rauschte, schnitt ich eine Frage an, die mich schon länger beschäftigt hatte. Das hier waren gute, nachdenkliche und intelligente Leute. »Eines unserer meistgehätschelten Gefühle«, sagte ich, »betrifft die Wurzeln, das Verwurzeltsein in einem Boden oder in einer Gemeinschaft.« Wie empfanden sie es, daß ihre Kinder ohne Wurzeln aufwuchsen? War das gut oder schlecht? Würden sie sie nicht vermissen?

Der Vater, ein gutaussehender, hellhäutiger Mann mit dunklen Augen, antwortete mir. »Wie viele Leute haben denn heute noch das, wovon Sie sprechen? Was für Wurzeln hat man in einer Etagenwohnung im zwölften Stock? Was für Wurzeln hat man in einer Reihenhaussiedlung mit Hunderten oder Tausenden von lauter fast gleichen Wohneinheiten? Mein Vater kam aus Italien«, sagte er. »Er war in der Toskana aufgewachsen, in einem Haus, in dem seine Familie seit vielleicht tausend Jahren gelebt hatte. Das sind die Wurzeln, von denen Sie sprechen – kein fließendes Wasser, keine Toilette, und gekocht wurde mit Holzkohle oder abgeschnittenen Weinranken. Es gab nur zwei Räume, die Küche und einen Schlafraum, in dem alle schliefen, Großeltern, Eltern und alle Kinder, es gab keinen Platz zum Lesen, es gab keinen Platz zum Alleinsein, und es hatte nie einen gegeben. War das besser? Ich möchte wetten, wenn Sie meinem alten Herrn die Wahl gegeben hätten, er hätte seine Wurzeln gekappt und dies hier gewählt.« Er schwenkte seine Hand durch den komfortablen Raum. »Tatsache ist, daß er seine Wurzeln gekappt *hat* und nach Amerika ausgewandert ist. Da hat er dann in einer Mietkaserne in New York gelebt – nur ein Zimmer, kein Aufzug, kein warmes Wasser und keine Heizung. Dort bin ich geboren, dort habe ich als Kind in den Straßen gelebt, bis mein alter Herr einen Job auf einem Weingut oben im Staat New York fand. Er verstand etwas vom Weinbau, aber das war auch alles, was er gelernt hatte. Jetzt nehmen Sie meine Frau. Sie ist irischer Abstammung. Auch ihre Leute hatten Wurzeln.«

»In einem Torfmoor«, sagte die Frau. »Und sie lebten von Kartoffeln.« Sie warf einen liebevollen Blick durch die Tür in ihre schöne Küche.

»Vermissen Sie nicht irgendeine Art von Beständigkeit?«

»Wer hat schon Beständigkeit? Fabriken schließen, man zieht weiter. Irgendwo bieten sich neue Chancen, man zieht dahin, wo's einem besser geht. Wenn man Wurzeln hat, sitzt man da und verhungert. Nehmen Sie die Pioniere in den Geschichtsbüchern. Die waren dauernd unterwegs. Nahmen sich Land, verkauften es und zogen weiter. Ich habe in einem Buch gelesen, wie Lincolns Familie auf einem Floß nach Illinois gekommen ist. Sie hatten als einziges Kapital ein paar Fässer Whisky. Wie viele amerikanische Kinder bleiben an dem Ort, wo sie geboren sind, wenn sie wegziehen können?«

»Sie haben viel darüber nachgedacht.«

»Da braucht man nicht viel drüber nachzudenken. Das ist einfach so. Ich habe einen guten Beruf. Solange es Autos gibt, habe ich Arbeit, aber angenommen, die Firma, bei der ich jetzt bin, geht pleite. Dann muß ich dahin ziehen, wo ich einen neuen Job kriege. Hier bin ich in drei Minuten an meinem Arbeitsplatz. Soll ich zwanzig Meilen fahren, nur weil ich Wurzeln habe?«

Später zeigten sie mir Magazine, die speziell für Mobilheimbewohner gemacht werden, mit Erzählungen und Gedichten und Tips für ein erfolgreiches Leben in der Mobilität. Wie man ein Leck abdichtet. Wie man einen Platz an der Sonne oder im Schatten wählt. Dazwischen Anzeigen für alle möglichen praktischen Dinge, faszinierende Gerätschaften zum Kochen, Putzen, Waschen, Möbel und Bettzeug und Kinderbetten. Und natürlich ganzseitige Abbildungen der neuesten Modelle, eins größer und glänzender als das andere.

»Es gibt Tausende von ihnen«, sagte der Mann, »und es wird Millionen geben.«

»Joe ist ein Träumer«, sagte die Frau. »Er denkt sich immer irgendwas aus. Erzähl ihm von deinen Ideen, Joe.«

»Vielleicht interessiert ihn das gar nicht.«

»Doch, sicher, erzählen Sie.«

»Naja, es ist kein Traum, wie sie sagt, es ist ganz real, und ich werde es ziemlich bald machen. Ich muß ein bißchen Geld aufnehmen, aber es lohnt sich. Ich habe mich schon bei den Gebrauchtwagenhändlern nach einem Modell umgesehen, das ich für den Preis kriege, den ich bezahlen will. Ich nehme die Eingeweide raus und richte mir eine Reparaturwerkstatt ein. Werkzeug hab ich schon fast genug beisammen, ich muß mir nur noch einen Vorrat von kleinen Ersatzteilen anlegen, Wischerblätter, Lichtmaschinenriemen, Zylinderringe, Schläuche und solche Sachen. Sie können sicher sein, diese Wohnmobilparks werden immer größer. Manche Familien haben schon zwei Pkws. Ich miete mir ein kleines Grundstück ganz in der Nähe und mache mein eigenes Geschäft auf. Eins ist sicher bei Autos, es geht fast immer irgendwas kaputt, das dann repariert werden muß.

Und ich hab mein Haus, dieses hier, direkt neben der Werkstatt. So kann ich einen Service rund um die Uhr anbieten.«

»Klingt gut«, sagte ich. Und das meinte ich auch.

»Und das Beste daran ist«, fuhr Joe fort, »wenn das Geschäft nachläßt, ziehen wir einfach dahin, wo es gut läuft.«

»Joe hat alles schon auf dem Papier ausgearbeitet«, sagte seine Frau, »wo jedes einzelne Ding hinkommt, jeder Schraubenschlüssel, jeder Bohrer, sogar ein Elektroschweißgerät muß her. Joe ist ein guter Schweißer.«

»Ich nehme alles zurück, Joe«, sagte ich. »Ich glaube, Sie haben Ihre Wurzeln in einem Schmierfettkübel.«

»Es könnte einem schlechter gehen. Ich habe alles genau durchdacht. Und wissen Sie, wenn die Kinder groß sind, können wir sogar den Winter im Süden verbringen und den Sommer im Norden.«

»Joe macht gute Arbeit«, sagte seine Frau. »Er hat seine eigenen Stammkunden, da wo er jetzt arbeitet. Manche kommen fünfzig Meilen weit her, um Joe ihre Wagen reparieren zu lassen, weil er so gute Arbeit macht.«

»Ja, ich bin ein ganz guter Mechaniker«, sagte Joe.

Auf dem großen Highway in der Nähe von Toledo hatte ich ein Gespräch mit Charley über das Thema Wurzeln. Er hörte mir zu, erwiderte aber nichts. In unserem üblichen Denkschema über Wurzeln haben ich und die meisten anderen Leute zweierlei außer acht gelassen. Könnte es sein, daß die Amerikaner ein rastloses Volk sind, ein mobiles Volk, nie zufrieden mit dem Ort, den sie sich ausgesucht haben? Die Pioniere, die Einwanderer, die den Kontinent bevölkert haben, waren in Europa die Rastlosen gewesen. Die Festverwurzelten sind zu Hause geblieben und immer noch dort. Aber jeder von uns, außer den Schwarzen, die mit Zwang als Sklaven hergebracht worden sind, stammt von den Rastlosen ab, von den Unsteten, die nicht zu Hause bleiben wollten. Wäre es nicht sehr ungewöhnlich, wenn wir diese Anlage nicht geerbt hätten? Und wir *haben* sie geerbt. Aber das ist nur die kurze Sicht der Dinge. Was sind Wurzeln, und wie lange haben wir sie gehabt? Wenn unsere Gattung seit ein paar Millionen Jahren existiert, was ist dann ihre Geschichte? Unsere Urahnen folgten dem Wild, zogen mit ihrer Nahrungsquelle umher und flohen vor schlechtem Wetter, vor Eis und den wechselnden Jahreszeiten. Dann, nach ungezählten Jahrtausenden, zähmten sie einige Tiere, so daß sie mit ihrer Nahrungsquelle leben konnten. Aber nun mußten sie dem Gras folgen, das ihre Herden ernährte, und so wanderten sie von Weide zu Weide. Erst als der Ackerbau aufkam – und das ist an der ganzen Geschichte gemessen nicht lange her –, gewann ein fester Ort so etwas wie Bedeutung und Wert. Aber Land ist ein materielles Gut, und materielle Güter haben die Tendenz, in den Händen weniger zu landen. So kam es, daß einzelne Menschen Anspruch auf den Besitz von Land erhoben und gleichzeitig Sklaven besitzen wollten, denn jemand mußte das Land ja bearbeiten. Wurzeln bildeten sich durch Landbesitz, durch Eigentum an beweglichen und nichtbeweglichen Gütern. So gesehen sind wir eine rastlose Gattung mit einer sehr kurzen Geschichte der Verwurzelung, die zudem nur eine Minderheit von uns betrifft. Vielleicht haben wir die Verwurzelung als eine psychische Notwendigkeit etwas überbewertet. Womöglich ist der tiefere und ältere Trieb der Drang, der Wille und das Verlangen, woanders zu sein.

Charley hatte nichts auf meine Ausführungen zu erwidern. Übrigens sah er schrecklich aus. Ich hatte mir fest vorgenommen, ihn regelmäßig zu kämmen und zu scheren und schön zu halten und hatte es nicht getan. Sein Fell war verfilzt und schmutzverklebt. Pudel mausern sich ebensowenig wie Schafe. Abends, wenn ich mich eigentlich seiner Pflege widmen wollte, hatte ich immer irgendwas anderes zu tun. Auch entdeckte ich bei ihm eine gefährliche Allergie, von der ich gar nicht wußte, daß er sie hatte. Eines Abends war ich auf einen Parkplatz für Trucks gefahren, wo riesige Viehtransporter hielten und ausgemistet wurden; rund um den Platz häuften sich Berge von Mist unter Wolken von Fliegen. Obwohl Rosinantes Fenster vergittert waren, drangen die Fliegen in Scharen ein, krochen in alle Winkel und ließen sich nicht verjagen. Zum ersten Mal holte ich den Anti-Insekten-Spray heraus und sprühte eine geballte Ladung. Daraufhin bekam Charley einen so heftigen und anhaltenden Niesanfall, daß ich ihn schließlich auf den Armen hinaustragen mußte. Am Morgen war die Kajüte voll schläfriger Fliegen. Ich sprühte noch einmal, und Charley bekam erneut einen Anfall. Nach dieser Erfahrung mußte ich jedesmal, wenn fliegende Invasoren eindrangen, zuerst Charley ausschließen und dann nach erfolgter Schädlingsbekämpfung Haus und Kabine gründlich auslüften. Ich hatte noch nie eine so heftige Allergie gesehen.

Da ich lange nicht mehr im Mittelwesten gewesen war, bestürmten mich viele Eindrücke, als ich durch Ohio, Michigan und Illinois fuhr. Der erste war die enorme Bevölkerungszunahme. Aus Dörfern waren Städte geworden, und Städte waren zu Großstädten angewachsen. Die Landstraßen ächzten unter dem Verkehr, und die Städte waren so voller Menschen, daß man alle Aufmerksamkeit darauf richten mußte, nicht jemanden anzurempeln oder angerempelt zu werden. Der nächste Eindruck war der einer Art elektrischer Energie, einer Kraft, ja geradezu eines Kraftstroms von Vitalität, der so mächtig war, daß er geradezu betäubend wirkte. Gleich ob aufs Gute oder aufs Böse gerichtet, die Vitalität war überall. Ich denke keinen Moment lang, daß die Leute, die ich in Neuengland gesehen und gesprochen hatte, irgendwie unfreundlich oder unhöflich waren, sie sprachen nur eben sparsam und warteten für gewöhnlich, daß der andere die Kommunikation eröffnete. Fast im selben Augenblick, als ich die Grenze nach Ohio überquerte, kam es mir dann so vor, als ob die Leute offener und gesprächiger wären. Die Kellnerin in einem Lokal am Straßenrand wünschte mir einen guten Morgen, noch ehe ich etwas sagen konnte, besprach mit mir die Zusammenstellung meines Frühstücks, als ob es ihr ein Herzensanliegen wäre, redete mit Begeisterung über das Wetter und verriet sogar zwischendurch etwas über sich selbst, ohne daß ich danach forschen mußte. Fremde unterhielten sich ungezwungen, ohne Vorsichtsmaßnahmen. Ich hatte vergessen, wie reich und schön die Landschaft ist – der dunkle Ackerboden, die Pracht der großen Bäume, das Seengebiet von Michigan, reizvoll wie eine gut gewachsene, festlich gekleidete und juwelengeschmückte Frau. Mir schien die Erde großzügig und spendabel hier im Herzland, und vielleicht hat das auf die Menschen abgefärbt.

Einer der Zwecke meiner Reise war, Sprache zu hören, Akzente, Sprechrhythmen, Obertöne und Betonungen. Denn Sprache ist ja viel mehr als nur Wörter und Sätze. Ich spitzte die Ohren, wo immer ich hinkam. Mir schien, daß die regionalen Sprechweisen im Verschwinden begriffen waren; es gab sie noch, aber immer weniger. Vierzig Jahre Radio und zwanzig Jahre Fernsehen haben ihre Wirkung gezeitigt. Die landesweite Kommunikation muß das Lokale langsam, aber sicher zerstören. Ich kann mich noch an eine Zeit erinnern, als ich an der Sprechweise eines Menschen nahezu punktgenau erkannte, woher er kam. Das wird heute immer schwieriger, und in nicht allzu ferner Zukunft wird es unmöglich sein. Nur selten sieht man noch ein Haus oder Gebäude, dessen Dach nicht stachelige Takelagen zieren. Die Sprache des Radios und Fernsehens wird standardisiert, vielleicht zu einem besseren Englisch, als wir es je gesprochen haben. Wie unser Brot, das geknetet, gebacken, verpackt und verkauft wird, ohne den guten oder schlechten Einflüssen der menschlichen Unzulänglichkeit unterworfen zu sein, gleichmäßig gut und gleichmäßig ohne Geschmack ist, so wird auch unsere Sprache eine einzige immer gleiche Sprache werden.

Mir, der ich Wörter und ihre unendlichen Möglichkeiten liebe, tut diese Unvermeidlichkeit in der Seele weh. Denn mit dem lokalen Akzent wird auch das lokale Sprechtempo verschwinden. Die idiomatischen Wendungen und Redefiguren, die eine Sprache reich machen und mit der Poesie eines Ortes und einer Zeit füllen, sterben aus. Und an ihre Stelle tritt eine einheitliche

Nationalsprache, säuberlich eingeschweißt und verpackt, standardisiert und ohne Geschmack. Lokale Eigenheiten sind noch nicht völlig verschwunden, aber sie verblassen immer mehr. In der langen Zeit, seit ich das letzte Mal dem Land zugehört hatte, hat sich sehr vieles geändert. Auf der Fahrt nach Westen durch die nördlichen Staaten habe ich keinen wirklich lokalen Tonfall gehört, bis ich nach Montana kam. Das war einer der Gründe, aus denen ich mich sofort in Montana verliebte. An der Westküste kam dann wieder das standardisierte Englisch. Im Südwesten war noch ein Rest von lokalem Tonfall zu hören, aber auch nur schwach. Gewiß, der tiefe Süden hält noch mit größerer Kraft an seinen regionalen Ausdrücken fest, so wie er auch einige andere Anachronismen hegt und hätschelt, aber keine Region kann sich lange gegen den Highway, die Hochspannungsleitung und das landesweite Fernsehen behaupten. Was ich beklage, ist vielleicht nicht wert, gerettet zu werden, aber ich bedauere trotzdem seinen Verlust.

Freilich, selbst wenn ich gegen die Standardisierung unserer Lebensmittel, unserer Lieder, unserer Sprache und letztlich auch unserer Seelen protestiere, weiß ich sehr wohl, daß in der guten alten Zeit nur selten gutes Brot gebacken wurde. Mutters Kochkunst war mit wenigen Ausnahmen dürftig, die ach so gute unpasteurisierte Milch, die mit Fliegen und Kuhmist in Berührung gekommen war, wimmelte von Bakterien, das gesunde Leben von anno dazumal war ständig bedroht von Schmerzen und jähem Tod aus unbekannten Ursachen, und die so wohlklingende Mundart, der ich nachtrauere, war das Produkt von Analphabetentum und Ignoranz. Es liegt in der Natur des Menschen, wenn er älter wird, also ein kleines Stück Zeit überblickt, gegen jede Veränderung zu protestieren, besonders gegen die zum Besseren. Aber wahr ist, daß wir die Fettleibigkeit gegen den Hunger eingetauscht haben, und beide können tödlich sein. Die Wege der Veränderung sind unabsehbar geworden. Wir können uns, oder zumindest ich kann mir nicht vorstellen, wie das menschliche Leben und Denken in hundert oder auch nur in fünfzig Jahren sein wird. Vielleicht ist meine größte Weisheit das Wissen, daß ich es nicht weiß. Traurig und wirklich schlimm dran sind die, die ihre Kraft damit vergeuden, den Wandel aufhalten zu wollen, denn ihnen blüht nur die Bitternis des Verlierens und nie die Freude am Gewinnen.

Als ich durch die großen bienenstockartigen Industriezonen fuhr – Youngstown, Cleveland, Akron, Toledo, Pontiac, Flint und später South Bend und Gary –, waren meine Augen und mein Geist immer wieder frappiert von den riesigen Ausmaßen und der gewaltigen Energie dieser Produktion, ein kompliziertes Gewirr, das zwar chaotisch aussieht, es aber nicht sein kann. So mag jemand auf einen Ameisenhügel blicken und nichts erkennen, was nach Methode oder Zielrichtung oder Zweck in dem Gewimmel der hin und her hastenden Bewohner aussieht. Das Wunderbare daran war, daß ich dann plötzlich wieder auf einer ruhigen kleinen Landstraße fahren konnte, unter Bäumen und vorbei an umzäunten Weiden mit Kühen, daß ich Rosinante an einem See mit klarem, sauberem Wasser parken konnte und hoch über mir die Pfeile der gen Süden ziehenden Enten und Gänse sah. Dort konnte Charley mit seiner hochempfindlichen Forschernase seine eigene Literatur auf Büschen und Baumstämmen lesen und seine Botschaften hinterlassen, die vielleicht ebenso wichtig im endlosen Strom der Zeit sind wie diese Krakel, die ich hier auf vergängliches Papier mache. Dort in der ländlichen Stille, während der Wind die Zweige bewegte und den Spiegel des Wassers verzerrte, briet ich mir unwahrscheinliche Mahlzeiten in meinen wegwerfbaren Aluminiumpfannen, kochte mir Kaffee, so stark und dick, daß ein Nagel darin geschwommen wäre, und konnte endlich, auf meiner Hintertreppe sitzend, darüber nachdenken, was ich gesehen hatte, und versuchsweise ein paar Gedankenmuster arrangieren, um etwas Ordnung in die wimmelnde Vielfalt des Gesehenen und Gehörten zu bringen.

Ich will erzählen, wie das war. Besuchen Sie einmal die Uffizien in Florenz oder den Louvre in Paris oder den Prado in Madrid, und Sie sind so erschlagen von der schieren Menge der Exponate, die einst das Zeichen von Größe war, daß Sie bedrückt davongehen, mit einem Gefühl, als hätten Sie eine Verstopfung. Aber dann, wenn Sie allein sind und sich erinnern, ordnen und sortieren die Bilder sich wie von selbst vor Ihrem inneren Auge; einige werden von Ihrem Geschmack oder Ihren Begrenzungen ausgeschieden, andere jedoch stehen klar und deutlich vor Ihnen. Dann können Sie hingehen und sich die Einzelheiten noch einmal ungestört vom Lärm der Menge ansehen. Nach der ersten Verwirrung kann ich erneut in den Prado gehen, kann ohne hinzusehen an Tausenden von Bildern vorbeigehen, die nach meiner Aufmerksamkeit schreien, um einen alten Freund zu besuchen – einen nicht sehr großen Greco, *San Pablo con un Libro*. Paulus hat das Buch gerade zugeklappt, sein Finger steckt noch als Lesezeichen darin, und auf seinem Gesicht stehen die Verwunderung und der Wille zu begreifen, nachdem er das Buch geschlossen hat. Vielleicht ist ein Begreifen immer erst hinterher möglich. Als ich vor vielen Jahren im Wald arbeitete, hieß es von den Holzfällern, sie machten ihre Holzfällerarbeit im Hurenhaus und ihren Sex im Wald. So mußte ich meinen Weg durch die explodierenden Industriezonen des Mittelwestens finden, während ich allein am Rand eines Sees im nördlichen Michigan saß.

Während ich da so friedlich in der Stille des Abends saß, hielt ein Jeep keuchend an der Straße, und der gute Charley unterbrach seine Arbeit, um ein Gebrüll auszustoßen. Ein junger Mann in Stiefeln, Cordhose und rotschwarz karierter Waldhüterjacke stieg aus und kam auf mich zu. Er sprach in dem harschen, unfreundlichen Ton eines Mannes, der etwas tun muß, was er nicht gern tut.

»Haben Sie nicht gesehen, daß dieses Land eingezäunt ist? Das ist Privatbesitz.«

Normalerweise hätte sein Ton den Zunder in mir angesteckt. Ich hätte einen häßlichen Ärger aufflackern lassen, und dann hätte der Mann mich mit Vergnügen und gutem Gewissen vertreiben können. Wir hätten uns vielleicht sogar zu einem erbitterten und handgreiflichen Streit hinreißen lassen. Das wäre nur normal gewesen, aber die Schönheit und Stille des Ortes ließ mich zögern, meinen Ärger rauszulassen, und in meinem Zögern verging er mir. »Dachte mir schon, daß es Privatbesitz sein muß«, sagte ich. »Wollte mich gerade nach jemandem umsehen, den ich um Erlaubnis bitten oder dem ich vielleicht auch was dafür bezahlen könnte, daß ich hier Rast machen darf.«

»Der Eigentümer will keine Camper haben. Sie lassen Papier rumliegen und machen Feuer.«

»Da hat er nicht unrecht. Ich weiß, was für einen Dreck die machen.«

»Sehen Sie das Schild da an dem Baum? Betreten verboten. Jagen, Angeln und Kampieren verboten.«

»Na ja«, sagte ich, »das klingt, als ob's ernst gemeint wär'. Wenn es Ihr Job ist, mich hier rauszuwerfen, dann müssen Sie mich hier rauswerfen. Ich werde friedlich gehen. Aber ich habe mir gerade einen Kaffee gemacht. Meinen Sie, Ihr Boß hätte was dagegen, wenn ich ihn vorher trinke? Hätte er was dagegen, wenn ich Ihnen auch eine Tasse anbiete? Dann könnten Sie mich schneller rauswerfen.«

Der junge Mann grinste. »Ach, was soll's!« sagte er. »Sie machen kein Feuer und sie lassen keinen Müll rumliegen.«

»Ich tue noch etwas Schlimmeres. Ich versuche, Sie mit einer Tasse Kaffee zu ködern. Und was noch schlimmer ist, ich schlage Ihnen auch vor, daß wir einen Schuß Old Grandad reintun.«

Jetzt lachte er. »Was soll's!« sagte er. »Lassen Sie mich nur schnell meinen Jeep von der Straße wegfahren.«

Nun, das ganze Verhaltensmuster war zerbrochen. Er saß im Schneidersitz auf den Kiefernnadeln und trank mit kleinen Schlucken seinen Kaffee. Charley kam nähergeschnüffelt und ließ sich anfassen, und das ist bei Charley selten. Er läßt sich sonst nicht von Fremden berühren, er ist dann zufällig immer gerade nicht in Reichweite. Aber dieses jungen Mannes Finger fanden die Stelle hinter den Ohren, wo Charley sich gerne kraulen läßt, und er seufzte zufrieden und ließ sich nieder.

»Was machen Sie – sind Sie auf der Jagd? Ich sehe Ihre Flinten im Wagen.«

»Bin nur auf der Durchreise. Sie wissen doch, wie das ist: Sie sehen einen Platz, der genau der richtige ist, und Sie haben gerade die richtige Müdigkeit, dann können Sie doch gar nicht anders als anhalten.«

»Yeah«, sagt er. »Ich weiß, was Sie meinen. Netten Wagen haben Sie da.«

»Mir gefällt er, und Charley gefällt er auch.«

»Charley? Nie gehört, daß ein Hund Charley heißt. Hallo, Charley.«

»Ich möchte nicht, daß Sie Ärger mit Ihrem Boß kriegen. Meinen Sie nicht, ich sollte mich jetzt hier verziehen?«

»Ach, was soll's?« sagte er. »Er ist nicht da. Ich vertrete ihn. Sie stellen ja nichts Böses an.«

»Ich bin hier unbefugt eingedrungen.«

»Wissen Sie was? Neulich hat hier einer kampiert, der war irgendwie 'n Spinner. Ich bin gekommen, um ihn rauszuwerfen, und da hat er was Komisches gesagt. Er hat gesagt: ›Unbefugtes Betreten ist kein Verbrechen und ist kein Vergehen.‹ Er hat gesagt, es wär' nur ein *tort*. Was zum Teufel kann er damit gemeint haben? War wohl 'n Spinner.«

»Wie soll ich das wissen?« sagte ich. »Ich bin kein Spinner. Lassen Sie mich Ihren Kaffee noch mal aufwärmen.«

Ich wärmte ihn auf zweierlei Weise noch einmal auf.

»Sie machen einen feinen Kaffee«, sagte mein Gast.

»Bevor es zu dunkel wird, muß ich noch einen Platz zum Parken finden. Wissen Sie hier an der Straße irgendwo einen Platz, wo man mich übernachten läßt?«

»Wenn Sie hinter diese Kiefern da fahren, könnte Sie niemand von der Straße aus sehen.«

»Aber ich würde einen *tort* begehen.«

»Yeah. Und ich wünschte bei Gott, ich wüßte, was das bedeutet.«

Er fuhr mir mit dem Jeep voran und half mir, einen ebenen Platz unter den Kiefern zu finden. Und als es dunkel war, kam er mich in Rosinante besuchen und bewunderte ihre Einrichtung, und wir tranken ein paar Gläser Whisky und plauderten nett und erzählten uns ein paar Lügen. Ich zeigte ihm einige ausgefallene künstliche Köder, die ich bei Abercrombie & Fitch gekauft hatte, und schenkte ihm einen, und dazu ein paar ausgelesene Krimis, alle prall voller Sex und Sadismus, und eine Nummer der Jäger-und-Angler-Zeitschrift *Field and Stream*. Zum Dank lud er mich ein, so lange zu bleiben, wie ich wollte, und sagte, er werde am nächsten Tag wiederkommen, und wir könnten ein bißchen angeln, und ich nahm die Einladung für mindestens einen Tag an. Es ist schön, Freunde zu haben, und außerdem wollte ich ein bißchen nachdenken über alles, was ich gesehen hatte, die riesigen Fabrikanlagen und Kraftwerke und all das Hasten und Drängen.

Der Waldhüter war ein einsamer Mann und das um so mehr, als er eine Frau hatte. Er zeigte mir ihr Foto hinter einem Plastikschutz in seiner Brieftasche, eine hübsche Blondine, die sich nach Kräften bemühte, den Bildern in den Magazinen zu gleichen, ein Produkt der Kosmetika, Shampoos, Dauerwellen, Mundwasser, Hautpflegemittel. Sie haßte es, draußen in dem zu sein, was sie den Provinzmief nannte, und sehnte sich nach dem tollen Leben in Toledo oder South Bend. Ihre einzigen Ratgeber fand sie auf den Hochglanzseiten von *Charm* und *Glamour*. Irgendwann würde sie sich ihren Weg zum Erfolg schon ertrotzen. Ihr Mann würde eine Arbeit in einer der großen, lärmenden Agenturen des Fortschritts finden, und sie würden glücklich leben bis ans Ende ihrer Tage. All dies kam in kleinen versteckten Aufwallungen während seines Gesprächs zutage. Sie wußte genau, was sie wollte, und er wußte es nicht, aber was *er* wollte, würde ihn sein Leben lang quälen. Als er mit seinem Jeep davongefahren war, stellte ich mir sein Leben vor und versuchte, mich darin einzufühlen, und ein Hauch von Verzweiflung legte sich über mich. Er wollte seine kleine Frau, und er wollte noch etwas anderes, und beides konnte er nicht haben.

In der Nacht hatte Charley einen so lebhaften Traum, daß er mich weckte. Seine Beine zuckten, als ob er rannte, und er stieß kurze jiepernde Laute aus. Vielleicht träumte er, daß er ein riesenhaftes Kaninchen jagte und es nicht zu fassen bekam. Oder vielleicht war er auch selbst der Gejagte. Bei dieser zweiten Überlegung streckte ich die Hand aus und weckte ihn, aber der Traum muß sehr heftig gewesen sein. Er maunzte vor sich hin und jammerte und trank eine halbe Schüssel Wasser, ehe er wieder einschlief.

Der Waldhüter kam bald nach Sonnenaufgang wieder. Er brachte eine Angelrute mit, und ich holte meine von der Wand und montierte eine Spinrolle an und mußte meine Brille suchen, um den grellbunt bemalten Köder anzubringen. Die Nylonschnur ist durchsichtig, denn sie soll für die Fische unsichtbar sein, und sie ist jedenfalls für mich völlig unsichtbar, wenn ich keine Brille aufhabe.

»Allerdings habe ich keinen Angelschein«, sagte ich.

»Was soll's, wir fangen wahrscheinlich sowieso nichts.«

Er hatte recht, wir fingen nichts.

Wir gingen am Ufer entlang und warfen die Schnur und gingen weiter und taten alles, was unseres Wissens das Interesse von Barschen und Hechten weckt. Mein Freund sagte immer wieder: »Sie sind gleich da unten, wir müssen's nur schaffen, uns ihnen bemerkbar zu machen.« Aber wir schafften es nicht. Wenn sie wirklich da unten waren, sind sie's noch. So geht es beim Angeln sehr oft zu, aber ich mag es trotzdem. Meine Bedürfnisse sind bescheiden. Ich habe keinerlei Verlangen danach, ein riesiges

Schicksalssymbol an die Angel zu kriegen und meine Männlichkeit in einem titanischen Fischteichkampf zu beweisen. Aber zuweilen mag ich ein Paar kooperationsbereite Fische in Bratpfannengröße. Mittags wurde ich eingeladen, zum Essen zu kommen und die Frau kennenzulernen, aber ich lehnte ab. Es drängte mich immer mehr, meine eigene Frau wiederzusehen, und so fuhr ich nun rasch weiter.

Es ist noch nicht allzu lange her, daß einer, der in See stach, zu Hause für zwei bis drei Jahre oder für immer aufhörte zu existieren. Und als die Pioniere in den Planwagen aufbrachen, um den Kontinent zu überqueren, konnte es vorkommen, daß die daheimgebliebenen Freunde und Verwandten nie wieder etwas von ihnen hörten. Das Leben ging weiter, Probleme wurden gelöst, Entschlüsse wurden gefaßt. Selbst ich kann mich noch an eine Zeit erinnern, in welcher ein Telegramm nur eines bedeuten konnte – einen Todesfall in der Familie. In der kurzen Zeit eines Menschenlebens hat das Telefon all das geändert. Wenn dieser Reisebericht den Eindruck erweckt, ich hätte alle Verbindungen zu den Familienfreuden und -sorgen gekappt, von Juniors laufenden Missetaten und Juniors neuen Zähnen bis zu geschäftlichen Siegen und Niederlagen, so ist das falsch. Dreimal pro Woche habe ich aus Bars, Supermärkten oder mit Reifen und Werkzeug vollgestopften Tankstellen nach New York telefoniert und meine Identität in Zeit und Raum wiederhergestellt. Für drei bis vier Minuten hatte ich dann wieder einen Namen, mitsamt den Pflichten und Freuden und Frustrationen, die ein Mann wie einen Kometenschweif hinter sich herzieht. Es war, wie wenn man hin und zurück von einer Dimension in die andere wechselt, eine stilles Durchbrechen einer Schallmauer, eine merkwürdige Erfahrung, wie wenn man kurz in ein zwar bekanntes, aber artfremdes Gewässer eintaucht.

Wir hatten vereinbart, daß meine Frau nach Chicago fliegen sollte, um mich dort für die Zeit einer kurzen Unterbrechung meiner Reise zu treffen. In zwei Stunden, zumindest der Theorie nach, würde sie über einen Teil der Erde fliegen, für den ich Wochen gebraucht hatte. Ich wurde ungeduldig, nahm den großen, gebührenpflichtigen Super-Highway an der Nordgrenze von Indiana und fuhr an Elkhart, South Bend und Gary vorbei. Die Natur der Straße beschreibt die Natur des Reisens. Das andauernde Geradeaus, das Rauschen des Verkehrs und das gleichbleibende Tempo wirkten hypnotisch, und während die Meilen hinter mir blieben, machte sich eine unmerkliche Erschöpfung breit. Tag und Nacht werden eins. Die untergehende Sonne ist weder eine Einladung noch eine Aufforderung zum Haltmachen, denn der Verkehr fließt unentwegt weiter.

Spät in der Nacht bog ich in eine Raststätte ein, aß einen Hamburger an der langen, nie geschlossenen Theke und machte mit Charley einen Gang über den kurzgeschorenen Rasen. Ich schlief eine Stunde, wachte aber lange vor Tagesanbruch wieder auf. Ich hatte Stadtkleidung, Hemden und Schuhe dabei, aber ich hatte vergessen, einen Koffer mitzunehmen, um die Sachen aus dem Wagen ins Hotel zu bringen. Tatsächlich hätte ich auch gar nicht gewußt, wo ich einen Koffer verstauen sollte. In einer Mülltonne unter einer Bogenlampe fand ich einen sauberen Pappkarton, in den ich meine Stadtkleidung packen konnte. Die weißen Hemden wickelte ich in Straßenkarten und band sie mit Angelschnur zu.

Da ich meine Neigung zur Panik im Lärm des Verkehrsgewühls kenne, brach ich lange vor Tagesanbruch nach Chicago auf. Ich wollte zum Ambassador East, wo ich ein Zimmer reserviert hatte, und wie sich die Leser schon denken können, verfuhr ich mich. Schließlich kam ich auf den genialen Einfall, ein Taxi zu mieten, das mir vorausfuhr, und natürlich war ich schon ganz nahe an meinem Hotel vorbeigekommen. Wenn der Portier und die Pagen mein Fahrzeug ungewöhnlich fanden, ließen sie es sich nicht anmerken. Ich reichte meine Anzüge auf den Bügeln hinaus, die Schuhe in der großen Wildbrettasche meines Jagdrocks und die Hemden in ihrer säuberlichen Verpackung aus Straßenkarten von Neuengland. Rosinante wurde schnellstmöglich in eine Garage verbracht. Charley mußte in einen Hundezwinger, um dort untergebracht, gebadet und pudelgerecht gepflegt zu werden. Selbst in seinem Alter ist er noch ein eitler Pudel und mag es, schön zu sein, doch als er merkte, daß er alleinbleiben sollte, und das in Chicago, brach sein sonst so unerschütterliches Selbstbewußtsein zusammen, und er jaulte laut auf vor Entrüstung und Klage. Ich hielt mir die Ohren zu und ging schnell weg ins Hotel.

Im Ambassador East bin ich kein Unbekannter und, wie ich glaube, ein geschätzter Gast, aber das muß nicht so sein, wenn ich in zerknautschten Jagdklamotten, unrasiert, leicht verkrustet vom Staub der Reise und mit von der Nachtfahrt rotgeränderten Augen komme. Zwar hatte ich ein Zimmer reserviert, aber es würde erst mittags frei sein. Die Position des Hotels wurde mir behutsam dargelegt. Ich verstand sie und verzieh der Direktion. Meine eigene Position war, daß ich gerne ein Bad und ein Bett gehabt hätte, aber da das nun einmal nicht möglich war, würde ich mich auch mit einem Sessel in der Halle begnügen und dort schlafen, bis mein Zimmer bereit war.

Ich sah das Unbehagen in den Augen des Mannes an der Rezeption. Auch mir war klar, daß ich keine Zierde für dieses elegante und teure Etablissement war. Er zauberte einen Assistant Manager herbei, vielleicht durch Telepathie, und gemeinsam erarbeiteten wir eine Lösung. Ein Gast hatte gerade ausgecheckt, um einen frühen Flug zu erreichen. Sein Zimmer war noch nicht gesäubert und hergerichtet, aber ich konnte es gerne benutzen, bis meines bereit war. So wurde das Problem durch Intelligenz und Geduld gelöst, und jeder bekam, was er wollte – ich hatte die beglückende Aussicht auf ein heißes Bad und einen Schlaf, und dem Hotel blieb das Unglück erspart, mich in der Halle zu haben.

Das Zimmer war nicht berührt worden, seit sein vorheriger Okkupant es verlassen hatte. Ich sank in einen bequemen Sessel, um mir die Schuhe auszuziehen, und hatte auch schon einen ausgezogen, als ich ein paar Dinge bemerkte und dann ein paar mehr und immer noch mehr. In überraschend kurzer Zeit hatte ich das Bad und den Schlaf vergessen und fand mich intensiv mit Lonesome Harry beschäftigt.

Ein Tier, das irgendwo gelagert hat oder durchgezogen ist, hinterläßt geknickte Grashalme, Fußspuren und vielleicht Losung, aber ein Mensch, der sich eine Nacht lang in einem Zimmer aufgehalten hat, drückt ihm seinen Charakter, seine Biographie, seine jüngere Geschichte und manchmal auch seine Zukunftspläne und Hoffnungen auf. Ich glaube auch, daß die Persönlichkeit eines Menschen irgendwie in die Wände einsickert und sich nur langsam wieder aus ihnen löst. Das könnte eine gute Erklärung für Geistererscheinungen und dergleichen sein. Vielleicht ziehe ich ja die falschen Schlüsse daraus, aber mir scheint, daß ich empfänglich für die Spuren von Menschen bin. Ich scheue mich auch nicht zuzugeben, daß ich ein unverbesserlicher Peeping Tom bin. Nie im Leben bin ich an einem unverhangenen Fenster vorbeigegangen, ohne einen Blick hineinzuwerfen, nie habe ich mir die Ohren verstopft, um nicht ein Gespräch mit anzuhören, das mich nichts anging. Ich kann das rechtfertigen und sogar adeln mit der Begründung, daß ich in meinem Beruf über Menschen Bescheid wissen muß, aber ich habe den Verdacht, daß ich einfach neugierig bin.

Ich saß also da in diesem ungemachten Zimmer, und langsam nahm Lonesome Harry Gestalt und Profil an. Ich konnte diesen vor kurzem abgereisten Gast in den Spuren und Resten, die er hinterlassen hatte, fast körperlich fühlen. Natürlich hätte Charley selbst mit seiner nicht mehr ganz so perfekten Nase noch viel mehr herausbekommen. Aber Charley war in einem Hundezwinger und wartete darauf, geschoren zu werden. Jedenfalls steht mir Harry so deutlich vor Augen wie irgendwer, dem ich wirklich begegnet bin, und deutlicher als viele andere. Er ist nicht einzigartig, im Gegenteil, er gehört sogar zu einer ziemlich großen Gruppe. Deshalb ist er von Interesse für jede Erforschung Amerikas. Bevor ich anfange, ihn zusammenzusetzen, und bevor eine Anzahl von Männern nervös zu werden beginnt, erkläre ich hiermit, daß sein Name nicht Harry ist. Er lebt in Westport, Connecticut. Diese Information habe ich aus den Wäschereizeichen auf den Papierbanderolen mehrerer seiner Hemden. Ein Mann wohnt gewöhnlich dort, wo er seine Hemden waschen läßt. Ich kann nur vermuten, daß er zur Arbeit nach New York pendelt. Seine Reise nach Chicago war in erster Linie eine Geschäftsreise mit ein paar eingestreuten traditionellen Vergnügungen. Ich weiß seinen Namen, weil er seine Unterschrift mehrmals auf Hotelpapier geübt hatte, jedesmal mit einem etwas anderen Schwung. Was bereits darauf hinzudeuten scheint, daß er sich nicht mit vollendeter Selbstsicherheit in der Geschäftswelt bewegte, aber dafür gab es noch andere Anzeichen.

Er hatte einen Brief an seine Frau angefangen, der im Papierkorb gelandet war. »Darling, alles läuft OK. Hab versucht, deine Tante anzurufen, aber keine Antwort. Ich wünschte, du wärest hier bei mir. Dies ist eine einsame Stadt. Du hast vergessen, meine Manschettenknöpfe einzupacken. Ich hab mir ein paar billige bei Marshall Field gekauft. Ich schreibe dies, während ich auf den Anruf von C. E. warte. Hoffe, er bringt den Vertr...«

Gut daß Darling nicht aufgetaucht war, um Chicago ein bißchen weniger einsam für Lonesome Harry zu machen. Denn der erwartete Gast war nicht C. E. mit einem Vertrag. Sondern eine Brünette, die einen sehr blassen Lippenstift benutzte – Zigarettenstummel im Aschenbecher und der Rand eines Highballglases verrieten mir das. Sie tranken Jack Daniel's, eine ganze Flasche – die leere Flasche, sechs Flaschen Soda und ein Kübel, der voller Eiswürfel gewesen war. Sie benutzte ein schweres Parfüm und war nicht die ganze Nacht dageblieben – das zweite Kissen war nur leicht eingedrückt, nicht so zerknittert, wie wenn jemand darauf geschlafen hätte, außerdem fanden sich keine Lippenstiftspuren auf weggeworfenen Papiertüchern. Ich denke gerne, daß sie Lucille hieß – ich weiß nicht warum. Vielleicht weil sie wirklich so hieß und heißt. Sie war eine nervöse Freundin – sie rauchte Harrys Filterzigaretten, aber drückte sie immer schon nach einem Drittel aus und zündete sich eine neue an, und drückte sie nicht einfach aus, sondern zermalmte sie, so daß die Tabakkrümel herauskamen. Lucille trug einen dieser modischen kleinen Hüte, die mit einwärtsgedrehten Kämmen im Haar befestigt werden. Einer von diesen Kämmen war herausgefallen. Dies und eine Haarnadel neben dem Bett verrieten mir, daß Lucille eine Brünette ist. Ich weiß nicht, ob sie eine Professionelle ist, aber jedenfalls ist sie nicht unerfahren. Etwas angenehm Geschäftsmäßiges umgibt sie. Sie hat nicht zu viele Sachen herumliegen lassen, wie es eine Amateurin vielleicht getan hätte. Sie hat sich auch nicht betrunken. Ihr Glas war leer, aber die Vase mit dem Strauß roter Rosen – eine Aufmerksamkeit der Direktion – roch nach Jack Daniel's, und das tat den Rosen gar nicht gut.

Ich frage mich, worüber Harry und Lucille gesprochen haben. Ich frage mich auch, ob sie ihn weniger einsam gemacht hat. Irgendwie bezweifle ich es. Ich nehme an, beide haben getan, was von ihnen erwartet wurde. Harry hätte seinen Whisky nicht so hinunterstürzen sollen, sein Magen verträgt das nicht – zwei leere Päckchen Tums Natron im Papierkorb. Ich vermute auch, daß sein Geschäft etwas irgendwie Sensibles ist, das einem leicht auf den Magen schlägt. Lonesome Harry muß die Flasche ausgetrunken haben, nachdem Lucille gegangen war. Er hatte einen Kater – zwei Röhrchen Bromo Seltzer im Badezimmer.

Dreierlei machte mir Sorgen bei Lonesome Harry. Erstens glaube ich nicht, daß es ihm Spaß gemacht hat; zweitens denke ich, daß er wirklich einsam war, vielleicht chronisch; und drittens hat er nichts, aber auch gar nichts Unvorhersehbares getan – er hat kein Glas oder einen Spiegel zerbrochen, er hat keinerlei Gewalttat begangen, er hat keine physischen Spuren von

Freude hinterlassen. Ich bin umhergehumpelt mit nur einem Schuh an den Füßen, um etwas über Harry herauszufinden. Ich habe sogar unter dem Bett und im Schrank nachgesehen. Er hatte nicht mal eine Krawatte vergessen. Armer Harry, er tat mir leid.

Dritter Teil

Chicago war eine Unterbrechung in meiner Reise, eine Wiederaufnahme meines Namens, meiner Identität und meines glücklichen Familienstandes. Meine Frau kam von der Ostküste zu einem kurzen Besuch geflogen. Ich genoß die Abwechslung, die Rückkehr zu meinem bekannten und vertrauten Leben – aber hier stoße ich auf eine literarische Schwierigkeit.

Chicago unterbrach meine Kontinuität, ich hatte mir sozusagen eine Auszeit genommen. Im Leben ist das erlaubt, beim Schreiben nicht. Darum lasse ich Chicago weg, es gehört nicht hierher, es fällt aus dem Rahmen. Auf der Reise war es sehr schön gewesen, im Bericht über sie würde es nur stören.

Als die Auszeit vorbei war und wir uns verabschiedet hatten, mußte ich wieder die gleiche triste Einsamkeit wie beim ersten Mal durchmachen, und es war genauso schmerzlich wie damals. Gegen die Einsamkeit scheint es kein anderes Mittel zu geben als das Alleinsein.

Charley war zwischen drei Gefühlen hin- und hergerissen – Zorn auf mich, weil ich ihn alleingelassen hatte, Freude beim Anblick von Rosinante und purer Stolz auf sein Äußeres. Denn wenn Charley gebürstet, geschoren und gewaschen ist, dann ist er von sich so angetan wie ein Mann in einem guten Maßanzug oder eine Frau, die gerade frisch aufpoliert aus einem Schönheitssalon kommt, ein Zustand, in dem alle glauben, sie seien durch und durch so. Charleys gestriegelte Beinsäulen waren nobel geformt, seine Kappe aus silberblauem Pelz war keck, und er trug die Quaste seines Schwanzes wie einen Tambourstab. Ein Prachtstück von gekämmtem und gestutztem Moustache gab ihm das Aussehen und die Haltung eines französischen Lebemannes im 19. Jahrhundert und verbarg nebenbei seine krummen Vorderzähne. Ich weiß zufällig, wie er ohne Maßanzug aussieht. Einmal im Sommer, als sein Fell ganz verfilzt und stumpf geworden war, hatte ich ihn bis auf die Haut geschoren. Unter diesen robusten Beinsäulen befinden sich spirrige Waden, dünn und nicht allzu gerade; wenn sein Brustfell ab ist, sieht man den Hängebauch des älteren Herrn. Aber wenn Charley sich seiner tief innen verborgenen Unzulänglichkeit bewußt war, ließ er es sich nicht anmerken. Wenn Manieren den Menschen machen, so machen Manieren und eine gute Schur den Pudel. Er saß aufrecht und vornehm auf dem Beifahrersitz und gab mir zu verstehen, daß Vergebung zwar nicht unmöglich war, aber ich schon etwas dafür tun mußte.

Er ist ein Schwindler, und ich weiß es. Einmal, als unsere Jungen noch klein und im sommerlichen Ferienlager waren, hatten wir ihnen den tödlichen Elternbesuch abgestattet. Als wir uns verabschieden wollten, sagte uns eine ebenfalls zu Besuch gekommene Dame, sie müsse jetzt ganz schnell gehen, sonst werde ihr Kind hysterisch. Und mit tapferen, aber zitternden Lippen eilte sie blindlings davon, ihre Gefühle verbergend, um ihrem Kind den Abschied nicht so schwer zu machen. Der Junge sah ihr nach und ging dann unendlich erleichtert zu seinen Kumpels zurück, wohl wissend, daß auch er die Komödie mitgespielt hatte. Und ich weiß mit Bestimmtheit, daß Charley fünf Minuten, nachdem ich gegangen war, neue Freunde gefunden und sich alles zum Besten gerichtet hatte. Eines aber heuchelte Charley nicht. Er war ehrlich entzückt, wieder unterwegs zu sein, und ein paar Tage lang war er eine Zierde der Reise.

Illinois bescherte uns einen strahlend klaren und frischen Herbsttag. Wir fuhren rasch nach Norden, auf Wisconsin zu, durch ein gepflegtes Land mit fruchtbaren Feldern und prächtigen Bäumen, ein Herrenland, proper, weiß bezäunt und, ich würde sagen, subventioniert durch anderswo erworbene Einkünfte. Es schien mir nicht die Stoßkraft eines Landes zu haben, das sich und seinen Besitzer ernährt. Es war eher wie eine schöne Frau, die der Hilfe und Pflege vieler dienstbarer Geister bedarf, um zu sein, wie sie ist. Was sie freilich nicht weniger reizvoll macht – wenn man sie sich leisten kann.

Es ist möglich und sogar wahrscheinlich, daß man über eine Gegend etwas erzählt bekommt und es in sich aufnimmt und trotzdem nichts über sie weiß. Ich war noch nie in Wisconsin gewesen, aber mein Leben lang hatte ich davon reden gehört, hatte seine guten Käse gegessen, von denen manche so gut sind wie nur irgendwo in der Welt. Und ich muß Bilder gesehen haben. Jeder hat welche gesehen. Warum war ich dann so überrascht von der Schönheit dieses Landes, von seiner reizvollen Mischung aus Feldern und Hügeln, Wäldern und Seen? Ich glaube, ich muß mir den Staat wegen seiner enormen Menge an Milchprodukten wie eine einzige große Viehweide vorgestellt haben. Noch nie hatte ich eine so abwechslungsreiche Landschaft gesehen, und da ich sie nicht erwartet hatte, entzückte mich jedes neue Detail. Ich weiß nicht, wie es in anderen Jahreszeiten dort ist, der Sommer mag stickig und drückend heiß sein, der Winter klirrend vor Kälte, aber als ich Wisconsin zum ersten und einzigen Mal im frühen Oktober sah, war die Luft erfüllt von butterfarbenem Sonnenlicht, nicht dunstig, sondern so frisch und klar, daß jeder frostlustige Baum sich deutlich von den anderen abhob und die Hügel nicht ineinander verschwommen, sondern jeder für sich dastanden. Das Licht drang so intensiv in die Dinge ein, daß mir war, als könnte ich tief in ihr Inneres sehen; ein solches Licht habe ich sonst nur in Griechenland erlebt. Jetzt fiel mir ein, daß mir von der Schönheit Wisconsins erzählt worden war, aber die Erzählung hatte mich nicht darauf vorbereitet. Es war ein zauberhafter Tag. Das Land troff vor Reichtum, die fetten Kühe und Schweine glänzten vor dem Weidegrün, auf den Feldern stand das Korn in kleinen Rundzelten, wie es sich für Korn gehört, und wo man hinsah, waren Kürbisse.

Ich weiß nicht, ob es in Wisconsin ein Käseprobierfest gibt, aber ich als Käseliebhaber meine, das sollte es. Überall gab es Käse, Käsecenter, Käsegenossenschaften, Käseläden und Käsestände, vielleicht sogar Käseeis. Ich halte alles für möglich, seit ich eine Reklame für Schweizer-Käsekonfekt gesehen habe. Schade, daß ich da nicht angehalten und mir etwas davon gekauft habe, jetzt kann ich niemanden überzeugen, daß es tatsächlich Schweizer-Käsekonfekt gibt und ich es nicht erfunden habe.

An der Straße sah ich auch ein sehr großes Etablissement, das sich als die größte Seemuschelhandlung der Welt anpries – und das in Wisconsin, wo es seit dem Präkambrium kein Meer gegeben hat. Aber Wisconsin ist voller Überraschungen. Ich hatte schon von den Wisconsin Dells gehört, aber ich war nicht auf diese bizarre, von der Eiszeit modellierte Landschaft gefaßt, eine eigenartige, dunkel leuchtende Landschaft aus Wasser und ausgewaschenen Felsen, schwarz und grün. Wer hier plötzlich aufwachen würde, könnte glauben, er träume von einem anderen Planeten, denn die Gegend hat etwas Unirdisches oder erinnert zumindest an eine Zeit, als die Welt noch viel jünger und ganz anders als heute war. An den Ufern der traumhaften Wasserwege klebte der Müll unserer Zeit, die Motels, die Würstchenbuden, die Stände, an denen der billige Kitsch und Flitter verkauft wird, den die Sommertouristen so lieben, aber diese Schorfbildungen waren geschlossen und winterdicht zugenagelt, und selbst wenn sie offen gewesen wären, glaube ich kaum, daß sie den Zauber der Wisconsin Dells hätten vertreiben können.

An diesem Abend hielt ich auf einer Anhöhe, die ein Rastplatz für Trucker war, aber einer der besonderen Art. Hier hielten die riesigen Viehtransporter und kratzten die Hinterlassenschaft ihrer letzten Fracht heraus. Ringsum türmten sich Berge von Mist und darüber pilzförmige Wolken von Fliegen. Charley lief glücklich umher und schnüffelte verzückt wie eine Amerikanerin in einer französischen Parfümerie. Ich kann mich nicht dazu bringen, seinen Geschmack zu kritisieren. Manche mögen nun einmal dies und andere das. Die Gerüche waren deftig und irdisch, aber nicht widerwärtig.

Als es dunkelte, ging ich mit Charley zwischen seinen Bergen des Entzückens zum Kamm der Anhöhe und sah auf das kleine Tal dahinter hinab. Es war ein verwirrender Anblick. Ich dachte zuerst, das lange Fahren hätte mein Sehvermögen beeinträchtigt oder meine Urteilskraft getrübt, denn die dunkle Erde dort unten schien sich zu bewegen, zu pulsieren, zu atmen. Es war nicht Wasser, aber es kräuselte sich wie eine schwarze Flüssigkeit. Ich eilte den Hügel hinunter, um die Sinnestäuschung zu klären. Der Talgrund war mit Truthähnen gepflastert, es schien, als wären es Millionen, sie waren so dicht gedrängt, daß sie den Boden wie ein Teppich bedeckten. Ich verspürte eine große Erleichterung. Natürlich, das war ein Reservoir für den Thanksgiving Day.

Sich abends so dicht zusammenzudrängen liegt in der Natur des Truthahns. Ich erinnerte mich, wie auf unserer Ranch bei Salinas die Truthähne sich in Klumpen auf den Zypressen zusammenballten, wo sie außer Reichweite der Wildkatzen und Kojoten waren, soweit ich sehe das einzige Anzeichen dafür, daß Truthähne überhaupt irgendeine Art von Intelligenz haben. Sie zu kennen heißt nicht, sie zu bewundern, denn sie sind eitel und hysterisch. Sie versammeln sich in verwundbaren Gruppen und brechen dann bei jedem Geräusch in Panik aus. Sie sind anfällig für alle Krankheiten, die anderes Geflügel befallen, und dazu noch für ein paar selbsterfundene. Mir scheint, Truthähne sind manisch-depressive Typen, sie kollern mit errötenden Kehllappen, plustern sich auf, spreizen den Schwanz, schlagen die Flügel potenzprotzend auf den Boden, und im nächsten Moment drängen sie sich feige-verzagt zusammen. Schwer zu glauben, daß sie mit ihren cleveren und argwöhnischen wilden Vettern verwandt sein sollen. Hier aber bedeckten sie zu Tausenden den Boden wie ein Teppich und warteten darauf, rücklings auf den Bratenschüsseln Amerikas zu liegen.

Ich weiß, es ist eine Schande, daß ich noch nie zuvor die prächtigen Zwillingsstädte St. Paul und Minneapolis gesehen hatte, doch um wieviel größer ist die Schmach, daß ich sie noch immer nicht gesehen habe, obwohl ich durch sie hindurchgefahren bin? Als ich mich ihnen näherte, brach eine Flut von Verkehr über mich herein, mit Wellen von Kombiwagen und Brechern von röhrenden Trucks. Ich frage mich, warum mir jedesmal, wenn ich eine Route zu sorgfältig plane, alles schiefgeht, während ich, wenn ich in seliger Ahnungslosigkeit einfach blindlings drauflosfahre, ohne Schwierigkeiten ans Ziel gelange. Am frühen Morgen hatte ich Karten studiert und die Strecke, die ich fahren wollte, sorgfältig eingezeichnet. Ich besitze diesen ehrgeizigen Plan noch – ich wollte auf dem U.S. 10 nach St. Paul hinein und dann elegant über den Mississippi. Da der Mississippi hier eine S-Kurve macht, würde ich ihn dreimal überqueren können. Nach dieser angenehmen Spritztour wollte ich durch das Golden Valley fahren, angelockt von seinem Namen. Nichts schien mir leichter zu sein, und vielleicht ist es ja auch zu schaffen, aber nicht für mich.

Zuerst überfiel mich der Verkehr wie eine Brandungswelle und trug mich wie ein Stück Treibgut mit sich, vorn an einen Tankwagen gebunden, der einen halben Häuserblock lang war. Hinter mir kam eine enorme Betonmischmaschine auf Rädern, deren riesige Mischtrommel sich beim Fahren drehte. Rechts war etwas, das ich als Atomkanone einstufte. Wie üblich geriet ich in Panik und verfuhr mich. Gleich einem erschöpften Schwimmer bog ich nach rechts in eine stille Straße ab, nur um von einem Polizisten gestoppt zu werden, der mir erklärte, daß Trucks und dergleichen Ungeziefer hier nicht erlaubt waren. Er stieß mich zurück in den tosenden Strom.

Ich fuhr stundenlang, und keinen Augenblick war ich in der Lage, den Blick von den mich umgebenden Mammuts abzuwenden. Ich muß den Mississippi überquert haben, aber ohne ihn zu sehen. Ich habe ihn kein einziges Mal gesehen. Ich habe auch weder St. Paul noch Minneapolis gesehen. Alles, was ich sah, war ein Strom von Lastwagen, alles, was ich hörte, war ein Gebrüll von Motoren. Die mit Dieselabgasen geschwängerte Luft brannte mir in den Lungen. Charley bekam einen Hustenanfall, und ich konnte mir nicht die Zeit nehmen, ihm auf den Rücken zu klopfen. An einer roten Ampel sah ich, daß ich mich auf einer »Evakuierungsroute« befand. Es dauerte eine Weile, bis das bei mir angekommen war. Mir drehte sich alles im Kopf. Ich hatte jedes Gefühl für die Richtung verloren. Aber das Schild »Evacuation Route« wiederholte sich. Natürlich, das war die vorgesehene Route für die Flucht vor der Bombe, im Falle eines Falles! Hier, in der Mitte des Mittelwestens, hatte man eine Fluchtroute angelegt, eine Straße, die von der Angst beherrscht war. Im Geist konnte ich sie vor mir sehen, denn ich habe fliehende Menschen gesehen – die Straßen verstopft bis zum Gehtnichtmehr und die Stampede über die Klippen unseres eigenen Planens. Und plötzlich dachte ich an das Tal mit den Truthähnen und fragte mich, wie ich die Stirn gehabt haben konnte, die Truthähne für dumm zu befinden. Sie haben uns sogar eines voraus: Sie schmecken gut.

Ich brauchte fast vier Stunden, um die Zwillingsstädte zu durchqueren. Einige Teile davon sollen schön sein, habe ich sagen hören. Das Golden Valley habe ich nie gefunden. Charley war mir keine Hilfe. Er hat nichts mit einer Gattung zu tun, die es fertiggebracht hat, ein Ding zu bauen, vor dem sie fliehen muß. Er will nicht auf den Mond fliegen, nur um möglichst weit wegzukommen. Konfrontiert mit unseren Dummheiten, nimmt Charley sie als das, was sie sind – Dummheiten.

Irgendwann in diesen Tollhausstunden muß ich noch einmal über den Fluß gefahren sein, denn ich fand mich wieder auf der U.S. 10 und fuhr nach Norden am Ostufer des Mississippi. Das Land öffnete sich, und ich hielt erschöpft vor einem Restaurant am Straßenrand. Es war ein deutsches Restaurant, komplett mit Würstchen, Sauerkraut und Bierkrügen, die in Reihen über der Theke hingen, blankpoliert, aber unbenutzt. Zu dieser Tageszeit war ich der einzige Gast. Die Kellnerin war keine Brünhilde, sondern eine hagere, düster dreinschauende kleine Person, entweder ein betrübtes junges Mädchen oder eine sehr flinke alte Frau, ich konnte es nicht entscheiden. Ich bestellte Bratwurst und Sauerkraut und sah genau, wie der Koch ein Würstchen aus einer Zellophanpackung zog und in kochendes Wasser warf. Das Bier kam in einer Dose. Die Bratwurst war abscheulich und das Kraut eine beleidigende wäßrige Pampe.

»Könnten Sie mir vielleicht helfen?« fragte ich die jung-alte Kellnerin.

»Was haben Sie denn?«

»Ich glaube, ich hab mich ein bißchen verirrt.«

»Wie meinen Sie verirrt?« fragte sie.

Der Koch lehnte sich aus seinem Fenster und stützte die blanken Ellenbogen auf die Serviertheke.

»Ich will nach Sauk Centre, aber es sieht nicht so aus, als ob ich da auf dem richtigen Weg bin.«

»Wo sind sie denn hergekommen?«

»Aus Minneapolis.«

»Was machen Sie dann auf dieser Seite des Flusses?«

»Nun, mir scheint, ich habe mich auch in Minneapolis verirrt.«

Sie sah den Koch an. »Er hat sich in Minneapolis verirrt.«

»In Minneapolis kann man sich nicht verirren«, sagte der Koch. »Ich bin da geboren, ich weiß das.«

Die Kellnerin sagte: »Ich bin aus St. Cloud, und ich kann mich auch nicht in Minneapolis verirren.«

»Vielleicht habe ich ein besonderes Talent dazu. Aber jetzt möchte ich nach Sauk Centre.«

Der Koch sagte: »Wenn er auf einer Straße bleiben kann, dann kann er sich nicht verirren. Sie sind auf der Zweiundfünfzig. Fahren Sie in St. Cloud rüber und bleiben Sie auf der Zweiundfünfzig.«

»Liegt Sauk Centre an der Zweiundfünfzig?«

»Wo sonst. Sie müssen hier fremd sein, wenn Sie sich in Minneapolis verirrt haben. Ich könnte mich nicht mal mit verbundenen Augen verirren.«

Ich fragte ein bißchen schnippisch: »Könnten Sie sich in Albany oder in San Francisco verirren?«

»Da bin ich noch nie gewesen, aber ich wette, ich würd' mich nicht verirren.«

»Ich bin mal in Duluth gewesen«, sagte die Kellnerin.

»Und Weihnachten geh ich nach Sioux Falls. Ich hab da 'ne Tante.«

»Hast du nicht auch in Sauk Centre Verwandte?« fragte der Koch.

»Ja schon, aber das ist nicht so weit weg – er hat doch San Francisco gesagt. Mein Bruder ist bei der Marine. Er ist in San Diego. Haben Sie Verwandte in Sauk Centre?«

»Nein, ich möchte es nur mal sehen. Sinclair Lewis ist da geboren.«

»Ah ja, richtig! Sie haben ein Schild aufgestellt. Ich glaube, 'ne ganze Menge Leute kommen, um es zu sehen. Bringt der Stadt was ein.«

»Er war der erste, der mir von diesem Teil des Landes erzählt hat.«

»Wer?«

»Sinclair Lewis.«

»Ah ja, richtig! Kennen Sie ihn?«

»Nein, ich habe ihn nur gelesen.«

Ich bin sicher, sie wollte gerade fragen »Wen?«, aber ich stoppte sie. »Also Sie sagen, ich soll in St. Cloud rüberfahren und auf der Zweiundfünfzig bleiben?«

Der Koch sagte: »Ich glaube nicht, daß Wie-hieß-er-gleich noch da ist.«

»Ich weiß. Er ist tot.«

»Was Sie nicht sagen!«

In Sauk Centre war tatsächlich ein Schild: »Geburtsort von Sinclair Lewis.«

Aus irgendeinem Grund fuhr ich schnell durch und bog nordwärts auf die 71 nach Wadena ab, und es wurde dunkel, und ich hielt weiter auf Detroit Lakes zu. Ich sah ein Gesicht vor mir, ein hageres Gesicht, runzlig wie ein Apfel, der zu lange gelagert worden ist, ein einsames Gesicht, krank vor Einsamkeit.

Ich hatte ihn nicht sehr gut gekannt, und ich war ihm nie in jenen stürmischen Zeiten begegnet, als man ihn den »Roten« nannte. Gegen Ende seines Lebens hat er mich ein paarmal in New York angerufen, und wir trafen uns zum Lunch im Algonquin. Ich nannte ihn Mr. Lewis – und das tue ich im Geist noch heute. Er trank nicht mehr und hatte keine Freude am Essen, aber manchmal funkelten seine Augen noch stählern.

Ich hatte *Main Street* als Schüler gelesen und erinnere mich noch an den wütenden Haß, den der Roman in seiner Geburtsstadt und ihrer ganzen Umgebung hervorgerufen hatte.

War er zurückgegangen?

Nur ab und zu durchgefahren. Der einzige gute Autor ist ein toter Autor. Der kann niemanden mehr überraschen und niemanden mehr verletzen. Als ich ihn das letzte Mal sah, schien er noch runzliger geworden zu sein. Er sagte: »Ich friere. Mir scheint, ich friere immer. Ich werde nach Italien gehen.«

Das hat er dann auch getan, und dort ist er gestorben, und ich weiß nicht, ob es stimmt, aber ich habe gehört, daß er allein gestorben sei. Und jetzt ist er gut für die Stadt. Bringt ihr ein paar Touristen ein. Jetzt ist er ein guter Autor.

Wenn in Rosinante genug Platz gewesen wäre, hätte ich die WPA-Führer in die einzelnen Staaten mitgenommen, alle achtundvierzig Bände. Ich besitze sie alle, und manche davon sind sehr schwer aufzutreiben. Wenn ich mich recht erinnere, sind von dem Band über North Dakota nur achthundert Exemplare und von dem über South Dakota sogar nur fünfhundert gedruckt worden. Die komplette Serie enthält die umfassendste Beschreibung der Vereinigten Staaten, die je zusammengestellt worden ist, und keine andere ist ihr seitdem auch nur nahe gekommen. Sie war während der Depression von den besten Autoren Amerikas verfaßt worden, die, wenn das möglich ist, noch deprimierter als jede andere Gruppe waren, aber ihren ununterdrückbaren Eßtrieb behalten hatten. Roosevelts Gegnern waren diese Bücher jedoch verhaßt. Wenn die Arbeiter der *Works Progress Administration* sich auf ihre Schaufeln stützten, dann stützten die WPA-Autoren sich auf ihre Federn. Das Ergebnis war, daß in einigen Staaten die Druckplatten zerstört wurden, nachdem wenige Exemplare gedruckt worden waren, und das ist eine Schande, denn diese Bände enthielten Schätze an systematischer, dokumentierter und gut geschriebener Information über geologische, historische und ökonomische Fakten. Hätte ich meine Führer mitgebracht, dann hätte ich beispielsweise unter Detroit Lakes, Minnesota, nachgesehen, wo ich haltmachte, und hätte erfahren, warum die Stadt so heißt, wer ihr wann diesen Namen gegeben hat und warum. Ich machte spätabends dort in der Nähe halt, und ebenso tat es Charley, und ich weiß über den Ort nicht mehr als er.

Am nächsten Tag sollte ein lange gehegter Wunsch in Erfüllung gehen.

Es ist merkwürdig, wie ein Ort, den man noch nie besucht hat, einem so fest im Kopf verankert sein kann, daß sein bloßer Name ein Klingeln auslöst. Solch ein Ort war für mich Fargo, North Dakota. Vielleicht lag der erste Anstoß dazu in dem Namen Wells-Fargo, aber mein Interesse geht sicherlich weit darüber hinaus. Wenn man eine Karte der Vereinigten Staaten nimmt und sie in der Mitte faltet, so daß der Ostrand auf dem Westrand zu liegen kommt, dann liegt Fargo genau in der Falte. Bei doppelseitigen Karten in Atlanten geht es manchmal im Falz verloren. Das ist vielleicht keine besonders wissenschaftliche Methode, um die Ost-West-Mitte des Landes zu finden, doch es funktioniert. Aber Fargo ist für mich auch ein Bruder der legendären oder mythischen Orte auf der Erde, verwandt mit jenen magisch-fernen Orten, die Herodot und Marco Polo und Mandeville erwähnen. Solange ich mich zurückerinnern kann, war Fargo an kalten Tagen immer der kälteste Ort auf dem Kontinent. Und bei Hitzewellen der, den die Zeitungen als den heißesten nannten, oder der nasseste oder der trockenste oder der mit dem heftigsten Schneefall. Das ist jedenfalls mein Eindruck. Ich weiß, daß jetzt ein Dutzend oder ein halbes Hundert andere Städte entrüstet aufspringen werden, um mir mit Zahlen und Fakten darzulegen, daß bei ihnen das Wetter noch viel schrecklicher ist als in Fargo. Ich entschuldige mich im voraus. Zur Besänftigung eventuell verletzter Gefühle gebe ich zu, daß es ein goldener Herbsttag war, als ich durch Moorhead, Minnesota, und über den Red River nach Fargo auf der anderen Seite fuhr, und die Stadt war genauso verkehrsverstopft, genauso neonbepflastert, genauso quirlig und voller Aktivitäten wie jede andere aufstrebende sechsundvierzigtausend-Seelen-Stadt. Das Land ringsum war nicht anders als in Minnesota jenseits des Flusses. Ich fuhr wie üblich durch die Stadt und sah kaum mehr als den Truck vor mir und den Thunderbird im Rückspiegel. Es ist schlimm, wenn einem seine Mythen so erschüttert werden. Würden Samarkand oder Cathay oder Cipango dasselbe Schicksal erleiden, wenn ich sie besuchte? Sobald ich die Vororte und den äußeren Ring aus Schrott und Scherben hinter mir hatte und durch Mapleton gefahren war, fand ich einen hübschen Platz am Maple River nicht weit von Alice – was für ein wunderschöner Name für eine Stadt, Alice! Sie hatte 162 Einwohner im Jahre 1950 und 124 bei der letzten Volkszählung – soviel zur Bevölkerungsexplosion in Alice. Jedenfalls fuhr ich am Maple River in ein kleines Wäldchen, es waren, glaube ich, Sykomoren, deren Zweige über den Fluß hingen, und hielt an, um meine mythologischen Wunden zu lecken. Und mit Freude stellte ich fest, daß die Realität von Fargo in keiner Weise mein inneres Bild von ihm beeinträchtigt hatte. Ich konnte Fargo noch immer so sehen, wie ich es seit jeher gesehen hatte – schneesturmgepeitscht, hitzeverbrannt, staubverhangen. Es beglückt mich, berichten zu können, daß im Krieg zwischen Realität und Romantik die Realität nicht die stärkere ist.

Obwohl es noch Vormittag war, bereitete ich mir ein üppiges Mahl, ich weiß nicht mehr, was es war. Und Charley, der noch Spuren seiner Chicagoer Schönheitspflege an sich trug, watete ins Wasser und wurde wieder der alte Schmutzfink, der er vorher gewesen war.

Nach dem Komfort und der Geselligkeit in Chicago mußte ich wieder lernen, allein zu sein. Das braucht seine Zeit. Aber hier am Maple River, nicht weit von Alice, kam mir langsam wieder die Kraft dazu. Charley hatte mir in einer ekelhaft hochnäsig überlegenen Weise verziehen, aber jetzt hatte auch er den Fall zu den Akten gelegt. Der Rastplatz am Ufer war angenehm. Ich holte meine Mülleimerwaschmaschine heraus und spülte die Wäsche, die zwei Tage lang in der Lauge durchgerüttelt worden war. Und da eine leichte Brise wehte, hängte ich die Laken zum Trocknen über niedrige Büsche. Ich weiß nicht, was für Büsche das waren, aber die Blätter rochen stark nach Sandelholz, und es gibt nichts, was ich lieber mag, als duftende Laken. Dann machte ich mir auf gelbem Papier ein paar Notizen über Natur und Eigenart des Alleinseins. Normalerweise wären diese Notizen verlorengegangen, wie immer bei mir, aber diese besonderen Notizen kamen lange danach wieder zum Vorschein, da ich sie um eine Flasche Ketchup gewickelt und mit einem Gummiband befestigt hatte. Die erste Notiz lautet: »Verhältnis Zeit zu Alleinsein.« Und ich habe noch in Erinnerung, was ich mir dabei gedacht hatte. Wenn man einen Gefährten hat, fixiert einen das in der Zeit, und zwar in der Gegenwart, aber wenn sich das Alleinsein niedersenkt, fließen Vergangenheit, Gegenwart und

Zukunft zusammen. Eine Erinnerung, ein gegenwärtiges Ereignis und eine Vorausschau sind alle gleichermaßen gegenwärtig.

Die zweite Notiz liegt unleserlich unter einem Ketchupklecks verborgen, aber die dritte ist elektrisierend. Sie lautet: »Rückkehr zur Lust-Schmerz-Basis«, und das geht auf Beobachtungen aus einer anderen Zeit zurück.

Vor Jahrzehnten hatte ich schon einmal Erfahrungen mit dem Alleinsein gemacht. In zwei aufeinanderfolgenden Jahren war ich den langen Winter über jeweils acht Monate allein in einem Ausläufer der Sierra Nevada am Lake Tahoe gewesen. Ich war Hausverwalter und Wächter auf einem Sommer-Landsitz während der Wintermonate, wenn er eingeschneit war. Und dabei machte ich ein paar Beobachtungen. Mit der Zeit stellte ich fest, daß meine Reaktionen eindickten. Gewöhnlich pfeife ich gern vor mich hin. Ich hörte auf zu pfeifen. Ich hörte auf, mit meinen Hunden zu reden, und ich glaube, die Feinheiten der Gefühle verschwanden allmählich, bis ich schließlich nur noch Lust oder Schmerz empfand. Dann kam mir der Gedanke, daß die feinen Abstufungen des Fühlens und Reagierens das Ergebnis einer Kommunikation sind und ohne Kommunikation tendenziell verschwinden. Einer, der nichts zu sagen hat, hat keine Worte. Gilt das auch umgekehrt – einer, der niemanden hat, zu dem er etwas sagen kann, hat deshalb keine Worte, weil er keine braucht? Ab und zu erscheinen Berichte über Säuglinge, die von Tieren aufgezogen werden – von Wölfen zum Beispiel. Gewöhnlich wird dann berichtet, daß der Kleine auf allen vieren herumläuft und die Laute hervorstößt, die er von seinen Zieheltern hört, und vielleicht denkt er sogar wie ein Wolf. Nur durch Nachahmung entwickeln wir uns zur Originalität. Nehmen wir zum Beispiel Charley. Er hatte immer Umgang mit den Gebildeten, den Freundlichen, den Belesenen und den Vernünftigen, in Frankreich wie in Amerika. Und Charley gleicht einem Hund nicht mehr als einer Katze. Seine Wahrnehmungen sind scharf und feinabgestuft, und er kann Gedanken lesen. Ich weiß nicht, ob er die Gedanken anderer Hunde lesen kann, aber meine kann er lesen. Noch ehe ein Plan auch nur halb in mir ausgereift ist, weiß er schon Bescheid, und er weiß auch, ob er in den Plan eingeschlossen ist oder nicht. Daran gibt es keinerlei Zweifel. Zu gut kenne ich seinen traurigen und mißbilligenden Blick, wenn ich nur eben gedacht habe, daß er zu Hause bleiben muß. Soviel zu den drei Notizen unter den roten Flecken der Ketchupflasche.

Bald stromerte Charley flußabwärts und fand ein paar weggeworfene Mülltüten, die er mit Feingespür prüfte. Er beschnupperte eine leere Bohnendose, schnüffelte in die Öffnung hinein und verwarf sie. Dann nahm er die Papiertüte zwischen die Zähne und schüttelte sie sanft, so daß noch mehr Schätze herausfielen, darunter ein zusammengeknülltes Stück schweres weißes Papier.

Ich pulte es auf und strich die Zornesfalten glatt. Es war eine gerichtliche Verfügung, adressiert an einen Jack So-und-so, in der ihm mitgeteilt wurde, daß es Mißachtung des Gerichts sei und er sich strafbar mache, wenn er seine Alimente nicht bezahlte. Das Gericht befand sich in einem der Oststaaten, und hier waren wir in North Dakota. Ein armer Teufel, der durchgebrannt war. Er hätte diese Spur nicht zurücklassen sollen, falls jemand hinter ihm her war. Ich griff nach meinem Feuerzeug und verbrannte das Beweisstück im vollen Bewußtsein, daß ich damit der Mißachtung des Gerichts Beihilfe leistete. Guter Gott, die Fährten, die wir hinterlassen! Angenommen, jemand hätte die Ketchupflasche gefunden und versucht, mich aus meinen Notizen zu rekonstruieren. Ich half Charley, den Inhalt der Mülltüte zu durchsuchen, aber es gab nichts Schriftliches mehr, nur leere Konservendosen. Der Mann war kein Koch. Er lebte aus Büchsen, aber vielleicht tat seine frühere Frau das ja auch.

Es war erst kurz nach Mittag, aber ich fühlte mich so entspannt und behaglich, daß mir der Gedanke ans Weiterfahren gar nicht gefiel. »Was meinst du, Charley, sollten wir nicht hier übernachten?« Er sah mich an und wedelte mit dem Schwanz, wie ein Professor mit dem Bleistift wedelt – einmal nach links, einmal nach rechts und dann zurück in die Mitte. Ich saß am Ufer, zog Schuhe und Socken aus und tauchte die Füße ins Wasser. Es war so kalt, daß es brannte, bis die Eiseskälte tiefer eindrang und das Gefühl abtötete. Meine Mutter glaubte, kaltes Wasser an den Füßen drücke das Blut in den Kopf, so daß man besser denken könne. »Zeit für eine Bestandsaufnahme, *mon vieux*«, sagte ich laut, »mit anderen Worten, ich fühle mich hier ganz herrlich faul – um nicht zu sagen, pudelwohl. Ich habe mich auf diese Reise gemacht, um etwas über Amerika zu erfahren. Erfahre ich etwas? Wenn ja, weiß ich nicht, was. Werde ich, wie es bisher aussieht, mit einem Sack voller Schlußfolgerungen, einem Haufen gelöster Rätsel heimkehren? Ich bezweifle es, aber mag sein. Wenn ich nach Europa fahre und gefragt werde, wie Amerika ist, was soll ich sagen? Ich weiß es nicht. Nun frage ich dich, was hast du mit deiner olfaktorischen Untersuchungsmethode erfahren, mein Freund?«

Zwei komplette Wedelbewegungen. Wenigstens ließ er die Frage nicht offen.

»Riecht Amerika bisher überall gleich? Oder gibt es regionale Gerüche?« Charley begann sich linksherum um sich selbst zu drehen, dann machte er kehrt und drehte sich achtmal rechtsherum, bevor er sich schließlich niederließ und die Schnauze auf seine Pfoten legte und den Kopf in Reichweite meiner Hand. Er hat Schwierigkeiten mit dem Hinlegen. In jungen Jahren ist er einmal angefahren worden und hatte eine gebrochene Hüfte. Er mußte lange einen Gipsverband tragen. Noch jetzt in seinen goldenen Jahren macht ihm die Hüfte zu schaffen, wenn er müde ist. Nach einem zu langen Lauf hinkt er auf dem rechten Hinterbein. Wegen seines langen Drehens vor dem Hinlegen nennen wir ihn manchmal einen *whirl poodle* – zu unserer großen Schande sei es gesagt. Wenn die Kaltfußregel meiner Mutter richtig war, mußte ich jetzt ziemlich gut denken. Aber sie sagte auch: »Kalte Füße – warmes Herz.« Und das ist etwas anderes.

Ich hatte weit genug von der Straße entfernt und abseits von jedem Verkehr geparkt, um eine Rast und Bestandsaufnahme zu machen. Darin bin ich seriös. Ich verzichtete nicht auf meine Faulheit, nur um ein paar amüsante Anekdoten zu sammeln. Ich war mit dem Wunsch gekommen, zu erfahren, wie Amerika heute beschaffen ist. Und ich war mir nicht sicher, ob ich überhaupt irgend etwas erfuhr. Ich merkte, daß ich laut mit Charley redete. Im Prinzip mag er das, aber in der Praxis macht es ihn schläfrig.

»Unter uns, versuchen wir's mal ein bißchen mit dem, was meine Jungen ›diesen Allgemeingültigkeiten-Jazz‹ nennen würden. Wir sind doch vernünftige Leute. Nehmen wir das Essen, wie wir es vorgefunden haben. Es ist mehr als möglich, daß in den Städten, durch die wir gekommen sind, vom Verkehr gehetzt, wie wir waren, auch gute und distinguierte Restaurants mit wunderbaren Menüs existieren. Aber in den Speiselokalen an den Landstraßen ist das Essen hygienisch, geschmacklos, farblos und immer absolut gleich gewesen. Es scheint fast, als ob es den Gästen egal wäre, was sie essen, solange es nur keinen Charakter hat, der sie in Verlegenheit bringen könnte. Dies gilt für alles bis auf das Frühstück, das überall gleichbleibend wundervoll ist, wenn man Schinken und Eier und Bratkartoffeln mag. In den Straßenlokalen habe ich nie ein wirklich gutes Essen und nie ein wirklich schlechtes Frühstück bekommen. Der Schinken oder die Würstchen waren gut und hygienisch verpackt, die Eier frisch oder durch Kühlung frisch gehalten, und Kühlschränke gab es überall.« Ich könnte sogar sagen, das Amerika der Straßenlokale sei das Frühstücksparadies, wenn eines nicht wäre: Hin und wieder sah ich ein Schild mit den Worten »hausgemachte Wurst« oder »selbstgeräucherter Speck und Schinken« oder »frischgelegte Eier« und hielt an, um mich einzudecken. Wenn ich mir dann mein eigenes Frühstück bereitete und meinen eigenen Kaffee kochte, fand ich jedesmal, daß der Unterschied enorm war. Ein frischgelegtes Hühnerhofei schmeckt nicht im entferntesten so wie das blasse Batteriehuhnei aus dem Kühlschrank. Die Wurst war knackig und gut gewürzt, und mein Kaffee war ein weindunkles Glück. Kann ich also sagen, daß das Amerika, das ich gesehen habe, die Hygiene auf Kosten des Geschmacks an erste Stelle gesetzt hat? Und – da alle unsere Wahrnehmungsorgane einschließlich der Geschmackspapillen nicht nur verfeinerbar, sondern auch abstumpfbar sind – daß der Geschmackssinn tendenziell schwindet und daß starke, scharfe oder exotische Aromen Argwohn und Widerwillen erregen und daher ausgemerzt werden?

»Sehen wir uns noch ein bißchen weiter auf anderen Gebieten um, Charley. Nehmen wir die Bücher und Magazine und Zeitungen, die wir in den Läden gesehen haben. Die beherrschende Publikation ist das Comic-Heft. Es gab Lokalzeitungen, und ich habe sie mir gekauft und gelesen. Es gab Taschenbuchstände mit ein paar großen und guten Titeln, aber einer überwältigenden Anzahl von Sex und Sadismus und Mord und Totschlag. Die Großstadtzeitungen werfen ihren Schatten über weite Gebiete im Umkreis, die *New York Times* bis zu den Großen Seen, die *Chicago Tribune* bis hierher nach North Dakota. Aber hier gebe ich dir eine Warnung, Charley, für den Fall, daß du zu Allgemeingültigkeiten neigst: Wenn diese Leute ihre Geschmackspapillen so weit haben verkümmern lassen, daß sie geschmackloses Essen nicht nur annehmbar, sondern wünschenswert finden, wie steht es dann mit dem Gefühlsleben der Nation? Finden sie ihre Gefühlskost so schal, daß sie sie durch das Medium des Taschenbuchs mit Sex und Sadismus würzen müssen? Und wenn dem so ist, warum gibt es dann keine Würzen außer Ketchup und Senf, um ihre Speisen schmackhafter zu machen?

Oder nimm die lokalen Radiostationen, die wir überall im Lande gehört haben. Abgesehen von ein paar Football-Reportagen war die geistige Kost genauso standardisiert, abgepackt und immergleich wie die leibliche.« Ich tippte Charley mit dem Fuß an, damit er nicht einschlief.

Wichtig war mir auch immer gewesen herauszuhören, was die Leute politisch dachten. Die, denen ich begegnet bin, sprachen nicht über Politik, sie schienen nicht darüber sprechen zu wollen, teils aus Vorsicht, wie mir schien, teils aus mangelndem Interesse, jedenfalls wurden starke Meinungen einfach nicht geäußert. Ein Ladenbesitzer gab zu, daß er mit beiden Seiten Geschäfte machen mußte und sich den Luxus einer Meinung nicht leisten konnte. Er war ein ergrauender Mann in einem grauen Kramladen an einer Straßenkreuzung, wo ich gehalten hatte, um eine Schachtel Hundekuchen und eine Dose Pfeifentabak zu kaufen. Mann und Laden hätten überall im ganzen Land sein können, aber hier waren sie im Hinterland von Minnesota. Der Mann hatte ein irgendwie nachdenkliches graues Glitzern in den Augen, als erinnere er sich noch an den Humor, wenn er nicht gesetzwidrig war. Daher wagte ich mich etwas weiter vor. »Sieht so aus«, sagte ich, »als ob die natürliche Streitlust der Leute abgestorben wäre. Aber das kann ich gar nicht glauben, sie hat sich sicher bloß einen anderen Kanal genommen. Können Sie sich denken, Sir, was für ein Kanal das sein mag?«

»Sie meinen, wo die Leute es rauslassen?«

»Wo lassen sie's denn raus?«

Ich hatte mich nicht getäuscht, das Glitzern war da, dieses feine humoristische Funkeln. »Nun, Sir«, sagte er, »wir haben hier ab und zu einen Mord oder können von einem lesen. Dann haben wir die Baseballspiele der World Series. Sie können jederzeit auf die ›Pirates‹ oder die ›Yankees‹ schimpfen, aber ich glaube, das beste sind immer noch die Russen.«

»Sind die hier so verhaßt?«

»O ja! Es vergeht kaum ein Tag, an dem hier nicht jemand die Russen so richtig zur Schnecke macht.« Irgendwie wurde er etwas lockerer, er erlaubte sich sogar ein leises Glucksen, das jederzeit in ein Räuspern verwandelt werden konnte, für den Fall, daß er eine ungute Reaktion bei mir wahrnahm.

»Kennt denn hier irgendwer irgendwo Russen?« fragte ich.

Jetzt löste er sich ganz und lachte. »'türlich nicht. Deshalb sind sie doch so wertvoll. Niemand kann was an Ihnen auszusetzen haben, wenn Sie auf die Russen schimpfen.«

»Weil wir keine Geschäfte mit ihnen machen?«

Er nahm ein Käsemesser vom Ladentisch, fuhr vorsichtig mit dem Daumen über die Schneide und legte es wieder hin. »Vielleicht ist es das. Bei Gott, vielleicht ist es das. Wir machen keine Geschäfte!«

»Sie denken also, wir benutzen die Russen vielleicht nur als Ventil für was anderes?«

»Das habe ich ganz und gar nicht gedacht, Sir, aber ich wette, jetzt werde ich's tun. Mein Gott, ja, ich erinnere mich, wie die Leute alles auf Mr. Roosevelt schoben. Andy Larson ist einmal ganz rot angelaufen vor Wut über Roosevelt, als seine Hennen den Krupp bekamen. Jawohl, Sir«, sagte er mit wachsender Begeisterung, »diese Russen haben 'ne ganz schöne Bürde zu tragen. Zankt sich einer mit seiner Frau, und schon sind die Russen schuld.«

»Vielleicht braucht jedermann Russen. Ich wette, sogar in Rußland brauchen sie Russen. Dort nennt man sie vielleicht Amerikaner.«

Er schnitt eine Scheibe von einem Käserad ab und hielt sie mir auf der Messerklinge hin. »Sie haben mir auf 'ne hinterhältige Weise etwas zu denken gegeben.«

»Ich dachte, Sie hätten es mir gegeben.«

»Wie?«

»Als wir über Geschäft und Meinungen redeten.«

»Naja, mag sein. Wissen Sie, was ich jetzt tun werde? Wenn Andy Larson das nächste Mal rot anläuft, gehe ich nachsehen, ob die Russen seine Hühner belästigen. Es war ein großer Verlust für Andy, als Mr. Roosevelt starb.«

Ich will nun hier nicht behaupten, daß eine Riesenmenge von Leuten solch eine klare Sicht der Dinge hat wie dieser Mann. Vielleicht nicht, vielleicht aber doch – auch in ihrer Privatsphäre oder in nichtgeschäftlichen Bereichen.

Charley hob den Kopf und röhrte eine Warnung, ohne sich die Mühe zu machen, auf die Beine zu kommen. Dann hörte ich einen Motor heranbrummen, und als ich auf die Füße zu kommen versuchte, merkte ich, daß sie längst eingeschlafen waren im kalten Wasser. Ich konnte sie gar nicht mehr spüren. Während ich sie rieb und massierte und sie zu schmerzlichem Kribbeln und Stechen erwachten, kam eine bejahrte Limousine von der Straße hereingeholpert, mit einem kurzen Wohnwagen im Schlepptau, der wie eine Schildkröte aussah, und suchte sich einen Platz etwa fünfzig Meter entfernt. Ich fühlte mich belästigt durch diesen Einbruch in meine Privatsphäre, aber Charley war entzückt. Er machte sich steifbeinig mit kurzen gezierten Schritten auf den Weg, um den Neuankömmling zu inspizieren, und vermied es dabei nach Art der Hunde und Menschen, den Gegenstand seines Interesses direkt anzusehen. Wenn es hier so aussieht, als wollte ich mich über Charley lustig machen, beachte man bitte, was ich in der nächsten halben Stunde tat und was mein Nachbar seinerseits tat. Beide gingen wir unseren Obliegenheiten nach, langsam und bedächtig, und jeder von uns war sorgfältig darauf bedacht, dem anderen nicht in die Augen zu sehen und ihn zugleich mit verstohlenen Blicken zu mustern, zu taxieren und einzuordnen. Der Mann war nicht jung und nicht alt, aber er hatte einen leichten, federnden Gang. Er trug olivbraune Hosen, eine Lederjacke und einen Cowboyhut, aber einen mit flachem Kopf und gewelltem Rand und einem Kinnband. Er hatte ein klassisches Profil, und selbst aus der Entfernung konnte ich sehen, daß er einen Bart trug, der sich in Koteletten fortsetzte und so ins Haupthaar überging. Mein eigener Bart ist auf das Kinn beschränkt. Die Luft war rasch kühl geworden, und ich weiß nicht, ob ich am Kopf fror oder in der Anwesenheit eines Fremden nicht barhäuptig sein wollte, jedenfalls setzte ich mir meine alte Seemannsmütze auf. Dann kochte ich mir eine Kanne Kaffee und setzte mich auf meine Hintertreppe und betrachtete mit großem Interesse alles außer meinem Nachbarn, der seinen

Wohnwagen ausfegte und eine Spülschüssel Seifenwasser ausleerte und dabei angelegentlich über mich hinwegsah. Charleys Interesse wurde durch mehrfaches Knurren und Bellen, das aus dem Wohnwagen kam, erregt und wachgehalten.

Es muß in jedem Menschen ein Gefühl für den passenden und gesitteten Zeitpunkt geben, denn ich hatte gerade beschlossen, meinen Nachbarn anzusprechen, war sogar schon aufgestanden, um hinüberzugehen, als er auf mich zugeschlendert kam. Auch er hatte das Gefühl, daß die Zeit des Abwartens nun vorüber war. Er bewegte sich in einer merkwürdigen Gangart, die mich an etwas erinnerte, was ich nicht einordnen konnte. Der Mann hatte etwas von abgeblätterter Grandezza an sich. Zur Zeit der Ritterepen wäre er der Bettler gewesen, der sich als Königssohn entpuppt. Als er näher kam, erhob ich mich von meiner eisernen Freitreppe, um ihn zu begrüßen.

Er machte keine schwungvolle Verbeugung, aber ich hatte den Eindruck, daß er eine gemacht haben könnte – oder auch eine zackige militärische Ehrenbezeigung.

»*Good afternoon*«, sagte er. »Ich sehe, Sie sind von der Profession.«

Ich glaube, mir klappte der Kiefer herunter. Seit Jahren hatte ich diesen Ausdruck nicht mehr gehört. »Also … nein. Nein, das bin ich nicht.«

Jetzt war es an ihm, erstaunt zu gucken. »Nicht? Aber … *my dear chap*, wenn Sie es nicht sind, woher kennen Sie dann den Ausdruck?«

»Schätze, ich bin am Rand mit dabeigewesen.«

»Ah! Am Rand. Natürlich. Hinter der Bühne – Regisseur, Intendant?«

»Flops«, sagte ich. »Möchten Sie eine Tasse Kaffee?«

»Mit Vergnügen.« Er ließ sich nicht gehen. Das ist eines der schönen Dinge bei denen von der Profession – sie lassen sich selten gehen. Er schlüpfte auf den Sofasitz hinter meinem Tisch mit einer Grazie, die ich während der ganzen Reise nicht erreichte.

Ich holte zwei Plastikbecher und zwei Gläser heraus, goß Kaffee ein und stellte eine Flasche Whisky in Reichweite. Mir schien, seine Augen wurden ein bißchen feucht, aber es konnte auch sein, daß es meine waren.

»Flops«, sagte er. »Wer die nicht kennt, hat nie gespielt.«

»Soll ich Ihnen einschenken?«

»Ja bitte ... Nein, kein Wasser.« Er spülte sich den Gaumen mit schwarzem Kaffee und kaute dann genußvoll auf dem Whisky, während sein Blick durch meine Behausung schweifte. »Nett haben Sie's hier, sehr nett.«

»Sagen Sie mir bitte, was hat Sie auf den Gedanken gebracht, daß ich beim Theater wäre?«

Er lachte trocken. »Sehr einfach, Watson. Ich hab das Stück gespielt, verstehen Sie? Beide Rollen. Naja, erst habe ich Ihren Pudel gesehen, und dann habe ich Ihren Bart bemerkt. Dann, als ich näher kam, habe ich gesehen, daß Sie eine Seemannsmütze mit dem Emblem der British Royal Arms tragen.«

»War's das, was Ihr *a* so offen gemacht hat?«

»Kann gut sein, *old chap*. Kann sehr gut sein. Ich falle oft in solche alten Gewohnheiten zurück, ohne es recht zu bemerken.« Aus der Nähe sah ich jetzt, daß er nicht mehr jung war. Seine Bewegungen waren die reinste Jugend, aber das Gewebe seiner Haut und die Ränder seiner Lippen verrieten, daß er in den mittleren Jahren war, wenn nicht darüber. Und seine Augen, große warme braune Pupillen in einem Weiß, das gelb zu werden begann, bestätigten es.

»Ihr Wohl«, sagte ich. Wir leerten unsere Plastikgläser, spülten mit Kaffee nach, und ich füllte wieder auf.

»Wenn das nicht zu persönlich oder zu schmerzlich ist«, sagte er, »was haben Sie beim Theater gemacht?«

»Ich habe ein paar Stücke geschrieben.«

»Sind sie aufgeführt worden?«

»Ja. Und durchgefallen.«

»Kenne ich vielleicht Ihren Namen?«

»Glaube ich nicht. Keiner hat ihn bisher gekannt.«

Er seufzte. »Ist'n hartes Geschäft. Aber wenn Sie einmal am Haken hängen, kommen Sie nicht mehr davon los. Mich hat mein Großvater drangehängt, und mein Vater hat den Haken gehalten.«

»Beide Schauspieler?«

»Und meine Mutter und meine Großmutter.«

»Herrgott, *das* ist Showbusiness! Sind Sie jetzt« – ich suchte nach dem alten Wort – »im Ruhestand?«

»Keineswegs. Ich spiele.«

»Was denn, um Gottes willen, und wo?«

»Wo immer ich ein Publikum auftreiben kann. In Schulen, Kirchen, Klubs. Ich bringe Kultur, mache Lesungen. Ich glaube, Sie können hören, wie sich mein Partner da drüben beklagt. Er ist auch sehr gut. Halb Airedale und halb Kojote. Er stiehlt mir die Show, wenn ihm danach zumute ist.«

Der Mann gefiel mir immer besser. »Ich wußte gar nicht, daß so etwas noch Leute anzieht.«

»Tut's auch nicht immer.«

»Machen Sie das schon lange?«

»Drei Jahre minus zwei Monate.«

»Überall im Land?«

»Wo immer zwei oder drei versammelt sind. Über ein Jahr hatte ich nicht gearbeitet, nur Agenturen abgeklappert und Rollenangebote durchgesehen und von meinen Ersparnissen gelebt. Für mich kommt nichts anderes als Spielen in Frage. Es ist das einzige, was ich kann, das einzige, was ich je gekonnt habe. Einmal vor langer Zeit gab es eine Kommune von Theaterleuten auf Nantucket Island. Mein Vater hatte dort ein hübsches Grundstück gekauft und ein Holzhaus draufgestellt. Nun, das habe ich verkauft und mir diese Ausstattung da zugelegt, und seitdem ziehe ich umher, und es gefällt mir so. Ich glaube nicht, daß ich je in die Tretmühle zurückgehe. Natürlich, wenn's irgendwo eine Rolle gäbe ... aber zum Teufel, wer denkt noch an mich, wenn er eine Rolle zu vergeben hat – irgendeine Rolle.«

»Da haben Sie wohl recht.«

»Ja, ist'n hartes Geschäft.«

»Ich hoffe, Sie halten mich nicht für zudringlich, auch wenn ich's bin. Ich wüßte gern, wie Sie vorgehen. Wie läuft das ab? Wie werden Sie von den Leuten behandelt?«

»Im allgemeinen sehr gut. Und wie ich vorgehe, weiß ich selber nicht recht. Manchmal muß ich sogar eine Halle mieten und Anzeigen in die Zeitung setzen, manchmal genügt ein Gespräch mit dem Direktor einer High School.«

»Aber fürchten sich die Leute denn nicht vor Zigeunern, Vagabunden und Schauspielern?«

»Zuerst schon, denke ich. Zu Anfang halten sie mich für eine Art harmlosen Irren, irgendeinen Freak. Aber ich bin ehrlich und chargiere nicht viel, und nach einer Weile packt sie der Stoff und hält sie fest. Ich respektiere den Stoff, verstehen Sie? Das macht den Unterschied. Ich bin kein Scharlatan, ich bin ein Schauspieler – ob gut oder schlecht, ein Schauspieler.« Sein Gesicht hatte sich vom Whisky und vom Eifer gerötet, vielleicht auch weil er mit jemandem reden konnte, der ein bißchen ähnliche Erfahrungen hatte. Ich schenkte ihm diesmal mehr ein und sah mit Vergnügen, wie er sich darüber freute. Er trank und seufzte. »So was bekommt man nicht alle Tage«, sagte er. »Ich hoffe, ich habe auf Sie nicht den Eindruck gemacht, daß ich in Einkünften schwimme. Manchmal ist es ganz schön stürmisch.«

»Sprechen Sie weiter. Erzählen Sie mehr.«

»Wo war ich stehengeblieben?«

»Sie sagten, Sie respektierten den Stoff und Sie seien ein Schauspieler.«

»Ach ja. Nun, da ist noch etwas. Wissen Sie, wenn Schauspieler in das kommen, was sie den Provinzmief nennen, sehen sie hochnäsig auf die Bauerntölpel herab. Ich brauchte eine Weile, bis ich begriff, daß die Leute gar keine Bauerntölpel sind, aber dann kam ich ganz gut zurecht. Ich lernte mein Publikum respektieren. Sie spüren das und arbeiten mit mir, nicht gegen mich. Hat man einmal angefangen, sie zu respektieren, können sie alles verstehen, was man ihnen erzählt.«

»Was erzählen Sie ihnen? Welche Stoffe verwenden Sie?«

Er sah auf seine Hände, und ich bemerkte, daß sie gepflegt und sehr weiß waren, als ob er die meiste Zeit Handschuhe trüge. »Ich hoffe, Sie denken nicht, daß ich mir den Stoff stehle«, sagte er. »Ich bewundere die Vortragskunst von Sir John Gielgud. Ich habe ihn einmal seinen Shakespeare-Monolog sprechen hören, *The Ages of Man*, und danach habe ich mir die Platte gekauft, um ihn zu studieren. Was *der* alles mit Worten machen kann, mit Tonfällen und Modulationen!«

»Und das verwenden Sie?«

»Ja, aber ich stehle es nicht. Ich erzähle den Leuten, wie ich Sir John gehört habe und was es für mich bedeutet hat, und dann sage ich, daß ich versuchen will, ihnen einen Eindruck von seiner Vortragsweise zu geben.«

»Sehr geschickt.«

»Nun, es hilft jedenfalls, weil es der Vorstellung Autorität verleiht, und Shakespeare braucht nicht honoriert zu werden, also stehle ich seinen Stoff nicht. Es ist eher, wie wenn ich ihn feiere, was ich auch tue.«

»Wie reagieren die Leute?«

»Nun, ich glaube, ich hab's inzwischen ganz gut drauf, denn ich kann sehen, wie die Worte in sie einsinken, und sie vergessen mich, und drehen die Augen irgendwie nach innen, und ich bin für sie kein Freak mehr. Nun – was denken Sie?«

»Ich denke, Gielgud wäre erfreut.«

»Oh! Ich habe ihm geschrieben und erzählt, was ich mache und wie ich es mache, einen langen Brief.« Er zog eine abgewetzte Brieftasche aus der Hüfttasche, entnahm ihr ein säuberlich zusammengefaltetes Stück Aluminiumfolie, klappte es auseinander und entfaltete behutsam ein kleines Blatt Briefpapier mit oben aufgedrucktem Namen. Der Text war maschinengeschrieben und lautete: »Lieber…, haben Sie vielen Dank für Ihren freundlichen und interessanten Brief. Ich wäre kein Schauspieler, hätte ich nicht das aufrichtig Schmeichelhafte bemerkt, das in Ihrer Arbeit enthalten ist. Viel Glück und Gott segne Sie. John Gielgud.«

Ich seufzte und sah zu, wie seine ehrfürchtigen Finger das Blatt zusammenfalteten, in seinem Folienpanzer verschlossen und wegsteckten. »Ich zeige das nie jemandem, um einen Auftritt zu bekommen«, sagte er. »Das würde mir nie einfallen!«

Ich glaubte ihm aufs Wort.

Er drehte sein Plastikglas in der Hand und betrachtete den Rest Whisky, der sich darin noch befand, eine Geste, die oft den Zweck hat, die Aufmerksamkeit des Gastgebers auf die Leere des Glases zu lenken. Ich entkorkte die Flasche.

»Nein«, sagte er. »Für mich nichts mehr. Ich habe vor langer Zeit gelernt, daß die wichtigste und wertvollste aller Schauspieltechniken der Abgang ist.«

»Aber ich würde Ihnen gerne noch mehr Fragen stellen.«

»Um so mehr Grund zum Abgang.« Er trank den letzten Rest. »Laß die Leute fragend zurück«, sagte er, »und geh sauber und rasch ab. Vielen Dank und *good afternoon*.«

Ich sah ihm nach, wie er leichtfüßig auf seinen Wohnwagen zuging, und wußte, daß mich eine Frage verfolgen würde. »Warten Sie einen Moment«, rief ich ihm nach.

Er blieb stehen und drehte sich um.

»Was macht der Hund dabei?«

»Ach, ein paar Faxen«, sagte er. »Er sorgt dafür, daß die Vorstellung leichtverständlich bleibt. Er springt ein, wenn sie fade wird.« Dann ging er weiter zu seinem Wohnwagen.

Es gab ihn also noch – einen Beruf, der älter ist als das Schreiben und der vermutlich noch weiterleben wird, wenn das geschriebene Wort verschwunden ist. Und all die sterilen Wunder des Kinos und Fernsehens und Radios werden es nicht schaffen, ihn zu verdrängen – einen lebendigen Menschen im Austausch mit einem lebendigen Publikum. Aber wie lebte er? Wer waren seine Gefährten? Wie war sein verborgenes Leben? Er hatte recht. Sein Abgang verschärfte die Fragen.

Die Nacht war voller Omen. Der bleierne Himmel verwandelte das kleine Gewässer in gefährliches Metall, und dann kam der Wind auf – nicht der böige, scharfe Wind an den Küsten, den ich kannte, sondern ein großes brausendes Dahinfegen, dem im Umkreis von tausend Meilen nichts entgegenstand. Da dieser Wind mir fremd und darum unbegreiflich war, löste er unbegreifliche Reaktionen in mir aus. Rational betrachtet war er mir nur deshalb fremd, weil ich ihn so fand. Aber ein großer Teil unserer Erfahrungen, die wir unerklärlich finden, muß so sein. Ich weiß mit Sicherheit, daß viele Menschen Erfahrungen verheimlichen, weil sie fürchten, sich damit lächerlich zu machen. Wie viele Menschen haben schon einmal etwas gesehen oder gehört oder gespürt, was ihren Sinn für die richtige Ordnung der Dinge so sehr durcheinandergebracht hat, daß sie das Ganze rasch beiseite geschoben haben, so wie man Dreck unter einen Teppich kehrt?

Ich für meinen Teil versuche immer, mich auch für solche Dinge offen zu halten, die ich nicht verstehen oder erklären kann, aber das ist nicht leicht in unserer von Ängsten erfüllten Zeit. In diesem Moment in North Dakota verspürte ich eine so starke Abneigung gegen das Weiterfahren, daß man sie schon Angst nennen konnte. Charley dagegen wollte unbedingt weiter, ja er drängte so sehr zum Aufbruch, daß ich mit ihm zu argumentieren versuchte.

»Hör zu, Hund. Ich habe einen starken Impuls zu bleiben, der mir wie ein Befehl von oben erscheint. Wenn ich ihn überwinde und weiterfahre, und dann bleiben wir in einem großen Schnee stecken, würde ich ihn als eine in den Wind geschlagene Warnung betrachten. Wenn wir hierbleiben, und es kommt ein großer Schnee über uns, würde ich sicher sein, daß ich eine prophetische Ader besitze.«

Charley nieste und trat von einem Fuß auf den anderen. »Also gut, *mon vieux*, betrachten wir's mal aus deiner Warte. Du willst weiterfahren. Angenommen, wir tun es, und in der Nacht stürzt ein Baum genau auf die Stelle, wo wir uns jetzt befinden. Dann wärst du derjenige, der einen göttlichen Fingerzeig erhalten hätte. Diese Möglichkeit besteht immer. Ich könnte dir viele Geschichten von treuen Tieren erzählen, die ihre Herren gerettet haben, aber ich denke, du langweilst dich hier einfach, und ich will dir nicht schmeicheln.« Charley warf mir seinen zynischsten Blick zu. Ich glaube, er ist weder ein Romantiker noch ein Mystiker. »Ich weiß, was du meinst. Wenn wir fahren und kein Baum stürzt um, oder wenn wir bleiben, und kein Schnee fällt – was dann? Ich will dir sagen, was dann ist: Wir vergessen das Ganze, und das Gebiet der Prophetie bleibt unverletzt. Ich bin für bleiben. Du bist für weiterfahren. Aber da ich dem Gipfel der Schöpfung näher stehe als du und außerdem hier der Chef bin, ist mein Votum das entscheidende.«

Wir blieben, und es schneite nicht, und kein Baum stürzte um, und so vergessen wir natürlich das Ganze und sind offen für weitere mystische Gefühle, wenn sie kommen. Frühmorgens, die Wolken waren fortgefegt und die Sicht teleskopisch klar, knirschten wir über den dicken Rauhreif und machten uns auf den Weg. Das Künstlergefährt war dunkel, aber der Hund bellte, als wir auf die Straße rumpelten.

Jemand muß mir vom Missouri in Bismarck, North Dakota, erzählt haben, oder ich habe darüber gelesen. In beiden Fällen hatte ich nicht aufgepaßt, und kam aus dem Staunen gar nicht mehr heraus. Hier müßte man die Karte falten. Hier ist die Grenze zwischen Ost und West. Auf der Bismarck-Seite ist östliche Landschaft, östliches Gras, mit dem Aussehen und Geruch der Oststaaten. Jenseits des Missouri, auf der Mandan-Seite, ist purer Westen, mit braunem Gras und tief eingeschnittenen Wasserläufen und freiliegenden Gesteinsschichten. Die beiden Ufer des Flusses könnten tausend Meilen voneinander entfernt sein.

Und da ich nicht auf die Missouri-Grenze gefaßt war, war ich es auch nicht auf die Bad Lands. Sie heißen zu recht so. Sie sehen aus wie von einem bösen Kind geformt. Solch eine Gegend könnten die Gefallenen Engel geschaffen haben, um dem Himmel eins auszuwischen, trocken und schartig, öde und gefährlich, und für mich erfüllt von schlimmen Vorahnungen. Man hat das Gefühl, daß dieses Land die Menschen nicht mag oder nicht willkommen heißt. Aber da Menschen nun einmal sind, wie sie sind, und ich ein Mensch bin, bog ich vom Highway auf eine Schotterstraße ab und fuhr zwischen die Kegelberge und Felsentürme, aber so schüchtern, als bräche ich in eine geschlossene Gesellschaft ein. Die holprige Straße war eine Qual für die Reifen und ließ Rosinantes überladene Federn ächzen und klagen. Eine Gegend für Troglodyten oder besser für Trolle. Und noch etwas Seltsames: So wie ich mir in diesem Land unerwünscht vorkam, so schwer fällt es mir auch, darüber zu schreiben.

Nach einer Weile sah ich einen Mann, er lehnte sich rücklings an einen doppelten Stacheldrahtzaun, der nicht an Pfählen befestigt war, sondern an in den Boden gesteckten krummen Ästen. Der Mann trug einen dunklen Hut und Jeans mit Jeansjacke, beide zum blassesten Blau ausgewaschen mit noch helleren Flekken an Knien und Ellbogen. Seine wässrigen Augen glitzerten in der Sonne, und seine Lippen waren so schuppig wie Schlangenhaut. Ein Gewehr lehnte neben ihm am Zaun, und am Boden lag ein Häufchen Felle und Federn – Kaninchen und kleine Vögel. Ich hielt an, um mit ihm zu sprechen, sah seine Augen über Rosinante gleiten, die Details registrieren und sich wieder in ihre Höhlen zurückziehen. Und fand, daß ich ihm nichts zu sagen hatte. Das übliche »Sieht nach ’nem frühen Winter aus« oder »Kann man hier irgendwo angeln?« schien nicht zu passen. Und so starrten wir uns nur an.

»*Afternoon.*«

»Ja, Sir«, sagte er.

»Kriegt man hier in der Nähe irgendwo Eier?«

»Nicht gerade in der Nähe, außer Sie wollen bis Galva oder nach Beach rauf fahren.«

»Ich dachte an ein paar Hühnerhofeier.«

»Als Pulver«, sagte er. »Meine Frau hat Eipulver.«

»Leben Sie schon lange hier?«

»Yep.«

Ich wartete, daß er mich etwas fragte oder irgendwas sagte, damit wir weiterreden konnten, aber er schwieg. Und je länger das Schweigen anhielt, desto schwieriger wurde es, sich noch etwas einfallen zu lassen, was man sagen könnte. Ich machte einen letzten Versuch. »Wird es sehr kalt hier im Winter?«

»Ziemlich.«

»Sie reden zuviel.«

Er grinste. »Das sagt meine Frau auch.«

»Na dann«, sagte ich, legte den Gang ein und fuhr weiter. Ob er mir nachsah, war im Rückspiegel nicht zu erkennen. Er war vielleicht kein typischer Badlander, aber einer der wenigen, die ich erwischte.

Ein Stückchen weiter hielt ich vor einem kleinen Haus, das wie ein Teil einer ehemaligen Kaserne aussah, aber weißgestrichen mit gelben Einfassungen, und davor die welkenden Reste eines Gartens mit erfrorenen Geranien und ein paar Chrysanthemen, kleinen gelben und rotbraunen Büscheln. Ich ging den Gartenweg auf das Haus zu in der Gewißheit, daß mich hinter den weißen Vorhängen jemand beobachtete. Eine alte Frau öffnete auf mein Klopfen und gab mir das Glas Wasser, um das ich sie bat, und redete auf mich ein, daß mir die Ohren klangen. Sie hungerte danach zu reden, sie redete wie besessen, über ihre Verwandten, ihre Freunde und daß sie sich nie an dies hier gewöhnen könne. Denn sie war nicht von hier und gehörte von Rechts wegen nicht hierher. Ihre Heimat war ein Land, in dem Milch und Honig flossen und das seinen Anteil an Pfauen, Affen und Elfenbein hatte. Ihre Stimme ratterte, als hätte sie Angst vor der Stille, die wieder eintreten würde, wenn ich gegangen war. Während sie redete, wurde mir klar, daß sie sich vor dieser Gegend fürchtete, und mehr noch, daß ich es ebenfalls tat. Es wäre mir gar nicht lieb, hier von der Nacht überrascht zu werden.

Ich fuhr geradezu fluchtartig davon, nichts wie raus aus dieser unheimlichen Landschaft. Und dann, am späten Nachmittag, änderte sich alles. Als das Sonnenlicht schräger einfiel, verloren die Felsenkegel und Schluchten, die Klippen und schartigen Hänge ihr versengtes und furchterregendes Aussehen und leuchteten in gelben und üppigen Brauntönen und hundert Variationen von Rot und Silbergrau, alles noch hervorgehoben durch kohlschwarze Streifen. Es war so schön, daß ich bei einem Dikkicht aus verkrüppelten Zedern und Wacholderbüschen anhielt, und kaum stand ich, war ich von der Farbenpracht gefangen und von der Klarheit des Lichts wie betäubt. Vor der untergehenden Sonne zeichneten sich die Bergkuppen dunkel und scharf ab, während im Osten, wo das Licht ungehindert schräg einfiel, die seltsame Landschaft vor Farben schrie. Und die Nacht, alles andere als furchterregend, war über die Maßen schön, denn die Sterne leuchteten nahe, und obwohl kein Mond schien, überzog ihr Licht den Himmel mit einem silbernen Glanz. Die Luft biß mit trockenem Frost in die Nase. Zum puren Vergnügen häufte ich abgestorbene Zedernzweige auf und machte ein kleines Feuer, nur um den Duft des brennenden Holzes zu riechen und das Knistern und Knacken zu hören. Mein Feuer errichtete eine Kuppel aus gelbem Licht über mir, und in der Nähe hörte ich eine Zwergohreule jagen und Kojoten bellen – nicht heulen, sondern kurz und kichernd bellen, wie sie es in mondlosen Nächten tun. Die Bad Lands gehören zu den wenigen mir bekannten Landschaften, in denen die Nacht freundlicher ist als der Tag. Und ich kann verstehen, daß es manche Leute immer wieder dorthin zurückzieht.

Bevor ich mich schlafen legte, breitete ich eine Karte auf dem Bett aus. Beach war nicht weit, und das war die letzte Ortschaft in North Dakota. Danach kam Montana, wo ich noch nie gewesen war. Die Nacht war so kalt, daß ich statt des Pyjamas meine Thermo-Unterwäsche anzog, und als Charley seine Pflichten getan und seine Kuchen bekommen und seine übliche Gallone Wasser getrunken und sich schließlich an seinem Platz unter dem Bett zusammengerollt hatte, kramte ich eine Extradecke heraus und deckte ihn zu – vollständig, bis zur Nasenspitze –, und er seufzte und räkelte sich und stöhnte tief auf vor verzücktem Wohlbefinden. Und ich dachte daran, wie jede sichere Allgemeingültigkeit, die ich auf meiner Reise sammelte, durch eine andere widerlegt wurde. In der Nacht waren aus den Bad Lands Good Lands geworden. Ich kann es nicht erklären, aber so war es.

Die nächste Etappe meiner Reise ist eine Liebesaffäre. Ich bin in Montana verliebt. Für andere Staaten empfinde ich Bewunderung, Respekt, Anerkennung, sogar eine gewisse Zuneigung, aber bei Montana ist es Liebe, und Liebe ist schwer zu erklären, wenn man verliebt ist. Einmal in Salinas, als ich ganz hingerissen vom rosigen Glanz meiner damaligen Königin der Welt schwärmte, fragte mein Vater mich, wovon ich spräche, und ich dachte, er müsse verrückt sein, wenn er das nicht sah. Heute weiß ich natürlich, daß sie eine maushaarige, sommersprossige kleine Göre mit schorfigen Knien, der Stimme einer Fledermaus und der Liebenswürdigkeit einer Gilakrustenechse war, aber damals erleuchtete sie eben für mich die Welt. Mir scheint, Montana ist ein großes Stück Pracht und Herrlichkeit. Die Dimensionen sind riesig, aber nicht überwältigend. Das Land strotzt von Gras und Farben, und die Berge sind von der Art, wie ich sie erschaffen würde, wenn Berge jemals auf meiner Agenda stünden. Montana scheint mir das zu sein, was ein kleiner Junge von Texas denken mag, wenn er Texaner reden hört. Hier war es auch, wo ich zum ersten Mal einen ausgeprägten regionalen Akzent hörte, der nicht vom Televisionesischen beeinflußt war, eine ruhige warme Sprache. Mir schien, daß es die hektische Geschäftigkeit Amerikas in Montana nicht gab. Seine Bewohner machten nicht den Eindruck, als fürchteten sie sich vor Schatten im Sinne der John Birch Society. Die Ruhe der Berge und des welligen Graslandes hatte sich ihnen mitgeteilt. Es war Jagdsaison, als ich durch den Staat fuhr, aber die Männer, mit denen ich sprach, wirkten nicht wie Leute, die zu einem jährlichen Großgemetzel ausgezogen sind, sondern die sich einfach nur etwas Eßbares schießen wollen. Meine Sicht mag von Liebe verblendet sein, aber mir kamen auch die Städte eher wie Orte zum Darinleben als wie nervöse Bienenstöcke vor. Die Leute hatten Zeit, in ihren

Beschäftigungen innezuhalten, um die schwindende Kunst der Nachbarschaftlichkeit zu pflegen.

Ich merkte, daß ich nicht durch die Städte raste, um sie möglichst schnell hinter mich zu bringen. Und ich fand sogar Dinge zum Kaufen, um mich länger aufzuhalten. In Billings kaufte ich mir einen Hut, in Livingston eine Jacke, in Butte ein Jagdgewehr, das ich nicht eben dringend brauchte, eine Remington Schlagbolzenbüchse . 222 aus zweiter Hand, aber gut erhalten. Dann fand ich ein Zielfernrohr, das ich unbedingt haben mußte, und wartete eine Weile, bis es aufmontiert war, und dabei lernte ich alle Leute im Laden kennen und alle Kunden, die hereinkamen. Mit dem Gewehr im Schraubstock und dem Bolzen draußen stellten wir das neue Zielfernrohr auf einen drei Block entfernten Schornstein ein, und als ich später mit dem kleinen Ding schoß, brauchte ich die Einstellung nicht zu ändern. Den halben Vormittag verbrachte ich mit diesem Kauf, hauptsächlich weil ich noch bleiben wollte. Aber ich sehe, Liebe läßt sich, wie gewöhnlich, nicht beschreiben. Montana hat mich verzaubert. Es strahlt Größe und Wärme aus. Wenn es eine Küste hätte oder wenn ich fern vom Meer leben könnte, würde ich auf der Stelle hinziehen und um Einbürgerung ersuchen. Von allen Staaten ist es mir der liebste.

In Custer machten wir einen Abstecher nach Süden, um General Custer und Sitting Bull auf dem Schlachtfeld von Little Big Horn unsere Reverenz zu erweisen. Ich glaube, es gibt keinen Amerikaner, der nicht Remingtons Gemälde vom letzten Kampf der mittleren Abteilung des Siebten Kavallerieregiments im Kopf hat. Ich nahm den Hut ab und gedachte der tapferen Männer, und Charley salutierte auf seine Weise, aber ich glaube, mit großem Respekt.

Das ganze östliche Montana und die westlichen Dakotas sind auf den Gedenktafeln als Indianerland bezeichnet, aber die Erinnerungen reichen auch hier nicht sehr weit zurück. Vor vielen Jahren hatte ich einmal Charles Erskine Scott Wood zum Nachbarn, der *Heavenly Discourse* geschrieben hat. Er war schon sehr alt, als ich ihn kennenlernte, aber als junger Leutnant, der gerade aus der Militärakademie kam, hatte er unter General Miles gedient und an dem Feldzug gegen Chief Joseph teilgenommen. Seine Erinnerung daran war sehr klar und sehr traurig. Er sagte, es sei einer der tapfersten Rückzugsmärsche in der Geschichte gewesen. Chief Joseph und die Nez Percés zogen sich mit ihren Frauen und Kindern, ihren Hunden und ihrer ganzen Habe unter schwerem Beschuß über tausend Meilen weit zurück, um nach Kanada zu entkommen. Wood sagte, sie hätten sich jeden Schritt ihres Weges gegen die Übermacht erkämpft, bis sie schließlich von der Kavallerie unter General Miles umzingelt und zum größten Teil ausgelöscht wurden. Es sei die traurigste Pflicht gewesen, die er je erfüllt habe, sagte Wood, und er habe sich die Achtung vor den Kämpfertugenden der Nez Percés sein Leben lang bewahrt. »Hätten sie ihre Familien nicht dabeigehabt, hätten wir sie niemals gekriegt«, sagte er. »Und wären wir ihnen nicht an Zahl und Bewaffnung überlegen gewesen, hätten wir sie nicht schlagen können. Sie waren Männer«, sagte er. »Richtige Männer.«

Ich muß gestehen, daß ich in Sachen Nationalparks etwas lax bin. Ich habe nicht viele von ihnen besucht. Vielleicht liegt es daran, daß sie uns immer das Einmalige, das Spektakuläre, das Erstaunliche bieten – den größten Wasserfall, den tiefsten Canyon, die höchste Klippe, die stupendesten Werke des Menschen und der Natur. Ich sehe mir lieber ein gutes Foto von Brady als den Mount Rushmore an. Denn ich bin der Meinung, wir zeigen und feiern in diesen Parks nur immer die Launen unserer Nation und Zivilisation. Der Yellowstone-Nationalpark ist nicht repräsentativer für Amerika als Disneyland.

Da dies meine natürliche Einstellung ist, weiß ich nicht, was mich dazu bewogen hat, scharf nach Süden abzubiegen und eine Staatsgrenze zu überqueren, um einen Blick in den Yellowstone-Park zu werfen. Vielleicht war es Angst vor meinen Nachbarn. Ich hörte sie schon sagen: »Was, Sie waren so nah am Yellowstone und sind nicht hingefahren? Sie müssen verrückt sein!« Vielleicht war es auch ein bißchen die amerikanische Motivation des Reisens: Man reist nicht so sehr, um etwas zu sehen, sondern um hinterher etwas erzählen zu können. Was immer der Grund meiner Fahrt zum Yellowstone war, ich bin jedenfalls froh, sie gemacht zu haben, denn ich habe etwas über Charley erfahren, was ich sonst nie entdeckt hätte.

Ein freundlich blickender Ranger ließ mich ein und sagte dann: »Wie steht's mit dem Hund? Hunde sind nur an der Leine erlaubt.«

»Warum?« fragte ich.

»Wegen der Bären.«

»Sir«, sagte ich, »dies ist ein besonderer Hund. Er lebt nicht vom Ertrag seiner Zähne und Klauen. Er respektiert das Recht der Katzen, Katzen zu sein, auch wenn er sie nicht gerade hochachtet. Er tritt lieber zur Seite, als daß er eine ernste Raupe stört.

Seine größte Sorge ist, daß jemand auf ein Kaninchen deutet und ihn auffordert, es zu jagen. Dies ist ein Hund des Friedens und der Ruhe. Die größte Gefahr für Ihre Bären besteht vermutlich darin, daß sie gekränkt sind, weil sie von Charley ignoriert werden.«

Der junge Mann lachte. »Ich habe mir weniger Sorgen um die Bären gemacht«, sagte er. »Aber unsere Bären haben eine gewisse Intoleranz gegenüber Hunden entwickelt. Einer von ihnen könnte sein Vorurteil durch einen Kinnhaken demonstrieren, und dann hätten Sie keinen Hund mehr.«

»Ich werde ihn hinten einsperren, Sir. Ich verspreche Ihnen, Charley wird in der Bärenwelt kein Kräuseln hervorrufen, und ich als alter Bärenbeobachter auch nicht.«

»Ich warne Sie ja nur«, sagte er. »Ich bezweifle nicht, daß Ihr Hund die besten Absichten hat. Andererseits haben unsere Bären leider die schlechtesten. Lassen Sie keine Lebensmittel herumliegen. Sie stehlen nicht nur, sie können auch sehr böse werden, wenn man sie umerziehen will. Mit einem Wort, trauen Sie nicht ihren süßen Teddybärengesichtern, es könnte Ihnen sonst übel ergehen. Und lassen Sie den Hund nicht frei herumlaufen. Bären argumentieren nicht.«

Wir fuhren weiter, hinein ins Wunderland der außer Rand und Band geratenen Natur, und man wird mir wohl oder übel glauben müssen, was dann geschah, denn beweisen könnte ich es nur, wenn ich einen Bären hätte.

Weniger als eine Meile nach dem Eingang sah ich einen Bären am Straßenrand, er kam herangetrottet, als wollte er mich anhalten, um mitgenommen zu werden. Im selben Augenblick ging in Charley eine Wandlung vor. Er jaulte wütend auf, fletschte die krummen Zähne, die Mühe haben, einen Hundekuchen kleinzukriegen, und gellte dem Bären Beleidigungen entgegen, woraufhin sich dieser aufrichtete und Rosinante zu überragen schien. Hastig kurbelte ich die Fenster hoch, schwenkte kurz nach links und streifte das Tier und preschte dann geradeaus, während Charley neben mir tobte und raste und im Detail beschrieb, was er mit dem Bären machen würde, wenn er ihn kriegen könnte. Ich war noch nie im Leben so überrascht. Soweit ich weiß, hatte Charley noch nie einen Bären gesehen, und jedenfalls hatte er immer große Toleranz gegenüber jedem lebenden Wesen bezeugt. Außerdem ist Charley ein Feigling, ein so eingefleischter Feigling, daß er eine Technik entwickelt hat, um es zu verbergen. Und doch zeigte er jetzt ganz unverkennbar den Wunsch, hinausgelassen zu werden, um einen Bären zu morden, der tausendmal schwerer war als er. Ich verstand es nicht.

Ein Stück weiter tauchten zwei Bären auf, und die Wirkung verdoppelte sich. Charley benahm sich wie ein Irrer. Er sprang über mich hinweg, er fluchte und röhrte, fauchte und heulte. Ich hatte gar nicht gewußt, daß er fauchen kann. Wo hatte er das gelernt? An Bären war kein Mangel, und die Straße wurde zu einem Alptraum. Zum ersten Mal in seinem Leben widerstand Charley der Vernunft, ja er widerstand sogar einem Klaps aufs Ohr. Er wurde ein primitiver Killer, der nach dem Blut seiner Feinde lechzte, und bis zu diesem Moment hatte er überhaupt keine Feinde gehabt. Auf einem bärenlosen Abschnitt öffnete ich die Tür, packte Charley beim Kragen und schloß ihn in die Kajüte ein. Aber das nützte nichts. Als wir weitere Bären passierten, sprang er auf den Tisch und kratzte an den Fenstern und wollte partout hinaus. Ich hörte Konservendosen poltern, während er da tobte. Die Bären brachten den Hyde in meinem jekyllköpfigen Hund zum Vorschein. Woran mochte das liegen? War es eine genetisch fixierte Erinnerung an die Zeit, als noch der Wolf in ihm steckte? Ich kenne ihn gut. Ab und zu probiert er einen Bluff, aber dann ist es eine durchsichtige Lüge. Dies hier war keine Lüge, ich schwöre es. Ich bin sicher, wenn er hinausgelassen worden wäre, hätte er sich auf jeden Bären gestürzt, dem wir begegneten, und entweder gesiegt oder den Tod gefunden.

Es war zu nervenaufreibend, ein schockierendes Schauspiel, wie wenn man einen ruhigen alten Freund auf einmal verrückt werden sieht. Kein noch so großes Naturwunder, weder steile Felsen noch schäumende Gewässer, noch dampfende Quellen konnten auch nur meine Aufmerksamkeit wecken, solange dieses Pandämonium weiterging. Nach etwa der fünften Begegnung gab ich auf, wendete Rosinante und fuhr zurück. Hätte ich die Nacht im Park verbracht und mit meiner Kocherei Bären angelockt, ich wage mir nicht vorzustellen, was dann geschehen wäre.

Am Tor ließ mich der Ranger hinaus. »Sie sind nicht lange geblieben. Wo ist der Hund?«

»Hinten eingeschlossen. Und ich muß mich bei Ihnen entschuldigen. Dieser Hund hat das Herz und die Seele eines Bärenkillers, und ich hatte es nicht gewußt. Bisher ist er sogar zu einem noch fast rohen Steak ein bißchen weichherzig gewesen.«

»Jaja«, sagte der Ranger, »das kommt vor. Deshalb hatte ich Sie gewarnt. Ein Bärenhund kennt seine Chancen, aber ich hab mal einen Spitz hochgehen sehen wie ein Rauchwölkchen. Sie müssen wissen, ein gutgenährter Bär kann einen Hund wie einen Tennisball durch die Luft schlagen.«

Ich fuhr rasch den Weg zurück, den ich gekommen war, und zögerte, irgendwo zu kampieren, aus Angst, es könnten einige inoffizielle, nicht regierungsamtliche Bären in der Nähe sein. Diese Nacht verbrachte ich in einem hübschen Motel bei Livingston. Ich aß im Restaurant zu Abend, und als ich hinterher mit einem Drink in einem bequemen Sessel saß, die frischgebadeten nackten Füße auf einem Teppich mit roten Rosen, sah ich mir Charley an. Er war wie betäubt. Seine Augen hatten einen abwesenden, in die Ferne gerichteten Blick, und er war völlig erschöpft – emotional zweifellos. Er erinnerte mich sehr stark an einen Mann, der aus einer langen, schweren Trunkenheit erwacht – ausgelaugt, entkräftet, zusammengesunken. Er fraß nichts, lehnte sogar den Abendspaziergang ab, und kaum waren wir im Zimmer, ließ er sich auf den Boden fallen und schlief sofort ein. In der Nacht hörte ich ihn winseln und japsen, und als ich das Licht anknipste, sah ich ihn Laufbewegungen machen, sein ganzer Körper zuckte und seine Augen waren weit offen, aber es war nur ein Nachtbär. Ich weckte ihn und gab ihm etwas Wasser. Diesmal schlief er ruhig ein und rührte sich für den Rest der Nacht nicht mehr. Am Morgen war er immer noch müde. Ich möchte nur wissen, warum wir meinen, die Gedanken und Gefühle von Tieren seien einfach.

Ich erinnere mich, wie ich als Junge die Worte *The Great Divide*, die Große Wasserscheide, gelesen oder gehört hatte und sehr beeindruckt war von dem erhabenen Klang, der mir trefflich zu dem granitenen Rückgrat eines Kontinents zu passen schien. Ich sah im Geist steile Grate zum Himmel aufragen, eine Art natürliche Chinesische Mauer. Die Rocky Mountains sind zu groß, zu lang und zu wichtig, um eindrucksvoll sein zu müssen. In Montana, wohin ich zurückgekehrt war, steigen sie allmählich an, und wäre nicht ein gemalter Strich auf der Straße gewesen, hätte ich nie erfahren, wann ich die Wasserscheide überquerte. Es war keine große Erhebung. Ich sah den Strich erst, als ich darüberfuhr, aber ich stoppte und fuhr zurück, stieg aus und stellte mich breitbeinig darüber. Und es war eigenartig zu denken, als ich da stand und nach Süden blickte, daß der Regen, der auf mein rechtes Bein fiel, in den Pazifik fließen mußte, während der auf meinem linken Bein nach unzähligen Meilen seinen Weg in den Atlantik finden würde. Der Ort war nicht eindrucksvoll genug für ein solch erstaunliches Phänomen.

Es ist unmöglich, in dieses Hochgratland zu kommen, ohne an die ersten Männer zu denken, die es durchquert haben, an die französischen Forscher, an die Leute von Lewis und Clark. Wir brauchen heute im Flugzeug fünf Stunden hierher, im Auto eine Woche oder, wenn wir so trödeln wie ich, einen Monat oder sechs Wochen. Aber Lewis und Clark sind mit ihrer Expedition 1804 in St. Louis aufgebrochen und 1806 zurückgekehrt. Und wenn wir uns für mannhaft halten, sollten wir daran denken, daß in den zweieinhalb Jahren, in denen sie sich durch das wilde, unbekannte Land bis zum Pazifik durchschlugen und dann wieder zurück, nur einer starb und nur einer abtrünnig wurde. Und wir werden schon krank, wenn die Milch zu spät kommt, und wir sterben fast an Herzversagen, wenn der Aufzug mal streikt. Was müssen diese Männer gedacht haben, als sich vor ihren Augen eine wirklich neue Welt auftat – oder kamen sie so langsam voran, daß sie den Unterschied gar nicht bemerkten? Ich kann nicht glauben, daß sie unbeeindruckt waren. Ihr Bericht an die Regierung ist zweifellos ein erregtes und erregendes Dokument. Sie waren nicht verwirrt. Sie wußten, was sie gefunden hatten.

Ich fuhr quer durch den erhobenen Daumen von Idaho und durch richtige Berge, die steil anstiegen, mit Kiefern bewachsen und tief verschneit. Mein Radio verstummte, und ich dachte schon, es sei kaputt, doch es lag nur daran, daß die hohen Hänge die Wellen nicht durchließen. Es begann zu schneien, aber mein Glück hielt an, denn es war nur ein leichtes, lustiges Schneegestöber. Die Luft war weicher als auf der anderen Seite der Großen Wasserscheide, und ich glaubte mich zu erinnern, gelesen zu haben, daß die warmen Winde vom Kuro Schio, dem »japanischen Golfstrom«, bis tief ins Binnenland eindringen. Das Unterholz war dicht und sehr grün, und überall hörte man Wasser rauschen. Die Straßen waren verlassen bis auf gelegentliche Jagdgesellschaften mit roten Hüten und gelben Jacken und manchmal einem toten Reh oder Elch auf der Kühlerhaube. An den Hängen klebten ein paar Berghütten, aber nicht viele.

Ich mußte oft anhalten, wegen Charley. Er hatte zunehmend Schwierigkeiten, seine Blase zu leeren, sprich zu pinkeln. Das bereitete ihm bisweilen Schmerzen und immer Verlegenheit. Man bedenke, ein Hund von so großem *élan*, von so untadeligen Manieren, von solchem *ton*, *enfin* von einer gewissen Majestät. Es tat nicht nur weh, es verletzte auch seine Gefühle. Ich hielt dann am Straßenrand, ließ ihn herumwandern und wandte ihm taktvoll den Rücken zu. Er brauchte sehr lange. Bei einem Menschen seines Alters und Geschlechts hätte ich gedacht, es sei eine Prostataentzündung. Charley war ein älterer Herr französischer Abkunft. Die beiden einzigen Unpäßlichkeiten, die der Franzose zugeben würde, sind Prostatitis und eine angegriffene Leber.

So kam es, während ich auf ihn wartete und vorgab, Pflanzen und kleine Wasserläufe zu inspizieren, daß ich versuchte, meine Reise als ein Ganzes und nicht als eine Abfolge von Einzelerlebnissen zu rekonstruieren. Was machte ich falsch? Lief alles so, wie ich es gewünscht hatte? Bevor ich losgefahren war, hatten mich viele Freunde beraten, belehrt, instruiert, dirigiert und mir das Gehirn gewaschen. Einer von ihnen ist ein sehr bekannter und hochgeschätzter politischer Reporter. Er hatte den Wahlkampf der Präsidentschaftskandidaten verfolgt, und als ich ihn traf, war er nicht sehr glücklich, denn er liebt sein Land und spürte, daß es eine Krankheit hat. Ich kann noch hinzufügen, daß er ein absolut aufrichtiger Mann ist.

Er sagte bitter: »Wenn du irgendwo unterwegs auf jemanden triffst, der Mumm hat, dann markier den Ort. Ich möchte hingehen und ihn kennenlernen. Ich habe nichts als Feigheit und Opportunismus gesehen. Wir waren einmal eine Nation von Giganten. Wo sind sie geblieben? Man kann eine Nation nicht mit Aufsichtsräten verteidigen. Dazu braucht es Männer. Wo sind die?«

»Irgendwo werden schon welche sein«, sagte ich.

»Na, dann versuch mal, ein paar aufzutreiben. Wir brauchen sie. Ich schwöre bei Gott, die einzigen in diesem Lande, die Mumm haben, scheinen die Schwarzen zu sein. Wohlgemerkt, ich will die Schwarzen nicht aus dem Heldengeschäft raushalten, aber zum Teufel, ich will auch nicht, daß sie den ganzen Markt aufkaufen. Verschaff mir zehn kräftige weiße Amerikaner, die sich nicht davor fürchten, eine Überzeugung zu haben, eine Idee oder eine Meinung auf einem unpopulären Gebiet, und ich habe den Grundstock für ein stehendes Heer.«

Seine offenkundige Sorge beeindruckte mich, und so hörte und sah ich mich unterwegs um. Und es stimmt, ich habe nicht viele Überzeugungen gehört. Ich habe nur zwei Richtige-Männer-Kämpfe gesehen, solche mit bloßen Fäusten und phantastischer Regelwidrigkeit, und bei beiden ging es um Frauen.

Charley kam zurück und entschuldigte sich, daß er noch etwas länger brauchte. Ich wünschte, ich hätte ihm helfen können, aber er wollte allein sein. Da fiel mir noch etwas ein, was mein Freund gesagt hatte.

»Früher hatte es doch mal so ein Ding oder Handelsgut gegeben, dem wir großen Wert beigemessen haben. Man nannte es *the People*, das Volk, die Leute. Finde raus, wo die hin sind. Ich meine nicht die glotzäugigen Zahnpasta-und-Haarfärbemittel-Leute oder die Neuer-Wagen-her-oder-du-bist-out-Leute oder die Erfolg-und-Herzinfarkt-Leute. Vielleicht ist es ja immer nur eine Fiktion gewesen, aber wenn es *the People* jemals gegeben hat, dann war's das, wovon die Unabhängigkeitserklärung und Mr. Lincoln gesprochen haben. Ein paar habe ich schon gekannt, wenn ich's mir recht überlege, aber nur wenige. Wär's nicht idiotisch, wenn die Verfassung von einem jungen Schnösel gesprochen hätte, dessen Leben sich nur um Posten, Profit und Pomade dreht?«

Ich erinnere mich, ihm geantwortet zu haben: »Vielleicht sind *the People* immer diejenigen, die in der vorletzten Generation gelebt haben.«

Charley war ziemlich steif. Ich mußte ihm auf den Beifahrersitz helfen. Wir fuhren weiter den Berg hinauf. Ein sehr leichter, trockener Schnee wirbelte wie weißer Staub auf der Straße, und ich dachte daran, daß es jetzt früher dunkel wurde. Kurz vor einer Paßhöhe hielt ich an einer Gruppe zusammengewürfelter Do-it-yourself-Hütten, um zu tanken. Es waren quadratische Kästen, jeder mit einer Veranda, einer Tür und nur einem Fenster, aber keiner Spur von Vorgärten oder Kieswegen. Der kleine Laden hinter den Tanksäulen, der zugleich Reparaturwerkstatt und Lunchroom war, gehörte zum Reizlosesten, was ich je gesehen hatte. Die blauen Gasthausschilder waren alt und signiert von den Fliegen zahlreicher Sommer. »Kuchen, wie Mutter sie backen würde, wenn Mutter backen könnte.« – »Wir schauen Ihnen nicht in den Mund, schauen Sie uns nicht in die

Küche,« – »Schecks werden nur angenommen, wenn mit Fingerabdrücken versehen.« Die alten Standardwitze. Hier würden die Speisen nicht zellophanverpackt sein.

Niemand kam zu den Zapfsäulen heraus, also ging ich hinein. Aus dem hinteren Raum, vermutlich der Küche, waren streitende Stimmen zu hören – eine tiefere und eine höhere, beide männlich, die heftig aufeinander einschrien. »Jemand zu Hause?« rief ich laut, und die Stimmen verstummten. Dann kam ein großer stämmiger Mann heraus, der noch ganz böse schaute.

»Sie wünschen?«

»Einmal volltanken bitte. Aber wenn Sie eine Hütte freihaben, bleib ich vielleicht über Nacht.«

»Suchen Sie sich eine aus. Is' niemand da.«

»Kann ich ein Bad nehmen?«

»Ich bring Ihnen 'nen Eimer heißes Wasser. Winterpreis zwei Dollar.«

»Gut. Kann ich was zu essen bekommen?«

»Gebackenen Schinken und Bohnen, Eiskrem.«

»Okay. Ich hab einen Hund dabei.«

»Is'n freies Land hier. Die Hütten sind alle offen, suchen Sie sich eine aus. Rufen Sie, wenn Sie was brauchen.«

Man hatte keine Mühe gescheut, die Hütten unbehaglich und häßlich zu machen. Das Bett war klumpig, die Wände schmutziggelb, die Vorhänge wie die Unterwäsche einer Schlampe. In dem dumpfen Raum roch es nach Mäusen und Feuchtigkeit, nach Schimmel und sehr altem Staub, aber die Laken waren sauber, und durch ein bißchen Lüften ließen sich die Erinnerungen an frühere Bewohner vertreiben. Eine nackte Glühbirne hing von der Decke, und geheizt wurde der Raum von einem Petroleumofen.

Es klopfte an die Tür, und ich öffnete einem jungen Mann um die zwanzig, der eine weite graue Flanellhose, zweifarbige Schuhe, ein getüpfeltes Halstuch und einen Blazer mit dem Abzeichen einer High School in Spokane trug. Sein glänzendes dunkles Haar war ein Meisterwerk der Frisierkunst, das Scheitelhaar nach einer imposanten Tolle glatt zurückgekämmt und kreuzweise überdacht von langen Seitensträhnen, die nur gerade die Ohren freiließen. Er war ein Schock für mich nach dem Finsterling an der Lunchtheke.

»Hier ist Ihr heißes Wasser«, sagte er, und seine Stimme war die des anderen Streithahns. Die Tür stand offen, und ich sah, wie sein Blick zu Rosinante wanderte und am Nummernschild hängenblieb.

»Sind Sie wirklich aus New York?«

»Yep.«

»Da möchte ich irgendwann hin.«

»Alle dort wollen hierherkommen.«

»Wozu? Hier ist doch nichts. Hier kann man nur verrotten.«

»Wenn's darum geht, verrotten kann man überall.«

»Ich meine, hier gibt's keine Chance voranzukommen.«

»Worin wollen Sie denn vorankommen?«

»Naja, wissen Sie, hier gibt's kein Theater und keine Musik, niemanden, mit dem man … sich unterhalten kann.

Man kriegt sogar nur schwer die neuesten Magazine, wenn man sie nicht abonniert hat.«

»Sie lesen also den *New Yorker*?«

»Woher wissen Sie das? Ich habe ihn abonniert.«

»Und das *Time Magazine*?«

»Natürlich.«

»Dann brauchen Sie nicht woandershin zu gehen.«

»Wie bitte?«

»Sie haben die Welt im Hause, die Welt der Mode, der Kunst, auch die Welt des Geistes, alles hier in ihrem eigenen Hinterhof. Hingehen würde Sie nur verwirren.«

»Man möchte die Dinge doch gern mit eigenen Augen sehen«, sagte er. Ich schwöre, daß er das sagte.

»Ist das Ihr Vater?«

»Ja, aber ich bin eher wie eine Waise. Er mag nur Angeln, Jagen und Trinken.«

»Und was mögen Sie?«

»Ich möchte in der Welt vorankommen. Ich bin zwanzig Jahre alt. Ich muß an meine Zukunft denken. Da schreit er schon wieder nach mir. Er kann nichts sagen, ohne zu schreien. Essen Sie mit uns?«

»Klar doch.«

Ich wusch mich gemächlich in dem verkrusteten Zinkeimer. Einen Moment lang erwog ich, New Yorker Kleidung herauszukramen und vor dem Jungen eine Show abzuziehen, aber dann ließ ich es und entschied mich für eine saubere Trainingshose und ein Strickhemd.

Das Gesicht des stämmigen Besitzers war rot wie eine reife Himbeere, als ich an die Lunchtheke trat. Er stieß mir das Kinn entgegen. »Als ob ich nicht schon genug Ärger hätte, müssen Sie auch noch aus New York sein.«

»Ist das so schlimm?«

»Für mich schon. Grad hab ich den Jungen ruhiggestellt, und da setzten Sie ihm wieder Flöhe ins Ohr.«

»Ich habe ihm nichts von New York vorgeschwärmt.«

»Nein, aber Sie kommen von dort, und jetzt ist er wieder ganz wild darauf. Aber zum Teufel, was soll's schon. Er ist sowieso zu nichts zu gebrauchen. Kommen Sie, Sie können genausogut hinten mit uns essen.«

Hinten war Küche, Speisekammer, Anrichte, Eßzimmer in einem, und das mit einer Armeedecke bezogene Feldbett machte den Raum auch zum Schlafzimmer. Ein großer gotischer Holzofen knackte und knisterte. Gegessen wurde an einem viereckigen Tisch mit einem weißen, von Messerspuren zerfurchten Wachstuch. Der aufgedonnerte Junge stellte Schüsseln mit brodelnden weißen Bohnen und Speck auf den Tisch.

»Könnten Sie mir vielleicht eine Leselampe herrichten?«

»Verdammt, ich stelle den Generator ab, wenn wir schlafen gehen. Aber ich kann Ihnen eine Petroleumlampe geben. Setzen Sie sich. Wir haben noch einen gebackenen Dosenschinken im Herd.«

Der übelgelaunte Junge teilte lustlos die Bohnen aus.

Der rotgesichtige Mann redete ohne Umschweife los: »Ich hatte gedacht, er macht die High School fertig, und das war's dann, aber von wegen, nicht er, nicht Robbie! Er hat einen Abendkurs genommen, aber stellen Sie sich vor: nicht in der Schule. Er hat dafür bezahlt! Keine Ahnung, woher er das Geld dafür hatte.«

»Klingt ziemlich ehrgeizig.«

»Ehrgeizig? Ha, von wegen! Sie wissen nicht, was für ein Kurs das war – ein Friseurkurs. Und nicht für Herrenfriseure, Rasieren und so, sondern für Damenfriseure! Jetzt verstehen Sie vielleicht, warum ich mir Sorgen mache.«

Robbie drehte sich vom Schinkenschneiden um. Das schlanke Messer starr in der Rechten haltend, forschte er in meinem Gesicht nach dem verächtlichen Blick, den er erwartete.

Ich bemühte mich, gleichzeitig ernst und nachdenklich und neutral zu blicken. Ich zupfte mir den Bart, was als ein Zeichen der Konzentration gilt. »Was immer ich jetzt auch sage, einer von euch beiden läßt den Hund auf mich los. Ihr habt mich in der Zange.«

Der Alte holte tief Luft und ließ sie langsam heraus. »Bei Gott, Sie haben recht«, sagte er, und dann gluckste er leise, und die Spannung löste sich.

Robbie brachte die Teller mit dem geschnittenen Schinken und lächelte mir zu, ich glaube dankbar.

»Jetzt, wo wir unsere Rückenhaare wieder unten haben«, sagte der Alte, »was halten Sie von dieser Damenfriseur-Idee?«

»Sie werden's vielleicht nicht mögen, was ich davon halte.«

»Wie soll ich das wissen, wenn Sie's mir nicht sagen?«

»Na gut, okay, aber ich will das hier erst aufessen, für den Fall, daß Sie mich dann verjagen.«

Ich vertilgte meine Bohnen und meinen halben Schinken, bevor ich ihm antwortete.

»Also gut«, sagte ich dann. »Sie haben da ein Thema berührt, über das ich schon lange nachgedacht habe. Ich kenne eine ganze Anzahl Frauen und Mädchen – jeden Alters, jeder Art und jeder Figur –, und nicht zwei von ihnen gleichen sich, außer in einem Punkt: beim Friseur. Ich bin der wohlüberlegten Meinung, daß der Friseur der einflußreichste Mann in jeder Gemeinde ist.«

»Das soll wohl ein Witz sein.«

»Keineswegs. Ich habe das lange studiert. Wenn Frauen zum Friseur gehen – und das tun sie alle, wenn sie es sich leisten können –, geschieht etwas mit ihnen. Sie fühlen sich auf einmal ganz sicher, sie entspannen sich. Sie müssen keine Fassade mehr aufrechterhalten. Der Friseur weiß, wie ihre Haut unter dem Make-up ist, er weiß, wie alt sie sind, wie oft sie sich haben liften lassen. Da dies so ist, erzählen Frauen ihrem Friseur Dinge, die sie nicht einmal wagen würden, einem Priester zu beichten, und sie sind offen für Themen, die sie versuchen würden, einem Arzt zu verhehlen.«

»Was Sie nicht sagen!«

»Doch, doch. Ich sage Ihnen, ich habe das lange studiert. Wenn Frauen ihr geheimes Leben in die Hände ihres Friseurs legen, gewinnt er eine Autorität, die nur wenige andere Männer erreichen. Ich habe gehört, wie Friseure zitiert worden sind, wenn es um Fragen der Kunst, der Literatur, der Politik, der Wirtschaft, der Kindererziehung und der Moral ging.«

»Ich glaube, sie wollen mich auf den Arm nehmen, aber Sie tun es mit Niveau.«

»Sehen Sie mich etwa grinsen? Ich sage Ihnen, ein cleverer, überlegter und ehrgeiziger Friseur übt eine Macht aus, die weit über das hinausgeht, was sich die meisten Männer vorstellen können.«

»*Jesus!* Hörst du das, Robbie? Hast du das alles gewußt?«

»Einiges schon. Jaja, in dem Kurs, den ich belegt habe, war eine ganze Abteilung über Psychologie.«

»Also das hätte ich nie gedacht«, sagte der Alte. »Was meinen Sie, wie wär's mit 'nem kleinen Drink?«

»Danke, heut abend nicht. Meinem Hund geht's nicht gut. Ich will morgen früh los und sehen, daß ich einen Veterinär finde.«

»Ich sag Ihnen was – Robbie wird Ihnen eine Leselampe bringen. Ich werde den Generator anlassen. Wollen Sie morgen ein Frühstück haben?«

»Ich glaube nicht. Ich werde früh aufbrechen.«

Als ich in meine Hütte kam, nachdem ich Charley bei seiner Quälerei zu helfen versucht hatte, war Robbie dabei, eine Notlampe am Eisengestell meines tristen Bettes anzubringen.

»Mister«, sagte er ruhig, »ich weiß nicht, ob Sie das alles glauben, was Sie da gesagt haben, aber Sie haben mir sicher sehr geholfen.«

»Wissen Sie, ich denke, das meiste davon ist schon wahr. Und wenn es das ist, steckt darin auch eine große Verantwortung, finden Sie nicht, Robbie?«

»Bestimmt«, sagte er feierlich.

Es war eine ruhelose Nacht für mich. Ich hatte eine Hütte gemietet, die nicht annähernd so bequem wie mein Schneckenhaus war, und kaum darin eingerichtet, hatte ich mich in eine Sache eingemischt, die mich nichts anging. Und obwohl ja die Leute nur selten etwas tun, was ihnen von anderen geraten worden ist, außer sie wollten es ohnehin tun, bestand doch eine gewisse Chance, daß ich in meinem Enthusiasmus für meine Friseurtheorie ein Ungeheuer gezeugt hatte.

Mitten in der Nacht weckte mich Charley mit einem entschuldigenden Winseln, und da er gewöhnlich nicht winselt, stand ich sofort auf. Es ging ihm schlecht, sein Unterleib war gebläht, seine Nase heiß und die Ohren auch. Ich ging mit ihm hinaus und blieb bei ihm, aber er konnte sich keine Erleichterung verschaffen.

Ich wünschte, ich verstünde etwas von Veterinärmedizin. Man fühlt sich so hilflos bei einem kranken Tier. Es kann nicht erklären, wie es sich fühlt, aber es kann auch nicht lügen, sich Symptome zurechtmachen oder sich den Freuden der Hypochondrie ergeben. Damit meine ich nicht, daß Tiere unfähig seien, etwas vorzutäuschen. Sogar Charley, der so ehrlich ist, wie man nur sein kann, ist bereit zu hinken, wenn seine Gefühle verletzt werden. Ich wünschte, jemand schriebe ein gutes, allgemeinverständliches Hausbuch über Hundemedizin. Ich würde es selber tun, wenn ich könnte.

Charley war wirklich krank, und er drohte noch kränker zu werden, wenn ich keine Möglichkeit fand, den zunehmenden Druck zu lindern. Ein Katheter würde helfen, aber wo sollte ich hier mitten in der Nacht in den Bergen einen hernehmen? Ich hatte einen Plastikschlauch zum Benzinansaugen, aber der Durchmesser war zu groß. Dann erinnerte ich mich, gehört zu haben, daß der Blasendruck eine Verkrampfung der Muskeln hervorruft, die wiederum den Druck verstärkt und so weiter, so daß als erstes die Muskeln entspannt werden müssen. Mein Arzneikasten war kein Arztkoffer, aber ich hatte eine Flasche mit Schlaftabletten – Seconal-Kapseln zu je anderthalb Gran. Aber wie stand es mit der Dosierung? Für solche Fragen wäre ein Hausbuch über Tiermedizin nützlich. Ich öffnete eine Kapsel, schüttete die Hälfte heraus und steckte sie wieder zusammen, schob sie in Charleys Maul bis hinter den Zungenbogen, so daß er sie nicht herausdrücken konnte, hielt seinen Kopf hoch und massierte sie ihm die Kehle hinunter. Dann legte ich ihn aufs Bett und deckte ihn zu. Nach einer Stunde ging es ihm noch immer nicht besser, also öffnete ich eine zweite Kapsel und gab ihm noch eine Hälfte. Ich glaube, anderthalb Gran sind für sein Gewicht eine ziemlich starke Dosis, aber Charley muß eine hohe Widerstandskraft haben. Es dauerte noch eine Dreiviertelstunde, bis sein Atem langsamer ging und er einschlief. Auch ich mußte eingenickt sein. Als nächstes hörte ich ihn auf den Boden fallen. In seinem geschwächten Zustand waren ihm die Beine eingeknickt. Er stand auf, knickte wieder ein und stand wieder auf. Ich öffnete die Tür und ließ ihn hinaus. Nun, die Methode wirkte endlich, aber es war mir unbegreiflich, wie ein einziger mittelgroßer Hundeleib soviel Flüssigkeit hatte in sich haben können. Schließlich taumelte er herein, ließ sich auf den Teppich fallen und schlief sofort ein. Er lag so regungslos da, daß ich mir Sorgen wegen der Dosierung machte. Aber seine Temperatur war gesunken, sein Atem ging normal, und sein Herzschlag war kräftig und regelmäßig. Ich schlief unruhig, und als es dämmerte, sah ich, daß er sich nicht gerührt hatte. Ich weckte ihn, und er zeigte sich erfreut, als er mich erkannte. Er lächelte, gähnte und schlief wieder ein.

Ich trug ihn in die Kabine und fuhr wie der Teufel nach Spokane. Nichts von der Landschaft, durch die wir kamen, ist mir in Erinnerung. Am Stadtrand suchte ich im Telefonbuch einen Tierarzt, fragte mich durch und präsentierte ihm Charley unverzüglich als einen Notfall. Ich werde den Namen jenes Arztes nicht nennen, aber dieser Mann ist ein Grund mehr für ein gutes Hausbuch über Hundemedizin. Er sah wenn nicht altersgrau, so doch ziemlich verschwiemelt aus, aber wer bin ich, daß ich sagen dürfte, er hatte einen Kater? Er hob mit zitternder Hand Charleys Lippe hoch, lüpfte dann ein Augenlid und ließ es wieder fallen.

»Was hat er denn?« fragte er ohne jedes Interesse.

»Um das rauszufinden bin ich ja hier.«

»Wirkt irgendwie benebelt. Alter Hund. Vielleicht hatte er einen Schlaganfall.«

»Er hatte eine verstopfte Blase. Wenn er benebelt ist, dann weil ich ihm anderthalb Gran Seconal gegeben habe.«

»Wozu das denn?«

»Um ihn zu entspannen.«

»Nun, jetzt ist er entspannt.«

»War die Dosierung zu hoch?«

»Weiß ich nicht.«

»Wieviel würden Sie ihm denn geben?«

»Ich würde ihm gar nichts geben.«

»Also nochmal von vorn. Was hat er?«

»Wahrscheinlich eine Erkältung.«

»Könnten daher die Blasenbeschwerden kommen?«

»Wenn er eine Erkältung hat – ja, Sir.«

»Doktor, hören Sie – ich bin unterwegs. Ich hätte gern eine etwas genauere Diagnose.«

Er schnaubte verächtlich. »Hören Sie. Er ist ein alter Hund. Alten Hunden tut dies und das weh. So ist das nun mal.«

Ich war wohl noch etwas bissig wegen der Nacht. »So ist das auch bei alten Menschen«, sagte ich. »Aber das ist kein Grund, nichts dagegen zu tun.« Und ich glaube, zum ersten Mal drang ich bis zu ihm durch.

»Ich gebe Ihnen was, das seine Nieren ausspült«, sagte er. »Es ist bloß eine Erkältung.«

Ich nahm die Pillen, bezahlte die Rechnung und machte, daß ich hinauskam. Es war nicht so, daß dieser Tierarzt keine Tiere mochte. Ich glaube, er mochte sich selber nicht, und wem das passiert, der muß gewöhnlich außerhalb seiner selbst etwas finden, worauf er seine Verachtung schieben kann. Sonst müßte er zugeben, daß er sich selbst verachtet.

Auf der anderen Seite stehe ich niemandem nach in meiner Abneigung gegen jene selbststilisierten Hundeliebhaber, die ihre gesammelten Frustrationen dem Hund aufbürden. Solche Hundeliebhaber reden in Babysprache mit erwachsenen und gedankenvollen Tieren und schreiben ihnen ihre eigenen schlechten Eigenschaften zu, bis der Hund in ihrer Vorstellung ihr zweites Ich wird. Solche Leute sind fähig, so scheint mir, durch das, was sie für Freundlichkeit halten, einem Tier lange und schwere Qualen zu bereiten, indem sie ihm alle seine natürlichen Wünsche und Befriedigungen verweigern, bis ein Hund von schwachem Charakter zusammenbricht und ein fettes, asthmatisches, behaartes Nervenbündel wird. Wenn ein Fremder Charley in Babysprache anspricht, meidet ihn Charley. Denn Charley ist kein Mensch, er ist ein Hund, und er fühlt sich wohl als solcher. Er spürt, daß er ein erstklassiger Hund ist, und er hat keinerlei Verlangen danach, ein zweitklassiger Mensch zu sein. Als der alkoholisierte Tierarzt ihn mit seiner zitternden Hand berührte, sah ich die Verachtung in Charleys Augen. Ich bin sicher, er wußte über den Mann Bescheid, und vielleicht wußte der Doktor, daß er es wußte. Und vielleicht war das sein Kummer. Es muß sehr schmerzlich für einen Arzt sein, wenn er weiß, daß seine Patienten kein Vertrauen zu ihm haben.

Nach Spokane war die Gefahr des Eingeschneitwerdens vorbei, denn die Luft war vom starken Atem des Pazifik völlig verwandelt. Die tatsächliche Zeit, die ich für die Strecke von Chicago bis hierher gebraucht hatte, war vergleichsweise kurz gewesen, aber die überwältigende Größe und Vielfalt des Landes, die vielen Erlebnisse und Begegnungen unterwegs hatten sie über die Maßen in die Länge gezogen. Es ist ja nicht wahr, daß einem eine ereignislose Zeit in der Vergangenheit als schnell in Erinnerung ist. Im Gegenteil, es bedarf der Zeit-Meilensteine von Ereignissen, um einer Erinnerung Tiefenschärfe zu geben. Ereignislosigkeit vernichtet die Zeit.

Der Pazifik ist mein Heimat-Ozean; er war der erste, den ich kennenlernte, ich bin an seiner Küste aufgewachsen und habe Meerestiere am Strand gesammelt. Ich kenne seine Stimmungen, seine Farbe, seine Natur. Schon von sehr weitem, noch tief im Inland, konnte ich ihn zum ersten Mal wieder riechen. Wenn einer lange auf See gewesen ist, grüßt ihn der Geruch des Landes schon sehr weit draußen. Dasselbe gilt, wenn man lange im Binnenland war. Ich glaube, ich roch die Klippen und den Tang und das Schäumen der Wellen, die Schärfe des Jods und den darunterliegenden Geruch von ausgewaschenen und zerbrochenen Kalkmuscheln. Ein solcher weit entfernter und erinnerter Geruch kommt fast unmerklich, so daß man ihn zuerst gar nicht bewußt wahrnimmt, sondern nur etwas wie eine Elektrisierung verspürt – eine Art wilde, ungestüme Freude. Ich stürmte über die Straßen Washingtons, dem Meer entgegen mit derselben Hingabe wie ein wandernder Lemming.

Ich erinnerte mich sehr gut an den üppigen und lieblichen Osten von Washington und an den prächtigen Columbia River, der schon Lewis und Clark so beeindruckt hatte. Und obwohl es nun Dämme und Hochspannungsleitungen gab, die ich noch nicht kannte, war die Landschaft nicht sehr verschieden von der, die ich in Erinnerung hatte. Erst als ich mich Seattle näherte, wurde die unglaubliche Veränderung sichtbar.

Natürlich hatte ich über die Bevölkerungsexplosion an der Westküste gelesen, aber unter Westküste verstehen die meisten Kalifornien. In Scharen herbeiströmende Menschen, Städte, die ihre Einwohnerzahl verdoppeln und verdreifachen, während die Hüter des Fiskus stöhnen über die wachsende Last der Infrastrukturausgaben und die Notwendigkeit, für eine Flut neuer Bedürftiger zu sorgen – hier in Washington sah ich das zum ersten Mal. Seattle hatte ich in Erinnerung als eine Stadt auf Hügeln über einer unvergleichlichen Hafenanlage, eine kleine Stadt mit viel Platz und Bäumen und Gärten und dazu passenden Häusern. So ist es nicht mehr. Die Kuppen der Hügel sind abrasiert worden, um ebene Gehege für die Kaninchen der Gegenwart anzulegen. Die achtspurigen Super-Highways schneiden wie Gletscher durch das unbehagliche Land. Dieses Seattle stand in keiner Beziehung zu dem, das ich in Erinnerung hatte. Der Verkehr tobte mit mörderischer Dichte. In den Außenbezirken dieses Ortes, den ich einst gut gekannt hatte, fand ich mich nicht mehr zurecht. Wo früher Landstraßen zwischen Beerensträuchern gewesen waren, erstreckten sich jetzt hohe Drahtzäune vor meilenlangen Fabriken, und der gelbe Rauch des Fortschritts hing über allem, ungeachtet der Anstrengungen des Seewinds, ihn zu vertreiben.

Dies klingt, als trauerte ich einer vergangenen Zeit nach, was die Hauptbeschäftigung der Alten ist, oder als betriebe ich eine Opposition gegen den Wandel, was das Bestreben der Reichen und der Dummen ist. Beides tue ich nicht. Dieses Seattle war nicht etwas mir Altbekanntes, das sich verändert hatte. Es war etwas Neues. Wenn man mich dort abgesetzt hätte, ohne mir zu sagen, daß es Seattle war, hätte ich nicht gewußt, wo ich bin. Überall hektisches Wachstum, krebsartig wucherndes Wachstum. Bulldozer rollten die grünen Wälder auf und kehrten den Abfall zum Verbrennen zusammen. Die zersplitterten weißen Schalbretter wurden neben grauen Betonwänden aufgestapelt. Ich frage mich, warum Fortschritt immer so sehr wie Zerstörung aussieht.

Am nächsten Tag ging ich in den alten Teil von Seattle, wo die Fische und Krabben und Garnelen schön auf weißen Betten aus gehacktem Eis lagen und die gewaschenen und glänzenden Gemüse zu Stilleben arrangiert waren. Ich trank Muschelsaft und aß die scharfen Krabbencocktails an den Verkaufsständen am Wasser. Dieser Teil war nicht sehr verändert – nur ein bißchen verwahrloster und schmutziger als vor zwanzig Jahren. Hier eine Allgemeingültigkeit über das Wachstum amerikanischer Städte, die offenbar für alle zutrifft, die ich kenne: Wenn eine Stadt zu wachsen und sich an den Rändern auszubreiten beginnt, wird das Zentrum, das einst ihr Glanzstück war, dem Zahn der Zeit überlassen. Die Gebäude werden dunkel, und eine Art Verfall setzt ein; sinkende Mieten ziehen ärmere Leute an, und kleine randständige Geschäfte treten an die Stelle der einst blühenden Etablissements. Das Viertel ist noch zu gut erhalten, um abgerissen zu werden, aber zu altmodisch, um begehrenswert zu sein. Außerdem ist alle Energie in die neuen Viertel geströmt, in die halb ländlichen Supermärkte, die Autokinos, die neuen Häuser mit weitläufigen Rasen und die stuckverzierten Schulen, wo die Kinder in ihrem Analphabetismus bestärkt werden. Der alte Hafen mit schmalen Gassen, Kopfsteinpflaster und rauchgeschwärzten Häusern geht einer Zeit der Vereinsamung entgegen, nachts bewohnt von menschlichen Wracks, von Lotusessern, die sich tagsüber mit billigem Fusel der Bewußtlosigkeit entgegenkämpfen. Fast jede Stadt, die ich kenne, hat solch eine sterbende Mutter der Gewalt und der Verzweiflung, in der nachts das Licht der Straßenlampen aufgesogen wird und Polizisten paarweise patrouillieren. Und dann kommt vielleicht plötzlich das städtische Leben wieder und brennt das Geschwür aus und setzt ihm ein Denkmal.

Die Ruhe während meines Aufenthaltes in Seattle hatte Charleys Befinden verbessert. Ich fragte mich, ob womöglich, in Anbetracht seines fortgeschrittenen Alters, das ständige Rütteln und Schütteln beim Fahren die Ursache seines Leidens gewesen war.

Auf der Fahrt die wunderschöne Küste hinunter änderte sich meine Reisemethode ganz von selbst. Jeden Abend fand ich ein angenehmes Inn oder Motel zum Übernachten, schöne neue Anlagen, die in den letzten Jahren überall gebaut worden sind. Dabei lernte ich auch eine neue Tendenz des Westens kennen, die zu akzeptieren ich wohl schon zu alt bin: das Prinzip des Do-it-yourself. Beim Frühstück hat man einen Toaster auf dem Tisch. Man macht sich seinen Toast selbst. War ich in einer dieser Prachtstätten des Komforts und der Behaglichkeit abgestiegen, eingeschrieben und in mein komfortables Zimmer gebracht worden, nach Vorauszahlung natürlich, so war dies das Ende jeden Kontakts mit dem Management und dem Personal. Es gab weder Kellner noch Boys. Die Zimmermädchen huschten unsichtbar ein und aus. Wollte ich Eis haben, holte ich es mir aus einem Automaten beim Empfangsbüro, desgleichen die Zeitung. Alles war praktisch, zentral gelegen und einsam. Ich lebte im größten Luxus. Andere Gäste kamen und gingen schweigend. Grüßte ich sie mit einem »Good evening«, guckten sie etwas verwirrt und sagten: »Good evening.« Mir war, als suchten sie nach einem Schlitz an mir, wo sie eine Münze einwerfen konnten.

An einem regnerischen Sonntag irgendwo in Oregon beanspruchte die wackere Rosinante meine Aufmerksamkeit. Ich habe von meinem getreuen Vehikel bisher nur beiläufig in allgemeinen Lobesworten gesprochen. Ist das nicht immer so? Wir schätzen Tugend, aber wir reden nicht viel über sie. Dem ehrlichen Buchhalter, der treuen Ehefrau, dem ernsten Gelehrten widmen wir sehr viel weniger Aufmerksamkeit als dem Betrüger, dem Flittchen, dem Scharlatan. Wenn Rosinante in diesem Bericht vernachlässigt worden ist, dann nur, weil sie perfekt funktionierte. Die Vernachlässigung erstreckte sich freilich nicht auf die Mechanik. Ich hatte stets pünktlich die Ölwechsel und das Abschmieren vornehmen lassen. Ich hasse es, wenn ein Motor vernachlässigt oder mißhandelt oder überbeansprucht wird.

Rosinante reagierte auf meine Freundlichkeit, wie sie sollte, mit schnurrendem Motor und perfekter Pflichterfüllung. Nur in einem Punkt war ich gedankenlos oder vielleicht übereifrig. Ich hatte zuviel von allem mitgenommen – zu viele Lebensmittel, zu viele Bücher, genügend Werkzeug, um ein U-Boot zusammenzubauen. Wenn ich frisches klares Wasser fand, füllte ich den dafür vorgesehenen Tank, und dreißig Gallonen Wasser wiegen dreihundert Pfund. Eine Reserveflasche Butangas für alle Fälle wiegt fünfundsiebzig Pfund. Die Federn bogen sich tief, aber es sah nicht aus, als wollten sie brechen, und auf schlechten Straßen fuhr ich langsam und lenkte vorsichtig um die Schlaglöcher herum, und weil Rosinante immer so gutmütig war, behandelte ich sie wie den ehrlichen Buchhalter und die treue Ehefrau: Ich ignorierte sie. Und an einem regnerischen Sonntag in Oregon, als wir durch eine endlose schlammige Pfütze fuhren, platzte der rechte Hinterreifen mit einem dumpfen Knall. Ich *kannte und hatte* gemeine, niederträchtige Wagen, die mir solch einen Streich aus reiner Bosheit gespielt hätten, nicht aber Rosinante.

Das mußte ja einmal kommen, dachte ich; so geht's nun mal zu in der Welt. Ja, aber hier stand die Welt zwanzig Zentimeter tief unter schlammigem Wasser, und der Reservereifen, der sich unter der Kabine befand, war in den Schlamm getaucht. Das Werkzeug zum Reifenwechseln war im Boden unter dem Tisch verstaut, so daß ich meine ganze Ladung auspacken mußte. Der noch nie benutzte, fabrikneu glänzende Wagenheber war steif und widerspenstig und nicht für Rosinantes Überhang geschaffen. Ich legte mich auf den Bauch und kroch, nein, tauchte unter den Wagen, die Nasenlöcher knapp über der Wasserfläche. Der Griff des Wagenhebers war glitschig vom öligen Schlamm. Schmierige Klumpen bildeten sich in meinem Bart. Ich lag auf dem Rücken, schnaufend wie eine verwundete Ente, und fluchte leise, während ich den Wagenheber unter eine Achse bugsierte, die ich durch Tasten finden mußte, da sie unter Wasser war. Dann, mit übermenschlichem Grunzen und Gurgeln, indes meine Augen aus den Höhlen traten, hob ich das Riesengewicht. Ich glaubte zu spüren, wie meine Muskeln rissen und sich von ihren Knochen ablösten. Tatsächlich verging nicht mehr als eine Stunde, bis ich den Reservereifen montiert hatte. Ich war unkenntlich unter vielen Lagen von gelbem Schlamm. Meine Hände waren zerschunden und blutig. Ich rollte den geplatzten Reifen auf eine erhöhte Stelle und inspizierte ihn. Die ganze Seite war aufgerissen. Dann sah ich mir den linken Hinterreifen an und entdeckte zu meinem Entsetzen eine große Gummiblase an seiner Seite und etwas weiter noch eine zweite. Es war offensichtlich, daß der andere Reifen jeden Augenblick platzen konnte, und es war Sonntag, und es regnete, und es war Oregon. Wenn der andere Reifen platzte, dann saßen wir da, auf einer einsamen nassen Straße, und es blieb uns nichts anderes übrig, als in Tränen auszubrechen und auf den Tod zu warten. Und vielleicht würden uns ein paar freundliche Vögel mit Blättern zudecken. Ich schälte mir Dreck und Kleider gemeinsam vom Leib und schlüpfte in saubere Unterwäsche, die dabei dreckig wurde.

Kein Wagen ist je so ehrfurchtsvoll-zuvorkommend behandelt worden wie Rosinante, als wir langsam weiterfuhren. Jede Unregelmäßigkeit in und auf der Straße versetzte mir einen Stich. Wir krochen mit weniger als fünf Meilen pro Stunde dahin. Und jenes alte Gesetz trat in Kraft, das da lautet: Wenn man Städte braucht, liegen sie weit auseinander. Ich brauchte mehr als eine Stadt. Ich brauchte zwei neue Hinterreifen, die für Schwerlasten ausgelegt waren. Die Konstrukteure meines Wagens hatten nicht vorausgesehen, welche Ladung ich mitnehmen würde.

Nach vierzig Jahren in der qualvollen nassen Wüste, von keiner Wolke bei Tag geleitet und keiner Feuersäule bei Nacht, kamen wir zu einer nassen, kleinen, verschlafenen Stadt, deren Name mir entfallen ist, weil ich ihn nie erfahren habe. Alles war geschlossen – bis auf eine kleine Tankstelle. Der Besitzer war ein Riese mit einem Narbengesicht und einem böse blickenden weißen Auge. Wenn er ein Pferd gewesen wäre, hätte ich ihn nicht gekauft. Er war ein sehr wortkarger Mann. »Da sind Sie dumm dran«, sagte er.

»Wem sagen Sie das. Haben Sie keine Reifen?«

»Nicht Ihre Größe. Muß ich mir aus Portland kommen lassen. Könnte morgen anrufen und sie vielleicht Dienstag holen.«

»Gibt's kein Reifengeschäft in der Stadt, wo man sie kriegen kann?«

»Zwei. Beide geschlossen. Glaube auch nicht, daß sie diese Größe dahaben. Und Sie bräuchten größere Reifen.« Er kratzte sich den Bart, besah sich ausgiebig die Blasen am linken Hinterrad und stach mit dem Zeigefinger hinein. Schließlich ging er in sein kleines Büro, schob einen Wirrwarr von Bremsseilen, Keilriemen und Katalogen beiseite und zog ein Telefon darunter hervor. Und wenn je mein Glaube an die essentielle Heiligkeit der Menschen Risse bekommen sollte, werde ich an diesen böse aussehenden Mann denken.

Nach drei Anrufen fand er einen Händler, der einen Reifen von der gewünschten Art und Größe hatte, aber dieser Mann war mit einer Hochzeitsgesellschaft zugange und konnte sich nicht losreißen. Nach drei weiteren Anrufen hörte er ein Gerücht über einen anderen Reifen, aber der war acht Meilen entfernt. Es hörte nicht auf zu regnen. Das Ganze dauerte endlos, denn zwischen zwei Anrufen wartete jeweils draußen eine Reihe von Wagen auf Benzin und Öl, und alles hatte mit würdevoller Langsamkeit zu geschehen.

Schließlich wurde ein Schwager geweckt. Er hatte eine Farm etwas weiter oben an der Straße. Er wollte nicht in den Regen hinaus, aber mein böser Heiliger übte einen gewissen Druck auf ihn aus. Dieser Schwager fuhr zu den beiden weit voneinander entfernten Orten, wo die beiden Reifen sein sollten, fand sie und brachte sie zu mir. In etwas weniger als vier Stunden war ich wohlausgerüstet mit großen schweren Reifen einer Sorte, die ich von Anfang an hätte haben sollen. Ich hätte in den Schlamm niederknien und dem Mann die Hände küssen können, aber ich tat es nicht. Statt dessen gab ich ihm ein fürstliches Trinkgeld, worauf er sagte: »Das wäre nicht nötig gewesen. Denken Sie nur an eins«, sagte er, »die neuen Reifen sind größer und verändern die Tachoanzeige. Sie fahren schneller, als die Nadel anzeigt, und wenn Sie 'nem fiesen Cop begegnen, könnte er Sie rauspicken.«

Ich war so voll ergebener Dankbarkeit, daß ich kaum sprechen konnte. Das geschah an einem Sonntag in Oregon im strömenden Regen, und ich hoffe, dieser böse aussehende Tankstellenbesitzer lebt tausend Jahre und bevölkert die Erde mit seinen Nachkommen.

Es steht außer Frage, daß Charley sich rasch zu einem Baumexperten mit enormem Hintergrundwissen entwickelte. Er hätte vermutlich einen Job als Berater bei der Davies-Company bekommen. Doch ich hatte ihm von Anfang an jede Information über die riesigen Mammut- oder Redwoodbäume vorenthalten. Mir schien, daß ein Long-Island-Pudel, der seine Reverenz spontan einer *Sequoia sempervirens* oder einer *Sequoia gigantea* erwiesen hat, sich hoch über andere Hunde erheben müßte, ja vielleicht so etwas wie Sir Galahad oder Parzival wäre, der den Gral gesehen hat. Der Gedanke ist berückend. Nach dieser Erfahrung könnte er mystisch auf eine andere Stufe der Existenz entrückt, in eine andere Dimension enthoben sein, so wie die Redwoods außerhalb der Zeit und unseres normalen Denkens zu stehen scheinen. Die Erfahrung könnte ihn sogar ausrasten lassen, auch daran hatte ich gedacht. Andererseits könnte sie ihn auch zu einem vollendeten Langweiler machen. Ein Hund mit einer solchen Erfahrung könnte im wahrsten Sinne des Wortes ein Paria werden.

Hat man die Redwoods einmal gesehen, hinterlassen sie einen Eindruck oder erzeugen eine Vision, die man nie wieder los wird. Niemand hat einen Mammutbaum jemals überzeugend gemalt oder fotografiert. Das Gefühl, das sie hervorrufen, ist nicht übertragbar. Sie gebieten Stille und heilige Scheu. Es ist nicht nur ihre unglaubliche Statur, auch nicht ihre Farbe, die zu schillern und sich vor unseren Augen zu verändern scheint, nein, sie gleichen keinem anderen Baum, den wir kennen, sie sind Botschafter aus einer anderen Zeit. Sie teilen das Mysterium der Farne, die vor einer Million Jahren in der Kohle des Karbonzeitalters verschwanden. Sie haben ihr eigenes Licht und ihren eigenen Schatten. Der eitelste, oberflächlichste und respektloseste Mensch fällt in Gegenwart von Redwoods unter einen Bann des Staunens und der Ehrfurcht. Ehrfurcht – das ist das Wort. Man hat das Bedürfnis, sich vor diesen unbestrittenen Souveränen zu verbeugen. Ich habe diese großen Wesen seit meiner frühesten Kindheit gekannt, habe unter ihnen gelebt, an ihren warmen Riesenleibern kampiert und geschlafen, und keine noch so nahe Berührung hat jemals meine Ehrfurcht gemindert. Und nicht nur mir geht es so.

Vor einer Anzahl von Jahren zog ein Neuankömmling, ein Fremder in meine Gegend bei Monterey. Seine Sinne müssen von Geldgier benebelt und abgetötet gewesen sein. Er kaufte einen Redwoodhain in einem tiefen Tal nahe der Küste, fällte die Bäume mit dem Recht des Besitzers, verkaufte das Holz und ließ die Reste seines Gemetzels am Boden liegen. Entsetzen und ohnmächtiger Zorn erfüllten die Stadt. Das war nicht nur Mord, das war ein Sakrileg. Wir blickten mit Abscheu auf den Mann, und er blieb bis an sein Lebensende gezeichnet.

Natürlich sind viele der alten Haine gerodet worden, aber viele dieser erhabenen Monumente sind auch noch da und werden bleiben, und zwar aus einem guten und interessanten Grund. Staaten und Regierungen konnten diese heiligen Bäume nicht kaufen und beschützen. Da dies so war, haben Vereine, Organisationen, sogar Individuen sie gekauft und der Zukunft geweiht. Ich kenne keinen vergleichbaren Fall. So groß ist der Einfluß, den Sequoias auf den menschlichen Geist haben. Aber welchen mochten sie auf Charley haben?

Als wir uns dem Redwoodland im südlichen Oregon näherten, sperrte ich ihn in den rückwärtigen Teil von Rosinante, aus dem er nicht gut hinausblicken konnte. Ich fuhr durch mehrere Haine, die mir noch nicht ganz die richtigen schienen, und dann, auf einer ebenen Wiese bei einem Bach, sah ich den Großvater stehen – allein, hundert Meter hoch und mit dem Umfang eines kleinen Mehrfamilienhauses. Die Zweige mit ihren flachen hellgrünen Nadeln begannen erst in etwa fünfzig Meter Höhe. Darunter war die gerade, leicht konische Säule mit ihrer von Rot über Violett nach Blau changierenden Rinde. Die Krone war mächtig und von Blitzen einstiger Gewitterstürme gespalten. Ich bog von der Straße ab und hielt etwa fünfzehn Meter vor dem gottähnlichen Wesen, so nahe, daß ich den Kopf in den Nacken legen und senkrecht nach oben blicken mußte, um die Zweige zu sehen. Das war der Moment, auf den ich gewartet hatte. Ich machte die Hintertür auf, ließ Charley hinaus und beobachtete ihn gespannt, könnte dies doch eines Hundes Traum vom siebenten Himmel sein.

Charley schnüffelte und schüttelte sich. Er schlenderte zu einem Strauch, begrüßte ein Bäumchen, ging zum Bach, trank ein paar Schlucke und sah sich nach etwas Neuem um.

»Charley«, rief ich, »schau doch mal!« und zeigte auf den Großvater. Er wedelte mit dem Schwanz und trank noch etwas. »Natürlich«, sagte ich mir, »er hebt den Kopf nicht hoch genug, um die Zweige zu sehen und zu erkennen, daß es ein Baum ist.« Ich ging zu ihm und hob seine Schnauze senkrecht hoch. »Schau doch mal, Charley, das ist der Baum aller Bäume, die Erfüllung aller Wünsche, das Ende der Suche!«

Charley bekam einen Niesanfall, wie jeder Hund, dem man die Nase zu hoch hält. Ich verspürte den Ärger und Haß, den man gegenüber Ignoranten empfindet, die einem durch Dumpfheit einen lange gehegten Plan zerstören. Ich zerrte ihn zu dem Stamm und rieb seine Nase daran. Er sah mich kühl an, verzieh mir und schlenderte zu einem Haselnußbusch.

»Wenn ich glauben müßte, er täte das aus Boshaftigkeit oder um sich einen Jux zu machen«, sagte ich mir, »würde ich ihn auf der Stelle umbringen. Ich kann nicht mit der Ungewißheit leben, ich muß das herausfinden!« Ich klappte mein Taschenmesser auf, ging zum Ufer, schnitt mir von einem Weidenbaum einen gut belaubten Y-förmigen Ast, stutzte die oberen Enden, spitzte das untere zu, ging dann zu dem ehrwürdigen Großvater der Titanen zurück und steckte die kleine Weide so in die Erde, daß ihr Grün sich an die rissige Redwoodborke lehnte. Dann pfiff ich nach Charley, und er reagierte liebenswürdig genug. Ich sah betont nicht zu ihm hin. Er streunte ziellos umher, bis er mit einem Ausdruck der Überraschung die Weide erblickte. Er schnüffelte vorsichtig an den frischgeschnittenen Blättern, drehte sich da- und dorthin, um in die richtige Schußposition zu gelangen, und feuerte.

Ich blieb zwei Tage bei den Leibern der Giganten; es waren keine Touristen da, keine schnatternden Trupps mit Kameras. Hier herrscht eine Stille wie in einer Kathedrale. Vielleicht werden die Geräusche von der dicken weichen Rinde verschluckt. Die Bäume steigen senkrecht zum Zenit auf; es gibt keinen Horizont. Am Morgen setzt die Dämmerung früh ein und bleibt Dämmerung, bis die Sonne hoch steht. Dann filtert das farnkrautartige grüne Laub hoch oben das Sonnenlicht zu einem Grüngold und verteilt es in Strahlen oder eher in Streifen von Licht und Schatten. Sobald die Sonne den Zenit überschritten hat, ist es Nachmittag und bald danach Abend, mit einer wispernden Dämmerung, die sich ebenso lange hinzieht wie die am Morgen.

Dadurch werden die Zeit und die normalen Tageseinteilungen verändert. Morgen- und Abenddämmerung sind für mich stille Zeiten, und hier in den Redwoods ist es fast den ganzen Tag über still. Vögel huschen durchs Dämmerlicht oder zucken wie Blitze durch die Sonnenstreifen, geben aber wenig Laute von sich. Der Boden unter den Füßen ist ein Nadelteppich, der sich seit über zweitausend Jahren ablagert. Kein Schritt ist auf dieser dicken Decke zu hören. Ich fühle mich hier immer an ein Kloster erinnert. Man vermeidet zu sprechen aus Furcht, man könnte etwas zerstören – aber was? Seit frühester Kindheit hatte ich immer das Gefühl, daß in diesen Hainen etwas vorgeht, etwas, woran ich selbst keinen Anteil habe. Und wenn ich dieses Gefühl vergaß, kam es immer bald wieder.

Nachts ist die Dunkelheit pechschwarz – nur hoch oben ein bißchen Grau und gelegentlich ein Stern. Aber in der Pechschwärze hört man es atmen, denn diese riesigen Wesen, die den Tag beherrschen und die Nacht bewohnen, sind lebende Wesen und haben Präsenz und vielleicht Gefühle und irgendwo tief innen auch eine Wahrnehmung, vielleicht eine Kommunikation.

Ich habe mein Leben lang Umgang mit diesen Wesen gehabt (merkwürdig, daß die Bezeichnung »Bäume« nicht so recht passen will). Ich kann sie akzeptieren – sie, ihre Macht und ihr Alter –, denn ich bin früh mit ihnen konfrontiert worden. Menschen, denen diese Erfahrung abgeht, fühlen sich unter ihnen leicht unbehaglich, bedroht, eingeschlossen und überwältigt. Es ist nicht nur die Größe dieser Mammutbäume, die ihnen Angst macht, sondern ihre Fremdheit. Und ist das ein Wunder? Sie sind die letzten Überlebenden einer Rasse, die auf vier Kontinenten zu einer Zeit gedieh, die immerhin erdgeschichtlich bis ins obere Jura zurückreicht. Man hat Versteinerungen dieser Riesen gefunden, die aus der Kreidezeit stammen, während sie im Eozän und Miozän über ganz Europa und Nordamerika verbreitet waren. Dann kamen die Gletscher und begruben sie unter sich, und nur diese wenigen hier sind übriggeblieben – als staunenerregende Erinnerung an das, was die Welt vor langer Zeit einmal war. Kann es sein, daß wir nicht gerne daran erinnert werden, wie jung und unerfahren wir in einer Welt sind, die schon alt war, als wir einst in ihr erschienen? Und gibt es vielleicht einen starken Widerstand gegen die Gewißheit, daß eine lebendige Welt noch würdevoll und erhaben fortbestehen wird, wenn wir sie einmal nicht mehr bewohnen?

Es fällt mir schwer, über das Land meiner Herkunft, das nördliche Kalifornien, zu schreiben. Dabei sollte es das Allerleichteste sein, denn ich kenne diesen Landstrich am Pazifik besser als jede andere Gegend der Welt. Aber ich stelle fest, daß es keine Einheit ist, sondern eine Vielheit von Dingen – alle übereinandergeschoben, bis das Ganze verschwimmt. Was es ist, wird verhüllt von der Erinnerung an das, was es war, und das wiederum von der an das, was mit mir dort geschah, und alles ist so miteinander vermengt, daß Objektivität nahezu unmöglich wird. Diese vierspurige Betonstraße, die von rasenden Wagen gepeitscht wird, kannte ich als eine schmale gewundene Bergstraße, auf der Holzfällertrupps mit ihren Maultierkarren dahinzockelten. Sie kündigten ihre Ankunft mit dem freundlich-schrillen Gebimmel der Kummetglocken an. Dies war eine winzigkleine Stadt, ein Kramladen unter einem Baum, eine Hufschmiede und eine Bank davor, auf die man sich setzen und dem Klingklang des Hammers auf dem Amboß zuhören konnte. Jetzt breiten sich kleine Häuser in alle Richtungen aus, jedes wie das daneben, besonders seit sie versuchen, sich voneinander zu unterscheiden. Dies war ein bewaldeter Hügel, auf dem sich dunkelgrüne Virginische Eichen von einem verdorrten gelben Gras abhoben und die Kojoten in mondhellen Nächten heulten. Die Kuppe ist abrasiert, und eine TV-Relaisstation ragt in den Himmel, um nervös flimmernde Bilder in Tausende winziger Häuschen zu füttern, die sich wie Blattläuse an den Rändern der Straße ballen.

Ist dies nicht das typische Klagelied? Ich habe mich niemals gegen den Wandel gestemmt, auch wenn er Fortschritt genannt wurde, und doch war ich voller Widerwillen gegen die Fremden, die das, was ich als mein Land empfand, mit Lärm und Tumult und den unvermeidlichen Ringen von Dreck und Müll überzogen. Und natürlich werden diese neuen Leute voller Widerwillen gegen die noch neueren Leute sein. Ich erinnere mich, wie wir als Kinder auf die natürliche Abneigung gegen Fremde reagierten. Wir, die hier Geborenen, und ebenso unsere Eltern fühlten uns den Neuankömmlingen, diesen Barbaren, diesen *forestieri*, auf seltsame Weise überlegen, und sie, die Fremden, gaben es uns zurück und dichteten sogar einen bissigen Vierzeiler über uns:

The miners came in forty-nine,
The whores in fifty-one.
And when they got together fine,
They made a Native Son.

Und wir waren den Spanisch-Mexikanern verhaßt und die ihrerseits den Indianern. Könnte das der Grund sein, warum die Mammutbäume hier alle so nervös machen? Diese Ureinwohner waren ausgewachsene Bäume, als auf Golgatha eine politische Hinrichtung stattfand. Sie waren im besten Mannesalter, als Caesar die römische Republik zerstörte, während er sie retten wollte. Für die Mammutbäume ist jedermann ein Fremder, ein Barbar.

Manchmal wird der Blick für die Veränderung durch eine Veränderung in einem selbst verzerrt. Der Raum, der einst so groß erschien, ist geschrumpft, der Berg ist zu einem Hügel geworden. Aber in meinem Fall war es keine Täuschung. Ich kannte meine Geburtsstadt Salinas, als sie stolz verkündete, daß sie viertausend Einwohner hatte. Jetzt hat sie achtzigtausend und wächst weiter in mathematischer Progression – hunderttausend in drei Jahren und vielleicht zweihunderttausend in zehn, und kein Ende ist in Sicht. Sogar Leute, die Freude an großen Zahlen haben und von Größe berauscht sind, machen sich langsam Sorgen und begreifen allmählich, daß es einen Sättigungsgrad geben muß und daß der Fortschritt vielleicht ein Fortschreiten zum Erstikkungstod ist. Und niemand weiß eine Lösung. Man kann den Leuten nicht verbieten, geboren zu werden – zumindest noch nicht.

Ich habe schon über das Aufkommen der *mobile homes* gesprochen und über die Vorteile, die sie ihren Besitzern bieten. Ich hatte gedacht, im Osten und Mittelwesten seien es viele gewesen, aber hier in Kalifornien vermehren sie sich wie Kaninchen. Überall gibt es Wohnmobilparks, sie lappen die Hügel hinauf und ergießen sich bis in die Flußbetten. Und sie bringen ein neues Problem mit sich. Diese Leute profitieren von allen kommunalen Einrichtungen, von Krankenhäusern, Schulen, vom polizeilichen Schutz, von den Wohlfahrtsprogrammen, aber sie zahlen den Kommunen bislang keine Steuern. Kommunale Einrichtungen werden durch Grundsteuern finanziert, gegen die das mobile Heim immun ist. Zwar erhebt der Staat eine Zulassungsgebühr, aber die kommt den Landkreisen und Städten nur für den Unterhalt und Ausbau der Straßen zugute. So sehen sich die Besitzer von Immobilien gezwungen, Schwärme von mobilen Gästen zu finanzieren, und werden darüber immer ärgerlicher. Doch unsere Steuergesetze und die Art, wie wir über sie denken, sind das Ergebnis einer langen Entwicklung. Wir schrecken vor dem Gedanken einer Kopf- oder Nutzungssteuer zurück. Die Vorstellung vom Grundbesitz als Quelle und Zeichen des Wohlstands ist tief in uns verwurzelt. Und nun hat eine große Anzahl Menschen einen Weg gefunden, sich dem zu entziehen. Das könnte Beifall finden, im allgemeinen bewundern wir ja diejenigen, die es schaffen, sich dem Fiskus zu entziehen, nur fällt eben die Bürde dieser Freiheit mit zunehmendem Gewicht auf andere. Es liegt auf der Hand, daß in sehr kurzer Zeit eine ganz neue Besteuerungsmethode gefunden werden muß, sonst wird die Steuerlast für den Grundbesitz so groß, daß niemand sie mehr aufbringen kann; weit entfernt davon, eine Einnahmequelle zu sein, wäre Eigentum dann eine Strafe, und das wäre der Gipfel einer Pyramide von Paradoxen. Früher wurden wir vom Wetter, von äußeren Nöten und Plagen zu widerstrebenden Veränderungen gezwungen, heute kommt der Druck aus unserem biologischen

Erfolg als Spezies. Wir haben alle unsere Feinde besiegt, außer uns selbst.

In meiner Kindheit, als ich in Salinas heranwuchs, nannten wir San Francisco »the City«. Natürlich war es nicht die einzige Stadt, die wir kannten, aber für mich ist es bis heute *die* City geblieben, und so geht es jedem, der einmal mit ihr verbunden war. Ein eigenartiges und exklusives Wort ist dieses »City«. Außer San Francisco sind uns nur kleine Teile von London und von Rom als »City« im Bewußtsein. New Yorker sagen, sie gehen »to town«. Paris hat keine andere Bezeichnung als Paris. Mexico City ist »die Kapitale«.
Früher kannte ich die City sehr gut, ich verbrachte dort meine Dachstubentage, während andere in Paris die verlorene Generation waren. In San Francisco wurde ich flügge, ich erklomm seine Hügel, schlief in seinen Parks, arbeitete in seinen Docks, marschierte und schrie in seinen Revolten mit. In gewisser Weise hatte ich das Gefühl, daß die Stadt mir ebenso gehörte wie ich ihr.

Nun setzte sie sich für mich in Szene. Ich sah sie auf der anderen Seite der Bucht liegen, als ich die große Straße herunterkam, die an Sausalito vorbei zur Golden Gate Bridge führt. Die Nachmittagssonne malte sie weiß und golden – auf ihren Hügeln erhoben wie eine noble Stadt in einem glücklichen Traum. Eine Stadt auf Hügeln ist Orten im flachen Land überlegen. New York macht sich seine Hügel selbst mit hochragenden Gebäuden, aber diese goldene und weiße Akropolis, die sich da Welle auf Welle vor dem Blau des pazifischen Himmels erhob, war ein atemberaubender Anblick, ein unwirkliches Gemälde wie das Bild einer mittelalterlichen italienischen Stadt, die nie existiert haben kann. Ich hielt auf einem Parkplatz, um sie zu betrachten, sie und die halsbandförmige Brücke über die Meerenge, die zu ihr hinführt. Über den höheren grünen Hügeln im Süden wogte der Abendnebel wie Schafherden, die zur Nacht heimkehren in die goldene

Stadt. Ich habe sie niemals schöner gesehen. Als Kind konnte ich, wenn wir vorhatten, in die City zu fahren, vor lauter Aufregung ein paar Nächte nicht schlafen. Sie hinterläßt ein Brandzeichen.

Schließlich fuhr ich über die weitgeschwungene Hängebrücke und war in der Stadt, die ich so gut kannte.

Es war noch die City, wie ich sie in Erinnerung hatte, so überzeugt von ihrer Größe, daß sie sich leisten kann, freundlich zu sein. Sie war freundlich zu mir gewesen, als ich arm war, und sie hatte keine Ressentiments gegen meine derzeitige Zahlungsfähigkeit. Ich hätte ewig bleiben können, aber ich mußte nach Monterey, um meinen Briefwahlzettel abzuschicken.

In meiner Jugend war in Monterey County, hundert Meilen südlich von San Francisco, jedermann Republikaner. Meine Familie wählte republikanisch. Ich würde es vielleicht noch heute tun, wenn ich dort geblieben wäre. Präsident Harding zog mich zur Demokratischen Partei hinüber, und Präsident Hoover hielt mich bei ihr fest. Ich erwähne hier meine persönliche politische Entwicklung nur deshalb, weil ich denke, daß es vielleicht auch anderen so ergangen sein könnte.

Kaum war ich in Monterey eingetroffen, ging der Streit los. Meine Schwestern sind immer noch republikanisch gesinnt. Bürgerkrieg gilt als der bitterste aller Kriege, aber zweifellos sind politische Auseinandersetzungen in der Familie die schärfsten und giftigsten. Ich kann mit Fremden kühl und analytisch über Politik diskutieren. Mit meinen Schwestern ging das nicht. Wir beendeten jede Runde mit lautem Geschrei und Türenschlagen. In keinem Punkt gab es einen Kompromiß. Pardon wurde nicht gegeben und nicht erbeten.

Jeden Abend nahmen wir uns vor: »Wir wollen einfach freundlich und nett zueinander sein. Heute abend wird nicht politisiert.« Und zehn Minuten später schrien wir uns an: »Ich sage dir, John Kennedy war ein So-und-so ...«

»Also, wenn das deine Haltung ist, wie kannst du dann Dick Nixon ...?«

»Jetzt reg dich nicht so auf. Wir sind doch vernünftige Leute. Untersuchen wir das mal genauer.«

»Ich hab das genau untersucht. Wie war das denn mit diesem schottischen Whisky?«

»Also, wenn du jetzt davon anfängst – und wie war das mit diesem Kramladen in Santa Ana? Und mit diesem Cockerspaniel Checkers, meine Liebe?«

»Vater würde sich im Grabe umdrehen, wenn er uns hören könnte.«

»Nein, laß Vater aus dem Spiel, der wäre heute Demokrat.«

»Unsinn, was redest du da! Bobby Kennedy kauft Stimmen säckeweise.«

»Als ob kein Republikaner jemals Stimmen gekauft hätte! Daß ich nicht lache!«

Es war bitter und wollte nicht enden. Wir kramten obsolete Wahlkampfmunition und Beleidigungen heraus, um sie uns gegenseitig an den Kopf zu werfen.

»Du redest wie ein Kommunist!«

»Und du klingst verdammt nach Dschingis Khan!«

Es war schrecklich. Hätte uns ein Fremder gehört, er hätte die Polizei gerufen, um ein Blutvergießen zu verhindern. Und ich denke nicht, daß wir die einzigen waren. Ich glaube, privat ging es überall im Lande so zu. Nur öffentlich war der Nation die Zunge gelähmt.

Der Hauptzweck dieses Nach-Hause-Kommens schien der Streit über Politik zu sein, aber zwischendurch besuchte ich alte Plätze. Es gab ein rührendes Wiedersehen in Johnny Garcias Bar in Monterey, mit Tränen und Umarmungen, Ansprachen und Koseworten in dem *poco* Spanisch meiner Jugend. Da waren Jolón-Indianer, die ich als hemdenmatzige *chamacos* in Erinnerung hatte. Die Zeit lief rückwärts. Wir tanzten förmlich, die Hände im Rücken verschränkt. Und wir sangen die Hymne des Southern County: »*There wass a jung guy from Jolón – got seek from leeving halone. He wan to Keeng Ceety to gat something pretty – Puta chingada cabrón.*« Seit Jahrzehnten hatte ich sie nicht mehr gehört. Es war wie damals. Die Jahre krochen in ihre Löcher zurück. Es war das Monterey, wo sie einen wilden Stier und einen Grizzlybär zusammen in die Arena ließen, ein Ort der süßen und sentimentalen Gewalttätigkeit, aber auch eine weise Unschuld, wie sie noch unbekannt ist und darum nicht von ungewaschenen Mäulern beschmutzt werden kann.

Wir saßen an der Bar, und Johnny Garcia betrachtete uns mit seinen tränenfeuchten Gallego-Augen. Sein Hemd stand offen, eine Goldmedaille hing an einem Kettchen um seinen Hals. Er lehnte sich über die Theke und sagte zu dem Mann neben mir: »Schau her! Das hat mir Juanito hier vor vielen Jahren geschenkt, er hat's aus Mexiko mitgebracht – La Morena, La Virgincita de Guadeloupe, und schau hier!« Er drehte das goldene Oval um. »Mein Name und seiner.«

»Mit einer Nadel eingeritzt«, sagte ich.

»Ich hab's nie abgenommen«, sagte Johnny.

Ein großer dunkelhaariger *paisano*, den ich nicht kannte, trat an die Bar und lehnte sich über die Theke. »*Favor?*«, fragte er, und ohne ihn anzusehen streckte ihm Johnny die Medaille hin. Der Mann küßte sie, sagte »*Gracias*« und ging rasch durch die Schwingtür hinaus.

Johnnys Brustkasten schwoll vor Rührung und seine Augen waren naß. »Juanito«, sagte er, »komm nach Hause! Komm zurück zu deinen Freunden. Wir lieben dich. Wir brauchen dich. Dies ist dein Platz, *compadre*, laß ihn nicht leer.«

Ich muß zugeben, ich spürte das alte Aufwallen von Liebe und Rhetorik, und dabei habe ich keinen Tropfen galicisches Blut in den Adern. »*Cuñado mio*«, sagte ich traurig, »ich lebe jetzt in New York.«

»Ich mag New York nicht«, sagte Johnny.

»Du bist noch nie dort gewesen.«

»Ich weiß. Deswegen mag ich es nicht. Du mußt zurückkommen. Du gehörst hierher.«

Ich nahm einen tiefen Schluck und wollte verdammt sein, wenn ich jetzt nicht eine Rede hielt. Die alten Worte, die ich so lange nicht benutzt hatte, kamen mir rasselnd wieder. »Laß dein Herz Ohren haben, mein lieber Onkel, mein Freund. Wir sind keine jungen Skunks mehr, du und ich. Die Zeit hat manche unserer Probleme gelöst.«

»Sei still«, sagte er. »Ich will das nicht hören. Es ist nicht wahr. Du liebst immer noch Wein, du liebst immer noch Mädchen. Was hat sich geändert? Ich kenne dich. *No me cagas, niño.*«

»*Te cago nunca.* Es gab einmal einen großen Mann, der hieß Thomas Wolfe, und der hat ein Buch geschrieben, das heißt *You Can't Go Home Again.* Und das ist wahr, es führt kein Weg zurück, man kann nicht wieder nach Hause.«

»Quatsch«, sagte Johnny. »*Dies* hier ist deine Wiege, *dies* hier ist dein Zuhause.« Er schlug mit dem eichenen Baseballschläger, den er bei Streitereien zum Aufrechterhalten des Friedens benutzt, auf die Theke. »Wenn die Zeit erfüllt ist – vielleicht wenn du hundert bist –, sollte dies hier dein Grab sein.« Der Schläger fiel ihm aus der Hand, und er weinte bei der Aussicht auf mein künftiges Ableben. Auch mir selbst kamen bei dieser Aussicht die Tränen.

Ich starrte in mein leeres Glas. »Diese Gallegos haben keine Manieren.«

»Oh, um Gottes willen!« rief Johnny. »Oh, Verzeihung!« und schenkte uns beiden nach.

Die an der Bar Aufgereihten waren jetzt still, dunkle Gesichter mit einer höflichen Ausdruckslosigkeit.

»Auf deine Heimkehr, *compadre*«, sagte Johnny. »Juan Bautista, nimm die Finger aus diesen Kartoffelchips!«

»*Conejo de mi Alma*«, sagte ich, »Karnickel meiner Seele, Bruderherz, hör mir mal zu!«

Der große Dunkelhaarige kam von der Straße herein, lehnte sich über die Bar, küßte Johnnys Medaille und ging wieder hinaus.

Ich sagte gereizt: »Es gab mal 'ne Zeit, da konnte ein Mann noch reden, und man hörte ihm zu. Muß ich mir erst ein Ticket kaufen? Muß ich mir einen Platz reservieren lassen, bevor ich eine Geschichte erzählen kann?«

Johnny wandte sich an die schweigende Bar. »Ruhe!« sagte er streng und nahm seinen Baseballschläger wieder zur Hand.

»Ich sage dir jetzt ein paar Wahrheiten, *compadre*. Geh auf die Straße hinaus, und was siehst du? Fremde, Ausländer, zu Tausenden. Schau zu den Hügeln hinauf – ein Taubenschlag. Heute bin ich die Alvarado Street runtergegangen und zurück die Calle Principál, und was hab ich gesehen? Nichts als Fremde. Heute nachmittag hab ich mich in Peter's Gate verirrt. Ich bin zum Field of Love hinter Joe Duckworths Haus am Ball Park gefahren. Das ist jetzt ein Gebrauchtwagenmarkt. Meine Nerven sind ganz zerfetzt von den vielen Ampeln. Sogar die Polizisten sind Fremde. Ich bin ins Carmel Valley gefahren, wo wir früher mit 'ner Dreiunddreißiger in jede Richtung ballern konnten. Jetzt könntest du dort nicht mal mit 'ner Murmel werfen, ohne einen Fremden zu treffen. Und Johnny, ich habe nix gegen die Leute, das weißt du. Aber das da sind reiche Leute. Sie pflanzen Geranien in große Töpfe und bauen Swimmingpools, wo früher Frösche und Flußkrebse auf uns warteten. Nein, trauter Freund, wenn dies meine Heimat wäre, könnte ich mich dann hier verirren? Wenn dies meine Heimat wäre, könnte ich dann die Straßen entlanggehen und keinen Gruß hören?«

Johnny stützte sich lässig auf die Theke. »Aber hier, Juanito, hier drinnen ist alles beim alten. Wir lassen sie nicht rein.«

Ich sah die Reihe der Gesichter entlang. »Ja, hier ist es besser. Aber kann ich auf einem Barhocker leben? Machen wir uns doch nichts vor. Was wir kannten, ist tot, und vielleicht ist auch das meiste von dem, was wir waren, tot. Das da draußen ist neu, und vielleicht ist es gut, aber es ist nichts von dem, was wir kannten.«

Johnny preßte sich die Handballen an die Schläfen, und seine Augen waren blutunterlaufen.

»Wo sind die Großen hin? Sag mir, wo ist Willie Trip?«

»Tot«, sagte Johnny dumpf.

»Wo ist Pilon, Johnny, Pom Pom, Miz Gragg, Stevie Field?«

»Tot, tot, tot«, echote er.

»Ed Ricketts, Whitey Nr. 1 und 2, wo sind Sonny Boy, Ankle Varney, Jesús María Corcoran, Joe Portagee, Shorty Lee, Flora Wood und dieses Mädchen, das Spinnen im Hut hatte?«

»Tot, alle tot«, stöhnte Johnny. »Es ist, als lebten wir zwischen lauter Gespenstern.«

»Nein, sie sind keine Gespenster. Die wahren Gespenster sind wir.«

Der große Dunkelhaarige kam herein, und Johnny hielt ihm unaufgefordert die Medaille zum Küssen hin.

Dann drehte er sich um und ging breitbeinig zum Barspiegel. Einen Moment lang studierte er sein Gesicht, nahm dann eine Flasche, entkorkte sie, roch daran, kostete. Dann sah er auf seine Fingernägel. Ein Anflug von Unruhe ging durch die Bar, Schultern strafften sich, Beine wurden geradegestellt.

Jetzt gibt's Ärger, dachte ich mir.

Johnny kam zurück und stellte die Flasche vorsichtig zwischen uns auf die Theke. Seine Augen waren groß und träumerisch.

Er schüttelte den Kopf. »Ich glaube, du magst uns nicht mehr. Ich glaube, du hältst dich jetzt für was Besseres.« Seine Finger spielten langsame Akkorde auf einer unsichtbaren Tastatur auf der Theke.

Einen Moment fühlte ich mich versucht. Ich hörte schon den Trompetenschall und das Waffengeklirr. Aber zum Teufel, ich bin zu alt dafür. Mit zwei Schritten war ich an der Tür. Ich drehte mich um. »Warum küßt er dauernd dein Medaillon?«

»Er geht Wetten ein.«

»Okay. Bis morgen dann, Johnny.«

Die Doppeltür schwang hinter mir zu. Ich stand auf der Alvarado Street, gepeitscht von Neonlicht – und rings um mich waren nichts als Fremde.

In meinem Anfall von nostalgischem Groll habe ich der Halbinsel von Monterey unrecht getan. Sie ist ein schöner Ort, gepflegt, gut verwaltet und fortschrittlich. Die Strände, die einst mit Fischgedärmen und Fliegen übersät waren, sind sauber. Die Konservenfabriken, die einst einen widerlichen Gestank verbreiteten, sind verschwunden, an ihre Stelle sind Restaurants, Antiquitätenläden und dergleichen getreten. Sie fischen jetzt nach Touristen, nicht nach Sardinen, und diese Spezies werden sie nicht so leicht ausrotten. Und Carmel, das von hungernden Schriftstellern und ungeliebten Malern gegründet worden war, ist jetzt eine Gemeinde für Wohlhabende und Pensionäre. Wenn seine Gründer zurückkämen, könnten sie es sich nicht leisten, dort zu leben, aber es würde gar nicht erst soweit kommen. Sie würden sofort als verdächtige Elemente aufgegriffen und über die Stadtgrenze abgeschoben.

Der Ort meiner Jugend hatte sich verändert, und da ich fortgegangen war, hatte ich die Veränderung nicht mitgemacht. In meiner Erinnerung war er noch so wie früher, und sein jetziges Erscheinungsbild verwirrte und ärgerte mich.

Was ich hier erzähle, muß die Erfahrung sehr vieler Menschen in diesem Lande sein, in dem so viele wegziehen und wiederkommen. Ich besuchte gute alte Freunde und fand, daß ihr Haar noch ein bißchen schütterer als meines geworden war. Wir begrüßten uns überschwenglich. Die Erinnerungen brandeten auf. Alte Verbrechen und alte Siege wurden ausgegraben und vom Staub befreit. Und plötzlich geriet meine Aufmerksamkeit ins Schweifen, und als ich meinen alten Freund ansah, merkte ich, daß auch er an anderes dachte. Es stimmte, was ich zu Johnny Garcia gesagt hatte – ich war das Gespenst. Meine Stadt war gewachsen und hatte sich verändert und mein Freund mit ihr. Indem ich nun wiederkehrte als einer, der für meinen

Freund ebenso verändert war wie meine Stadt für mich, verzerrte ich sein Bild und verwirrte seine Erinnerung. Durch meinen Fortgang war ich hier gleichsam gestorben und damit fixiert und unveränderlich. Meine Rückkehr verursachte nichts als Verwirrung und Unbehagen. Natürlich konnten sie es mir nicht sagen, aber meine alten Freunde wünschten, ich wäre fort, damit ich wieder meinen Platz in ihrem Erinnerungsbild einnehmen konnte – und ich wollte aus dem gleichen Grunde fort. Tom Wolfe hatte recht. Man kann nicht wieder nach Hause zurück, denn das Zuhause existiert nur noch zwischen den Mottenkugeln der Erinnerung.

Meine Abreise war eine Flucht. Aber bevor ich der Gegend den Rücken kehrte, tat ich noch etwas Feierliches und Sentimentales. Ich fuhr zum Fremont's Peak hinauf, dem höchsten Punkt weit und breit. Ich kletterte die letzten schroffen Felsen bis auf den Gipfel. Hier zwischen diesen schwarzen Granitbrocken hatte General Frémont sich gegen eine mexikanische Armee behauptet und sie schließlich besiegt. Als Kinder haben wir hier manchmal Gewehrkugeln und verrostete Bajonette gefunden. Dieser einsame Felsengipfel überblickt meine ganze Kindheit und Jugend, das große Salinas Valley, das sich fast hundert Meilen weit nach Süden erstreckt, und meine Geburtsstadt Salinas, die sich nun wie Fingerhirse bis fast zu seinen Vorbergen ausbreitet. Mount Toro auf der Zwillings-Bergkette im Westen war von hier aus ein gütiger runder Berg, und im Norden schimmerte die Bucht von Monterey wie eine blaue Schale. Ich spürte und roch und hörte den Wind, der aus dem langen Tal heraufwehte. Er roch nach den braunen Hügeln mit den wilden Eichen.

Ich erinnerte mich, wie ich einmal, in jenem Abschnitt der Jugend, in dem man sich viele Gedanken über den Tod macht, hier auf diesem Gipfel begraben sein wollte, wo ich ohne Augen alles sehen konnte, was ich liebte und kannte, denn damals gab es für mich noch keine Welt jenseits der Berge. Und ich erinnerte mich, wie intensiv ich mir meine Beerdigung vorstellte. Es ist merkwürdig und vielleicht ein Glück, daß man, wenn die Zeit näherrückt, das Interesse daran verliert, je mehr der Tod eher eine Tatsache als eine theatralische Vorstellung wird. Hier oben auf diesem hohen Felsen rappelte sich mein Erinnerungsmythos wieder auf. Charley saß mir zu Füßen, nachdem er die Gegend erkundet hatte, und seine Zottelohren flatterten wie Wäsche auf der Leine. Seine Nase beschnupperte, feucht vor Neugier, die vom Wind herbeigetragene Duftkollektion aus gut hundert Meilen.

»Du wirst es nicht glauben, mein guter Charley, aber genau dort unten in dem kleinen Tal da habe ich mit deinem Namensvetter, meinem Onkel Charley, Forellen geangelt. Und dort drüben – schau, wohin ich zeige – hat meine Mutter eine Wildkatze geschossen. Und geradeaus dort hinten, vierzig Meilen entfernt, lag unsere Familien-Ranch – die ›alte Hunger-Ranch‹. Siehst du die dunklere Stelle dort? Das ist ein winziger Canyon mit einem herrlichen klaren Bach zwischen wilden Azaleen und großen Eichen. Und auf einer dieser Eichen hat mein Vater mit einem heißen Eisen seinen Namen eingebrannt, zusammen mit dem seiner Liebsten. Im Lauf der Jahre ist die Rinde über das Brandmal gewachsen und hat es verdeckt. Und gerade erst vor kurzem hat ein Mann diese Eiche gefällt, um Brennholz daraus zu machen, und sein Schäleisen hat den Namen meines Vaters freigelegt, und da hat der Mann mir das Stück Rinde geschickt. Im Frühling, wenn das Tal mit einem Teppich aus blauen Lupinen bedeckt ist und wie ein Blumenmeer aussieht, dann hast du hier oben den Geruch des Himmels, Charley, den Geruch des Himmels.«

Ich prägte mir noch einmal alles fest ein, den Süden, den Westen, den Norden, und dann machten wir uns rasch davon, hinaus aus der unwandelbar-immergleichen Vergangenheit, in der meine Mutter immerzu eine Wildkatze schießt und mein Vater immerzu seinen Namen zusammen mit dem seiner Liebsten in die Eichenrinde einbrennt.

Wie schön wäre es, wenn ich über meine Reise mit Charley sagen könnte: »Ich bin ausgezogen, um die Wahrheit über mein Land zu finden, und ich habe sie gefunden.« Wie leicht wäre es dann, meine Funde niederzuschreiben und mich bequem zurückzulehnen mit dem schönen Gefühl, Wahrheiten entdeckt und meinen Lesern mitgeteilt zu haben. Ich wünschte, es wäre so einfach. Aber was ich im Kopf und tiefer in meinen Empfindungen hatte, war ein unentwirrbares Knäuel. Schon vor langer Zeit hatte ich beim Sammeln und Klassifizieren von Meerestieren entdeckt, daß das, was ich fand, aufs engste mit dem vermischt war, was ich gerade fühlte. Die äußere Realität hat eine kuriose Art, am Ende gar nicht so äußerlich zu sein.

Dieses Monster von einem Land, diese mächtigste aller Nationen, dieses Keimbeet der Zukunft erweist sich als der Makrokosmos des Mikrokosmos meiner Person. Würde ein Engländer oder Franzose oder Italiener meine Route fahren und sehen, was ich gesehen, hören, was ich gehört habe, so würden ihre gespeicherten Bilder nicht nur sehr weit von meinen differieren, sondern auch ebenso weit voneinander. Sollten andere Amerikaner, die diesen Bericht lesen, ihn als wahr empfinden, so würde diese Übereinstimmung nur bedeuten, daß wir uns in unserem Amerikanertum gleichen.

Von Anfang bis Ende der Reise habe ich keine fremden Menschen gefunden (außer an jenem nostalgischen Abend in Monterey, aber das war eine andere Geschichte). Hätte ich welche gefunden, wäre ich vielleicht imstande, objektiver über sie zu berichten. Aber dies sind meine Landsleute, und dies ist mein Land. Wenn ich etwas zu kritisieren und zu beklagen fand, dann waren es Tendenzen, die sich genauso in mir selber finden. Wenn ich *eine* rundum kritisch geprüfte Allgemeingültigkeit vorlegen müßte, dann wäre es diese: Trotz unserer riesigen geographischen Ausdehnung, trotz all unserer Partikularismen, trotz all unserer miteinander verwobenen Ethnien und ethnischen Gruppen aus allen Teilen der Welt sind wir eine Nation, ein neuer Menschenschlag. Amerikaner sind viel mehr Amerikaner, als sie Nordstaatler, Südstaatler, West- oder Oststaatler sind. Und die Nachkommen von Engländern, Iren, Italienern, Juden, Deutschen, Polen sind in erster Linie Amerikaner. Dies ist kein patriotisches Horrido, dies ist eine sorgfältig beobachtete Tatsache. Kalifornische Chinesen, Bostoner Iren, Deutsche in Wisconsin und, jawohl, Schwarze in Alabama haben heute mehr Gemeinsames als Trennendes. Und das ist um so bemerkenswerter, als es so schnell gegangen ist. Es ist Tatsache, daß Amerikaner aus allen Teilen des Landes und allen rassischen Abstammungen einander mehr gleichen als die Waliser den Engländern, die Bewohner von Lancashire den Londoner Cockneys oder, was das betrifft, die Bewohner des schottischen Tieflands den Hochländern. Und erstaunlicherweise ist dies in weniger als zweihundert Jahren geschehen und das meiste davon in den letzten fünfzig. Die amerikanische Identität ist ein handfestes und beweisbares Faktum.

Als ich meine Rückreise antrat, war mir klar, daß ich nun nicht mehr alles sehen konnte. Meine innere Fotoplatte war mit Eindrücken überladen. Ich beschloß, nur noch zwei Landesteile zu besichtigen und es dann gut sein zu lassen – Texas und eine Probe des tiefen Südens. Aus meiner Lektüre hatte ich den Eindruck gewonnen, daß Texas im Begriff ist, sich zu einer eigenständigen Kraft zu entwickeln, und daß der Süden in den Wehen einer Geburt liegt, bei der wir noch nicht wissen, was dabei herauskommen wird. Und bei der die Schmerzen so groß sind, daß darüber das Kind vergessen worden ist.

Diese Reise war wie eine üppige Mahlzeit mit vielen Gängen, die einem Halbverhungernden vorgesetzt wird. Anfangs versucht er, alles von jedem zu essen, doch mit der Zeit merkt er, daß er einiges auslassen muß, damit er den Appetit nicht verliert und seine Geschmacksknospen nicht abstumpfen.

So steuerte ich Rosinante auf dem kürzesten Weg aus Kalifornien hinaus – ich kannte die Strecke noch gut aus den dreißiger Jahren. Von Salinas nach Los Banos, durch Fresno und Bakersfield, dann über den Paß und in die Mojave-Wüste, eine versengte und sengende Wüste, selbst noch so spät im Jahr, wo die Berge wie schwarze Aschehaufen in der Ferne stehen und der rissige Boden ausgelaugt ist von der hungrigen Sonne. Heute ist sie leicht zu durchqueren, auf einer Schnellstraße in einem zuverlässigen und bequemen Wagen, mit schattigen Halteplätzen und Tankstellen, die sich unentwegt ihrer *refrigeration* rühmen. Aber ich kann mich noch erinnern, wie wir uns ihr betend näherten, wie wir ängstlich auf die Geräusche in unseren keuchenden alten Motoren horchten, wie wir Dampfwolken aus unseren kochenden Kühlern hinter uns herzogen. Damals war, wer mit einer Panne liegenblieb, in realer Gefahr, solange nicht jemand anhielt und Hilfe anbot. Und ich bin nie durch die Mojave-Wüste gefahren, ohne an jene frühen Familien zu denken, die sich zu Fuß durch diese Hölle auf Erden schleppten. Von ihnen stammen die weißen Pferde- und Rinderskelette, die noch heute den Weg markieren.

Die Mojave ist eine große und furchterregende Wüste. Man könnte meinen, die Natur habe sie dorthingesetzt, um die Ausdauer und Hartnäckigkeit eines Menschen zu prüfen, bevor sie ihn für gut genug befindet, nach Kalifornien eingelassen zu werden. Die flimmernde trockene Hitze erzeugt Visionen von Wasser auf der flachen Ebene, und selbst wenn man mit hoher Geschwindigkeit fährt, weichen die Hügel, die das Ende der Wüste markieren, vor einem zurück. Charley, ein immer nach Wasser gierender Hund, japste asthmatisch und ließ den ganzen Körper vor Anstrengung mitvibrieren, und seine Zunge hing gut zwanzig Zentimeter schlaff und tropfend heraus. Ich bog in ein kleines Seitental ein, um ihm Wasser aus meinem Dreißig-Gallonen-Tank zu geben, aber bevor ich ihn trinken ließ, übergoß ich ihn ganz und mich an Kopf und Schultern mit Wasser. Die

Luft ist hier so trocken, daß die Verdunstung sofort Kühlung bringt.

Ich holte mir eine Dose Bier aus dem Kühlschrank, setzte mich ins schattige Innere von Rosinante und sah auf die sonnenverbrannte Ebene hinaus, auf der hier und da ein paar Büschel Sagebrush wuchsen.

Ungefähr fünfzig Meter entfernt standen zwei Kojoten und beobachteten mich, ihre lohfarbenen Röcke harmonierten Ton in Ton mit dem Sand und der Sonne. Ich wußte, daß sie bei jeder raschen oder verdächtigen Bewegung meinerseits in die Unsichtbarkeit abtauchen konnten. Mit größtmöglicher Langsamkeit nahm ich mein neues Jagdgewehr aus der Schlinge über dem Bett – die . 222er Schlagbolzenbüchse mit ihren bösen kleinen weittragenden Hochgeschwindigkeitsgeschossen. Sehr langsam brachte ich sie in Anschlag. Vielleicht war ich im Schatten meines Hauses halb verborgen durch das blendend weiße Licht draußen. Das kleine Gewehr hat ein schönes Zielfernrohr mit weitem Blickfeld. Die Kojoten hatten sich nicht gerührt.

Ich bekam sie beide ins Visier, und das Zielfernrohr holte sie ganz nahe heran. Ihre Zungen hingen heraus, so daß es aussah, als ob sie spöttisch lächelten. Sie waren kräftige Tiere, nicht ausgehungert, sondern gut im Pelz, das goldbraune Haar mit schwarzem Deckhaar durchsetzt. Ihre kleinen zitronengelben Augen waren genau zu sehen. Ich bewegte das Fadenkreuz auf die Brust des rechten Kojoten und entsicherte. Meine auf den Tisch gestützten Ellbogen stabilisierten das Gewehr. Das Fadenkreuz lag regungslos auf dem Brustbein. Und dann setzte sich der Kojote wie ein Hund und kratzte sich mit der rechten Hinterpfote an der Schulter.

Mein Finger scheute sich, den Abzug zu berühren. Ich mußte ziemlich gealtert sein und meine einstige Kondition ziemlich weitgehend verloren haben. Kojoten sind Schädlinge. Sie stehlen Hühner. Sie lichten die Reihen der Wachteln und aller anderen Wildvögel. Sie müssen getötet werden. Sie sind der Feind.

Mein erster Schuß würde das sitzende Tier niederstrecken, und das andere würde herumfahren, um zu entkommen. Aber ich würde es wahrscheinlich auch erwischen, denn ich bin ein guter Schütze.

Aber ich schoß nicht. Meine Erziehung sagte: »Schieß!« und mein Alter erwiderte: »Im Umkreis von dreißig Meilen gibt es hier keine Hühner, und wenn doch, sind es nicht meine Hühner. Und diese wasserlose Wüste ist auch kein Wachtelland. Nein, diese Burschen halten sich mit Känguruhratten und Jackrabbits fit, und das heißt, Schädling frißt Schädling, warum soll ich mich da einmischen?«

»Töte sie«, sagte meine Erziehung. »Jedermann tötet sie. Es ist ein Dienst an der Allgemeinheit.« Mein Finger näherte sich dem Abzug. Das Fadenkreuz stand ruhig auf der Brust direkt unter der heraushängenden Zunge. Ich stellte mir das Peitschen und Heulen des wütenden Stahls vor, den Sprung und den Todeskampf, bis das zerrissene Herz aussetzte, und dann, nicht allzuviel später, den Schatten eines Bussards und eines zweiten. Aber bis dahin würde ich längst weg sein – raus aus der Wüste und über den Colorado. Und neben dem Sagebrush wären ein nackter, augenloser Schädel, ein paar abgenagte Knochen, ein Fleck schwarzen getrockneten Blutes und ein paar Fetzen goldenen Fells.

Ich glaube, ich bin zu alt und zu faul, um ein guter Bürger zu sein. Der zweite Kojote bot mir die Flanke. Ich bewegte das Fadenkreuz zu seiner Schulter und hielt es dort fest. Mit diesem Gewehr und auf diese Entfernung konnte ich ihn nicht verfehlen. Beide Tiere gehörten mir. Ihr Leben lag in meiner Hand. Ich sicherte das Gewehr und legte es auf den Tisch. Ohne das Zielfernrohr waren sie nicht mehr in so intimer Nähe. Der heiße Atem des Lichts ließ die Luft flimmern.

Dann fiel mir etwas ein, was ich vor langer Zeit gehört hatte und wovon ich hoffe, daß es wahr ist. In China, so erzählte mir mein Informant, war es ein ungeschriebenes Gesetz, daß jemand, der einem anderen das Leben gerettet hat, für dieses Leben bis zum Ende seines Daseins verantwortlich ist. Denn da er in einen Ablauf von Ereignissen eingegriffen hat, muß er nun auch die Verantwortung tragen. Und das hatte mir immer sehr eingeleuchtet.

So hatte ich nun die Verantwortung für zwei lebendige und gesunde Kojoten. In der delikaten Welt der Verwandtschaftsbeziehungen sind wir für alle Zeit miteinander verbunden. Ich machte zwei Dosen Hundefutter auf und hinterließ sie als Votivgabe.

Ich bin schon oft durch den Südwesten gefahren, und noch öfter habe ich ihn überflogen – eine große geheimnisvolle, von der Sonne gestrafte Ödnis. Das Land hat etwas Geheimnisvolles, etwas Verborgenes und Abwartendes. Es scheint leer und verlassen, frei von parasitischen Menschen, aber das stimmt nicht ganz. Man folge den Wagenspuren durch Sand und Felsen, und man findet ein bißchen hingehudelt an einer geschützten Stelle eine Ansiedlung mit ein paar Bäumen, die ihre Wurzeln zu unterirdischem Wasser ausstrecken, ein Stückchen Land, auf dem kümmerliches Getreide und Kürbisse wachsen, und an Schnüren aufgehängte Streifen von Dörrfleisch. Es gibt Wüstenbewohner, die sich hier zwar nicht direkt verstecken, aber doch so etwas wie eine Zuflucht vor den Sünden der großen heillosen Unordnung suchen.

Nachts kommen die Sterne in dieser wasserfreien Luft bis fast in Reichweite der Finger herab. An solchen Orten lebten die Eremiten der frühen Kirche, die mit unverpapptem Geist in die Unendlichkeit spähten. Die großen Konzepte von Einheit, Unizität, Harmonie und majestätischer Ordnung scheinen immer in der Wüste entstanden zu sein. Das geduldige Zählen der Sterne und das Beobachten ihrer Bewegungen haben an Wüstenorten begonnen. Ich habe Wüstenbewohner gekannt, die sich ihren Platz mit stiller und bedächtiger Leidenschaft suchten, da sie die Nervosität der bewässerten Welt ablehnten. Diese Menschen haben sich mit der explodierenden Zeit nicht verändert, außer um schließlich zu sterben und von ihresgleichen ersetzt zu werden.

Und immer gibt es Legenden in der Wüste, wieder und wieder erzählte Geschichten von verborgenen Plätzen in den Bergen, wo Überlebende aus einer anderen Zeit darauf warten, wieder aufzutauchen. Meistens hüten diese Gruppen kostbare Schätze, die vor den Wellen der Eroberer versteckt worden waren – die goldenen Artefakte eines archaischen Montezuma, oder eine Mine, die so reich ist, daß ihre Entdeckung die Welt verändern würde. Entdeckt ein Fremder ihre Existenz, wird er getötet oder so nachhaltig absorbiert, daß man nie wieder von ihm hört. Diese Geschichten folgen einem gleichbleibenden Muster, unbeirrt von der Frage: Woher weiß man, was dort ist, wenn niemand von dort zurückkehrt? Oh, es ist bestimmt da, aber wer es findet, kehrt nicht zurück.

Es gibt noch eine andere immergleiche Erzählung. Zwei Goldsucher, die zusammen losziehen, entdecken eine Mine von übernatürlichem Reichtum – Gold oder Diamanten oder Rubine. Sie laden sich so viel auf, wie sie tragen können, und prägen sich den Ort anhand charakteristischer Landschaftsformen ein. Dann, auf dem Weg hinaus in die andere Welt, stirbt einer von ihnen an Durst und Erschöpfung, doch der andere schleppt sich weiter, wobei er den größten Teil des Schatzes zurücklassen muß, weil er zu schwach geworden ist, um ihn zu tragen. Schließlich gelangt er zu einer Siedlung, oder er wird von anderen Goldsuchern gefunden. Sie mustern seine Proben mit großer Erregung. In manchen Versionen der Geschichte stirbt der Überlebende, nachdem er seinen Rettern eine Wegbeschreibung gegeben hat, in anderen wird er wieder aufgepäppelt. Dann macht sich ein gutausgerüsteter Trupp auf die Suche nach dem Schatz, aber der ist nicht mehr zu finden. Das ist das invariable Ende der Geschichte – der Schatz wird nie wiedergefunden. Ich habe diese Geschichte viele Male gehört, und sie war immer gleich. Die

Wüste gibt dem Mythos Nahrung, aber der Mythos muß seine Wurzeln irgendwo in der Wirklichkeit haben.

Es gibt auch reale Geheimnisse in der Wüste. Im Krieg der Sonne und der Trockenheit gegen die lebenden Wesen hat das Leben seine geheimen Ressourcen. Leben, gleich auf welcher Stufe, braucht Feuchtigkeit, oder es geht zugrunde. Ich finde es höchst interessant, mit was für geradezu konspirativen Methoden das Leben in der Wüste die tödlichen Strahlen der allesbeherrschenden Sonne umgeht. Die geschlagene Erde scheint besiegt und tot zu sein, aber das scheint nur so. Eine breitgefächerte und erfindungsreiche Organisation von lebender Materie überlebt gerade dadurch, daß sie sich scheinbar geschlagen gibt. Der staubige graue Sagebrush trägt eine ölige Rüstung, um seine kärgliche innere Feuchtigkeit zu schützen. Manche Pflanzen saugen sich während der seltenen Regenfälle gierig voll und speichern das Wasser für spätere Nutzung. Tierisches Leben trägt eine harte, trockene Haut oder einen Knochenpanzer, um sich der Austrocknung zu erwehren. Und jedes Lebewesen hat eigene Techniken entwickelt, um Schatten zu finden oder zu erzeugen. Kleine Reptilien und Nagetiere graben sich ein oder schlüpfen unter Erdüberhänge oder klammern sich an die schattige Seite eines Felsens. Die Bewegungen sind langsam, damit Energie gespart wird, und nur wenige Tiere können die Sonne lange aushalten. Eine Klapperschlange stirbt nach einer Stunde in praller Sonne. Manche besonders erfinderischen Insekten haben eigene Kühlsysteme entwickelt. Diejenigen Tiere, die Feuchtigkeit aufnehmen müssen, bekommen sie aus zweiter Hand – das Kaninchen aus einem Blatt, der Kojote aus dem Blut eines Kaninchens.

Tagsüber hält man meistens vergeblich Ausschau nach lebenden Wesen, aber wenn die Sonne untergeht und die Nacht ihre Einwilligung erteilt, erwacht eine Welt von Geschöpfen und folgt ihren komplizierten Verhaltensmustern. Dann kommen die Gejagten heraus und die Jäger und die Jäger der Jäger. Die Nacht erwacht zu Wispern und Summen und Schreien und Bellen.

Als sehr spät in der Geschichte unseres Planeten der unwahrscheinliche Zufall des Lebens eintrat – ein bestimmtes Gleichgewicht von chemischen Faktoren, kombiniert mit bestimmten Temperaturen, alles so fein abgestimmt in Menge und Art, daß es gar nicht zu glauben war –, kam in der Retorte der Zeit alles zusammen und ein neues Wesen entstand, weich und hilflos und ungeschützt in der grausamen Welt des Leblosen. Dann setzten Veränderungs- und Variationsprozesse ein, so daß eine Art sich von allen anderen zu unterscheiden begann. Doch ein Ingrediens, vielleicht das wichtigste von allen, ist jeder Lebensform eingepflanzt – der Überlebenstrieb. Jedes Lebewesen hat ihn, und kein Leben könnte ohne diese magische Formel existieren. Natürlich hat jede Lebensform ihre eigenen Mechanismen zum Überleben entwickelt, und einige sind gescheitert und verschwunden, während andere die Erde bevölkerten. Das erste Leben hätte leicht ausgelöscht werden können, und vielleicht hätte sich der Zufall nie wiederholt, aber nachdem es einmal begonnen hatte, war seine erste Eigenschaft, seine Pflicht, sein Sorgen und Trachten und sein von allen Lebewesen geteilter Zweck, weiterzuleben. Und das hat es getan und wird es solange tun, bis irgendein anderer Zufall es auslöscht. Und die Wüste, die trockene, sonnengepeitschte Wüste, ist eine gute Schule, in der man den Einfallsreichtum und die unendliche Vielfalt der Überlebenstechniken unter widrigsten Bedingungen studieren kann. Das Leben konnte die Sonne nicht ändern oder die Wüste bewässern, also hat es sich selber geändert.

Die Wüste, eine unwirtliche Gegend, könnte sehr wohl das letzte Widerstandsnest des Lebens gegen das Nichtleben sein. Denn in den reichen und feuchten und wirtlichen Weltgegenden spekuliert das Leben mit ständig höherem Einsatz gegen sich selbst und hat sich in seiner Verwirrung schließlich mit dem Feind Nichtleben verbündet. Und was die verbrennenden, versengenden, vereisenden und vergiftenden Waffen des Nichtlebens noch nicht geschafft haben, werden vielleicht die pervertierten Überlebenstaktiken bis zur endgültigen Zerstörung und Vernichtung treiben. Wenn die anpassungsfähigste Form des Lebens, der Mensch, weiter so um ihr Überleben kämpft, wie sie es bisher getan hat, kann sie nicht nur sich selbst, sondern auch alles andere Leben auslöschen. Und wenn sich das abzeichnen sollte, könnten unwirtliche Gegenden wie die Wüste die strenge Mutter der Wiederbevölkerung werden. Denn die Wüstenbewohner sind gut trainiert und gut gerüstet gegen Verödung. Sogar unsere eigene irregeleitete Spezies könnte aus der Wüste neu erstehen. Der einsame Mann und seine sonnengegerbte Frau, die sich an einem unfruchtbaren, unwirtlichen Ort in den Schatten drücken, könnten zusammen mit ihren Waffenbrüdern – dem Kojoten, dem Jackrabbit, dem Leguan, der Klapperschlange sowie einem Heer von armierten Insekten –, all diese trainierten und erprobten Fragmente des Lebens könnten sehr wohl die letzte Hoffnung des Lebens gegen das Nichtleben sein. Die Wüste hat schon andere Wunder hervorgebracht.

Viel früher in diesem Bericht habe ich von den Veränderungen gesprochen, die einem beim Überschreiten von Staatsgrenzen auffallen, Veränderungen in der Highway-Sprache, im Prosastil der Schilder und Wegweiser, in den Höchstgeschwindigkeiten. Die Staaten scheinen von den Rechten, die ihnen verfassungsgemäß zustehen, geradezu leidenschaftlich und mit Wonne Gebrauch zu machen. Kalifornien durchsucht einreisende Fahrzeuge nach Gemüse und Früchten, die bösartige Insekten und Krankheiten einschleppen könnten, und diesbezügliche Vorschriften werden mit beinahe religiösem Eifer befolgt.

Vor ein paar Jahren kannte ich eine fröhliche und einfallsreiche Familie aus Idaho. Sie wollten Freunde in Kalifornien besuchen und nahmen eine Lkw-Ladung Kartoffeln mit, um sie unterwegs zu verkaufen und damit ihre Reisekasse aufzubessern. Sie hatten schon über die Hälfte abgesetzt, als sie an die kalifornische Grenze kamen, wo ihren Kartoffeln die Einreise verweigert wurde. Sie wegzuwerfen konnten sie sich nicht leisten, also schlugen sie unverdrossen direkt an der Grenze ein Lager auf, wo sie Kartoffeln verzehrten, Kartoffeln verkauften und Kartoffeln tauschten. Nach zwei Wochen war der Lastwagen leer. Nun konnten sie die Grenze unbehelligt überschreiten und ihre Reise fortsetzen.

Die Isolation und Eigenbrötelei der Bundesstaaten, die man schon bitter als Balkanisierung bezeichnet hat, schafft viele Probleme. Selten erheben zwei Staaten die gleiche Benzinsteuer, und dabei wird diese Steuer vor allem zum Bau und Unterhalt der Straßen verwendet. Die riesigen Lastzüge benutzen die Straßen und erhöhen allein durch ihr Gewicht und ihre Geschwindigkeit die Unterhaltskosten. Daher haben die Staaten an den Grenzen Wiegestationen für Trucks eingerichtet, in denen die Ladung gewogen und besteuert wird. Und wo es ein Gefälle in der Benzinsteuer gibt, wird das Fassungsvermögen der Tanks gemessen und die Steuer dafür festgesetzt. Auf den Schildern steht: »Alle Trucks anhalten.« Da ich ein Truck war, hielt ich an, aber nur, um über die Waage gewinkt zu werden. Solche wie ich interessierten sie nicht. Aber manchmal hielt ich an und sprach mit den Inspektoren, wenn sie nicht zu beschäftigt waren. Und das bringt mich zum Thema Staatspolizei. Wie die meisten Amerikaner bin ich kein Freund von Polizisten, und die ständigen Untersuchungen gegen Stadtpolizeien wegen Bestechlichkeit, Brutalität und einer langen, pittoresken Liste von Verfehlungen sind nicht dazu angetan, mein Mißtrauen zu besänftigen. Jedoch erstreckt sich meine Abneigung nicht auf die Staatspolizeien, die jetzt in großen Teilen des Landes unterhalten werden. Durch das einfache Mittel, intelligente und wohlerzogene Männer zu rekrutieren, sie angemessen zu bezahlen und der politischen Nötigung zu entziehen, ist es vielen Staaten gelungen, Elitekorps von Männern zu schaffen, die sich ihrer Würde sicher sind und ihren Dienst mit Stolz versehen. Irgendwann werden unsere Städte es wohl für nötig halten, ihre Polizei nach dem Vorbild der Staatspolizei umzustrukturieren. Allerdings wird das niemals geschehen, solange politische Organisationen auch nur die geringste Möglichkeit haben, Belohnungen oder Strafen zu verhängen.

Jenseits des Colorado River, den ich bei Needles überquerte, standen die dunklen gezackten Felsenmauern von Arizona vor dem Himmel, und dahinter erhob sich die mächtige schiefe Ebene, die zum Rückgrat des Kontinents ansteigt. Ich kenne diese Strecke sehr gut von vielen Durchquerungen – Kingman, Ash Fork, Flagstaff mit seinem Bergkegel im Hintergrund, dann Winslow, Holbrook, Sanders, bergab und bergauf, und das war Arizona. Die Städte waren ein bißchen größer und besser beleuchtet, als ich sie in Erinnerung hatte, die Motels größer und luxuriöser.

Ich kam nach New Mexico, preschte an Gallup vorbei in die Nacht und kampierte auf der kontinentalen Wasserscheide – sie ist hier viel spektakulärer als im Norden. Die Nacht war sehr kalt und trocken, die Sterne waren geschliffenes Glas. Ich fuhr in einen windgeschützten kleinen Canyon und parkte vor einem Berg von zerbrochenen Flaschen – Whisky- und Ginflaschen, Tausende davon. Ich weiß nicht, warum sie dort lagen.

Ich blieb hinter dem Lenkrad sitzen, starrte hinaus und stellte mich dem, was ich vor mir selbst verborgen hatte. Ich hetzte voran, ich fraß die Meilen, weil ich nichts mehr hören und sehen konnte. Ich hatte die Grenze meiner Aufnahmekapazität überschritten, ich war wie einer, der weiter Essen in sich hineinstopft, obwohl er längst satt ist, ich fühlte mich außerstande zu assimilieren, was durch meine Augen in mich hineingefüttert wurde. Jeder Hügel sah aus wie der eben passierte. So hatte ich mich im Prado in Madrid gefühlt, nachdem ich hundert Bilder gesehen hatte – ich war bis zum Rand vollgestopft, ich konnte beim besten Willen nicht noch mehr sehen.

Höchste Zeit, sich einen geschützten Platz an einem Bach zu suchen, um zu rasten und sich zu erholen. Charley, der im Dunkeln neben mir saß, gab mir mit einem kleinen maunzenden Stöhnen ein Bedürfnis zu verstehen. Ich hatte sogar ihn vergessen. Ich ließ ihn hinaus, und er stakste zu dem Haufen zerbrochener Flaschen, schnupperte daran und schlug eine andere Richtung ein.

Die Nachtluft war sehr kalt, so bitter kalt, daß ich in der Kajüte Licht machte und die Gasheizung anstellte. Die Kajüte war unaufgeräumt. Mein Bett war nicht gemacht, und das Frühstücksgeschirr lag noch in der Spüle. Ich setzte mich aufs Bett und starrte in die graue Trostlosigkeit. Warum hatte ich gedacht, ich könnte etwas über Amerika lernen? Während der letzten paar hundert Meilen hatte ich die Menschen gemieden. Sogar beim Tanken hatte ich nur einsilbig geantwortet und mir kein Bild eingeprägt. Meine Augen und mein Geist hatten mich im Stich gelassen. Ich redete mir ein, dies sei wichtig oder gar lehrreich. Natürlich gab es ein Mittel dagegen. Ich langte ohne aufzustehen nach der Whiskyflasche, goß mir ein halbes Glas ein, roch daran und goß es zurück in die Flasche. Es gab kein Mittel.

Charley war nicht wiedergekommen. Ich machte die Tür auf und pfiff nach ihm und bekam keine Antwort. Das brachte mich auf die Beine. Ich griff nach meiner Suchlampe und hielt den Strahl in den Canyon hinein. In etwa fünfzig Meter Entfernung blitzten zwei Augen auf. Ich rannte hin, und da stand er und starrte ins Leere, genau wie ich es vorhin getan hatte.

»Was ist los, Charley, geht's dir nicht gut?«

Sein Schwanz wedelte langsam die Antworten. »Doch, ja. Ganz gut, glaube ich.«

»Warum bist du nicht gekommen, als ich gepfiffen habe?«

»Ich hab dich nicht pfeifen gehört.«

»Was starrst du da an?«

»Ich weiß nicht. Nix, glaube ich.«

»Willst du nichts fressen?«

»Ich hab keinen Hunger. Aber ich will mir ein bißchen die Beine vertreten.«

Als wir in die Kajüte zurückkamen, ließ er sich auf den Boden fallen und legte das Kinn auf die Pfoten.

»Komm aufs Bett, Charley. Laß uns gemeinsam Trübsal blasen.« Er gehorchte ohne große Begeisterung, und ich kraulte ihn am Kopf und hinter den Ohren, wo er es gern hat. »Na, wie ist das?«

Er bewegte den Kopf. »Bißchen weiter links. Ja, so. Jaaa, das ist die Stelle.«

»Wir wären lausige Forscher. Ein paar Tage draußen, und wir kriegen den Blues. Der erste weiße Mann, der hier durchgekommen ist – ich glaube, er hieß Narváez, und wenn ich mich nicht täusche, brauchte er für die kleine Spritztour sechs Jahre. Rutsch mal rüber, ich will das nachschlagen. Von wegen, es waren acht Jahre – 1528 bis 1536. Und Narváez selber ist gar nicht so weit gekommen. Aber vier von seinen Männern, immerhin. Ich frage mich, ob sie jemals den Blues gekriegt haben. Wir sind verweichlicht, Charley. Vielleicht ist es jetzt Zeit für 'ne kleine Aufmerksamkeit. Wann hast du Geburtstag?«

»Keine Ahnung. Vielleicht wie die Pferde, am 1. Januar.«

»Könnte es auch heute sein?«

»Wer weiß?«

»Ich könnte dir einen Kuchen backen. Müßte aber Pfannkuchen sein, denn was anderes habe ich nicht. Mit viel Sirup und einer Kerze obendrauf.«

Charley beobachtete die Zubereitung mit einigem Interesse. Sein alberner Schwanz machte zierliche Konversation. »Jeder sähe, du machst Geburtstagskuchen für'n Hund, der wo nicht mal weiß, wann sein Geburtstag, würde meinen, du wärst verrückt.«

»Wenn du mit deinem Schwanz keine bessere Grammatik als das da zustandebringst, ist es vielleicht ganz gut, daß du nicht sprechen kannst.«

Es wurde am Ende ganz gut – vier Schichten Pfannkuchen mit Ahornsirup dazwischen und obendrauf der Stummel einer Bergmannskerze. Ich trank auf Charleys Wohl einen puren Whisky, während er fraß und den Sirup aufleckte. Danach fühlten wir uns beide besser. Aber da waren diese Narváez-Leute – acht Jahre. Damals gab es noch Männer.

Charley leckte sich den Sirup aus dem Bart. »Was macht dich so grüblerisch?«

»Es ist, weil ich aufgehört habe zu sehen. Wenn das passiert, denkst du, du wirst nie wieder sehen.«

Er stand auf und streckte sich, erst vorne, dann hinten. »Laß uns einen Spaziergang den Hügel rauf machen«, schlug er vor. »Vielleicht hast du ja schon wieder angefangen.«

Wir inspizierten den Haufen zerbrochener Whiskyflaschen und gingen dann weiter den Pfad hinauf. Die trockene Frostluft kam in Dampfwolken aus uns heraus. Ein ziemlich großes Tier lief springend den steinigen Hang hinauf, oder vielleicht war es ein kleines Tier, das eine große kleine Lawine von Steinen lostrat.

»Was sagt deine Nase, was war das?«

»Nichts, was ich kenne, 'ne Art Moschusgeruch. Jedenfalls nichts, was ich jagen werde.«

Die Nacht war so dunkel, daß sie mit glitzernden Punkten gesprenkelt schien. Mein Licht ließ etwas an der steilen Felsenbank aufblitzen. Ich kletterte hinauf, rutschend und stolpernd, verlor das Lichtecho aus den Augen und fand es wieder, ein schönes glattes, frisch abgesplittertes Steinchen mit einem Stück Glimmer darin – nichts Wertvolles, aber etwas, das sich gut anfühlte, so daß man es gerne bei sich hat. Ich steckte es in die Tasche, und wir gingen zu Bett.

Vierter Teil

Als ich den Plan zu begann, war mir klar, daß ich früher oder später würde auf Texas eingehen müssen, und ich fürchtete mich davor. Ich würde Texas ungefähr so leicht umgehen können wie ein Weltraum-Reisender die Milchstraße. Es schiebt seinen großen alten »Pfannenstiel« weit nach Norden hinauf, und es schlappt und schlurft am Rio Grande entlang. Ist man einmal nach Texas hineingelangt, scheint es eine Ewigkeit zu dauern, bis man wieder draußen ist, und manche Leute schaffen es nie.

Ich möchte aber gleich sagen, daß ich Texas auch dann nicht hätte umgehen können, wenn ich es gewollt hätte, denn ich bin in Texas beweibt und beschwiegermuttert, beonkelt und betantet und bevettert, fast mit jedem Zoll meines Lebens. Ihm geographisch fernzubleiben hätte mir nicht das geringste geholfen, denn Texas geht mitten durch unser Haus in New York und durch unser Cottage in Sag Harbor, und als wir eine Wohnung in Paris hatten, war Texas auch dort. Es durchdringt die Welt in geradezu lächerlichem Ausmaß. Als ich einmal in Florenz eine reizende kleine italienische Prinzessin kennenlernte, sagte ich zu ihrem Vater: »Sie sieht aber gar nicht italienisch aus. Es mag seltsam klingen, aber sie sieht aus wie eine Indianerin.« Worauf ihr Vater erwiderte: »Warum auch nicht? Ihr Großvater hat eine Cherokee in Texas geheiratet.«

Autoren, die das Problem Texas ins Auge fassen, sehen sich in Allgemeingültigkeiten ertrinken, und ich mache da keine Ausnahme. Texas ist nicht irgendein Staat, Texas ist ein *state of mind*, ein Geisteszustand. Texas ist eine Obsession. Vor allem ist Texas eine Nation in jedem Sinne des Wortes. Und es gibt eine Vorhut von Allgemeingültigkeiten. Ein Texaner außerhalb von Texas ist ein Ausländer. Meine Frau bezeichnet sich als eine fortgegangene

Texanerin, aber das stimmt nur halb. Sie hat praktisch keinen Akzent mehr, doch sobald sie mit einem Texaner spricht, fällt sie zurück. Man muß nicht sehr tief graben, um ihre Herkunft zu entdecken. Sie spricht solche Wörter wie *yes, air, hair, guess* zweisilbig aus – *yayus, ayer, hayer, gayus*. Und manchmal, in schwachen Momenten, kann das Wort *ink* auch zu *ank* werden. Nachdem unsere Tochter eine längere Zeit in Austin verbracht hatte, besuchte sie New Yorker Freunde. Einmal fragte sie: »*Do you have a pin?*«

»*Certainly, dear*«, sagte ihre Gastgeberin. »*Do you want a straight pin or a safety pin?*«

»*Aont a fountain pin*«, sagte sie.

Ich habe das Problem Texas viele Jahre lang unter vielen Aspekten studiert. Und natürlich wird jede meiner Wahrheiten unweigerlich durch eine andere widerlegt. Ich denke, außerhalb ihres Staates sind Texaner immer ein bißchen verängstigt und sehr zart besaitet, und das kompensieren sie dann mit Prahlerei, Arroganz und lärmender Selbstgefälligkeit – denselben Mitteln, die auch schüchterne Kinder anwenden. Zu Hause sind sie gar nicht so. Diejenigen, die ich kenne, sind artig, freundlich, großzügig und ruhig. In New York hören wir sie immerzu ihre gehätschelte Einmaligkeit preisen. Texas ist der einzige Staat, der durch Vertragsabschluß in die Union gekommen ist. Er hat das Recht, nach Belieben wieder auszutreten. Wir haben sie so oft mit ihrem Austritt drohen hören, daß ich einen enthusiastischen Verein gegründet habe – »Die Amerikanischen Freunde der Loslösung von Texas«. Das macht dem Thema sofort ein Ende. Sie wollen sich loslösen können, aber sie wollen beileibe nicht, daß irgend jemand möchte, daß sie es tun.

Wie die meisten leidenschaftlichen Nationen hat Texas seine eigene Geschichte, die auf Fakten beruht, aber nicht von ihnen begrenzt wird. Die Tradition des harten und nicht umzuwerfenden *frontiersman* ist wahr, aber sie ist nicht die einzige. Nur wenige wissen, daß es in den großen alten Tagen von Virginia drei Strafen für schwere Verbrechen gab – Tod, Verbannung nach Texas und Gefängnis, in dieser Reihenfolge. Und manche der Verbannten müssen Nachkommen gehabt haben.

Auch die ruhmreiche Verteidigung des Alamo gegen die Horden von Santa Anna ist eine Tatsache. Die tapferen Truppen der Texaner haben tatsächlich Mexico ihre Freiheit abgerungen, und Freiheit ist ein heiliges Wort. Aber man muß bis zu zeitgenössischen Beobachtern in Europa gehen, um eine nicht-texanische Meinung über die Art der Tyrannei zu hören, die schließlich zur Revolte führte. Außenstehende Beobachter sagen, es habe zwei Arten von Druck auf die Texaner gegeben. Erstens hätten sie keine Steuern mehr zahlen wollen, und zweitens hatte Mexico 1829 die Sklaverei abgeschafft, und Texas als Teil von Mexico war gehalten, seine Sklaven freizulassen. Natürlich gab es auch noch andere Gründe für die Revolte, aber diese beiden sind für Europäer höchst bemerkenswert und werden bei uns nur selten erwähnt.

Ich habe gesagt, daß Texas ein Geisteszustand ist, aber ich denke, es ist mehr als das. Es ist eine Mystik, die einer Religion nahe kommt. Und zwar in so hohem Maße, daß Texas entweder leidenschaftlich geliebt oder leidenschaftlich gehaßt wird und, wie bei anderen Religionen, nur wenige Leute wagen, es genauer zu untersuchen, aus Angst, sie könnten sich in Mysterien und Paradoxen verlieren. Jede meiner Beobachtungen kann sofort durch eine andere Meinung oder Gegenbeobachtung widerlegt werden, aber ich denke, es wird wenig Streit über meinen Eindruck geben, daß Texas eine Einheit ist. Trotz seiner enormen räumlichen Ausdehnung, trotz all seiner klimatischen und geographischen Unterschiede und trotz all seiner inneren Zänkereien, Kontroversen und Rangeleien hat Texas eine Bindekraft, die vielleicht stärker ist als in jedem anderen Teil Amerikas. Für jeden Texaner, ob reich oder arm, ob im Norden oder an der Golfküste, ob in der Stadt oder auf dem Land, ist Texas die Obsession, der Gegenstand seines Eiferns und der leidenschaftlich gehütete Besitz. Vor einigen Jahren hat Edna Ferber ein Buch über eine sehr kleine Gruppe sehr reicher Texaner geschrieben. Ihre Beschreibung war zutreffend, soweit ich es beurteilen kann, aber der Ton war herabsetzend. Und sofort wurde das Buch von Texanern aller Gruppen, Klassen und Einkommensschichten attackiert. Einen Texaner anzugreifen heißt, die Wut aller Texaner auf sich zu ziehen. Andererseits ist der Texanerwitz eine verehrte Institution, geliebt und in vielen Fällen in Texas selber erfunden.

Die Tradition des Viehzüchters an der Grenze wird in Texas ebenso liebevoll gehegt wie in England der Hinweis auf normannisches Blut. Und obwohl es stimmt, daß viele Familien von Kontraktsiedlern abstammen, die kaum besser gestellt waren als die heutigen gedungenen und geduldeten Tagelöhner, halten alle am Traum vom Langhornrind und vom zaunlosen Horizont fest. Macht ein Mann sein Glück in Öl oder in Regierungsaufträgen, in Chemikalien oder im Lebensmittelgroßhandel, so kauft er sich als erstes eine Ranch, die größte, die er sich leisten kann, und züchtet Vieh. Ein Kandidat für ein öffentliches Amt, der keine Ranch besitzt, hat wenig Aussichten, gewählt zu werden, heißt es. Die Tradition des Landlebens wurzelt tief in der texanischen Seele. Geschäftsleute tragen hochhackige Stiefel, die niemals mit Steigbügeln in Berührung kommen, und Männer von großem Wohlstand, die Häuser in Paris besitzen und regelmäßig in Schottland Moorhühner jagen, bezeichnen sich selbst als *little old country boys*. Es wäre leicht, sich über ihre Haltung lustig zu machen, wenn man nicht wüßte, daß sie auf diese Weise versuchen, ihre Verbindung mit der Kraft und der Schlichtheit des Landes zu halten. Sie fühlen instinktiv, daß dies die Quelle nicht nur des Reichtums, sondern auch der Energie ist. Und die Energie der Texaner ist unbändig und explosiv. Der erfolgreiche Mann mit seiner traditionellen Ranch ist – zumindest nach meiner Erfahrung – kein abwesender Besitzer. Er arbeitet auf ihr, er kümmert sich um seine Herde und mehrt sie. In einem Klima, das so heiß ist, daß es einen fast umwirft, ist auch die Energie buchstäblich umwerfend. Und die Tradition der harten Arbeit wird aufrechterhalten, egal ob sie ein Vermögen oder gar nichts einbringt.

Die Macht einer Haltung ist erstaunlich. Neben anderen bemerkenswerten Neigungen hat Texas auch einen starken Hang zum Militärischen. Die Streitkräfte der Vereinigten Staaten sind voll von Texanern und oft auch beherrscht von Texanern. Sogar die heißgeliebten und spektakulär aufgezogenen Sportwettkämpfe werden fast wie militärische Operationen durchgeführt. Nirgendwo gibt es größere Kapellen oder mehr marschierende Vereine, angeführt von Trupps kostümierter Mädchen, die glitzernde Tambourstäbe durch die Luft wirbeln. Innerstaatliche Footballspiele haben die Glorie und die Verzweiflung von Kriegen, und wenn eine texanische Mannschaft gegen die eines anderen Staates antritt, ist sie eine Armee mit Bannern und Feldzeichen.

Wenn ich immer wieder auf die Energie von Texas zurückkomme, dann deshalb, weil sie mir so bewußt geworden ist. Sie kommt mir wie jene dynamische Stoßkraft vor, die in früheren Zeiten ganze Völker dazu getrieben und in die Lage versetzt hat, sich auf die Wanderschaft zu begeben und andere Länder zu erobern. Die riesige Landmasse von Texas ist reich an erneuerbaren Schätzen. Wäre das nicht so, ich glaube, die unermüdliche Energie der Texaner hätte sich in andere Länder ergossen und sie erobert. Dafür spricht auf seine Weise auch das rastlose Umherschweifen des texanischen Kapitals. Bisher hat sich die Eroberung eher durch Kauf als durch Krieg vollzogen. Die Ölwüsten im Nahen Osten und die sich öffnenden Länder Südamerikas haben den Druck zu spüren bekommen. Daneben gibt es neue Inseln, die sich das Kapital erobert: Fabriken im Mittelwesten, Lebensmittelkonzerne, Werkzeugmaschinen und Preßformen, Holz und Papier. Sogar Verlagshäuser sind zur legitimen Beute des modernen Texas hinzugekommen. Mit diesen Feststellungen will ich weder eine Moral noch eine Warnung ausdrücken. Energie braucht einen Abfluß und wird sich stets einen suchen.

Zu allen Zeiten haben reiche, energiestrotzende und erfolgsverwöhnte Nationen, wenn sie sich ihren Platz in der Welt erobert hatten, Hunger nach Kunst, nach Kultur, sogar nach Bildung und Schönheit verspürt. Die Städte in Texas schießen in die Höhe und Breite. Die Colleges werden mit Schenkungen und Stiftungen überhäuft. Theater und Symphonieorchester sprießen über Nacht aus dem Boden. In jeder großen und heftigen Aufwallung von Energie und Begeisterung muß es Irrtümer und Fehlkalkulationen geben, auch Verstöße gegen Vernunft und Geschmack. Und immer gibt es die unproduktive Bruderschaft der Kritiker, die nur herabsetzen und verspotten, ihr Entsetzen und ihre Verachtung ausdrücken können. Mein Interesse gilt eher der Tatsache, daß dies alles überhaupt zustande gekommen ist. Es wird zweifellos Tausende von schrecklichen Fehlern geben, aber solange die Welt besteht, hat es die Künstler immer dorthin gezogen, wo sie willkommen waren und gut behandelt wurden.

Durch sein Wesen und seine Größe lädt Texas zu Allgemeingültigkeiten ein, und die Allgemeingültigkeiten enden gewöhnlich beim Paradox – der *little ol' country boy* im Symphoniekonzert, der Viehzüchter in Stiefeln und Jeans, der bei Neiman-Marcus chinesische Jade kauft.

Politisch setzt Texas seine Paradoxe fort. Traditionell und nostalgischerweise ist es demokratisch gesinnt, wie es sich für den Alten Süden gehört, aber das hindert es nicht daran, bei nationalen Wahlen republikanisch zu wählen, während es Liberale in die Stadt- und Bezirksparlamente schickt. Meine Eingangsfeststellung gilt noch immer – jede Aussage über Texas kann durch eine andere widerlegt werden.

Die meisten Gegenden in der Welt lassen sich nach Breiten- und Längengrad lokalisieren, nach der chemischen Zusammensetzung ihrer Erde, Luft und Gewässer beschreiben, mit identifizierter Flora bepflanzen und mit bekannter Fauna bevölkern, und irgendwann ist man damit zu Ende. Dann gibt es andere, in denen Fabeln, Mythen, Wunschvorstellungen, Liebe, Begehren oder Vorurteile hinzukommen und eine nüchterne, klare Einschätzung so sehr verzerren, daß eine Art von hochgeputschter magischer Konfusion das Bild beherrscht. Griechenland ist solch eine Gegend und jene Teile von England, in denen König Artus wandelte. Ein wichtiges Merkmal solcher Orte, wie ich sie hier zu definieren versuche, ist, daß sie zu einem sehr großen Teil persönlich und subjektiv sind. Und gewiß ist Texas solch eine Weltgegend.

Ich bin in vielen Teilen von Texas gewesen und kann sagen, daß ich innerhalb seiner Grenzen fast alle Arten von Landschaft, Bodenformen und Klimata gesehen habe, die es auf der Erde gibt, abgesehen von der Arktis, aber ein guter Nordwind kann sogar ihren eisigen Atem bis hier herunterbringen. Die strengen, nur vom Horizont begrenzten Ebenen des »Pfannenstiels« im Norden haben nichts gemein mit den bewaldeten Hügeln und lieblichen Bächen der Davies Mountains. Die reichen Zitrushaine im Tal des Rio Grande stehen in keiner Beziehung zu den Sagebrush-Weiden in Südtexas. Die feuchte heiße Luft an der Golfküste ist das Gegenteil der kühlen kristallklaren Luft im Nordwesten. Und Austin auf seinen Hügeln zwischen gepflegten Seen könnte Welten von Dallas entfernt sein.

Was ich damit sagen will, ist, daß es in Texas keine physikalische oder geographische Einheit gibt. Seine Einheit steckt in den Köpfen, und nicht nur in denen der Texaner. Der Name Texas wird für jedermann in der Welt immer mehr zu einem Symbol. Ohne Frage ist diese *Texas-in-the-mind*-Fabel oft synthetisch, manchmal verlogen und meistens romantisch, aber das mindert in keiner Weise ihre Symbolkraft.

Die vorstehenden Bemerkungen über das Wesen der Idee von Texas hatte ich als ein Präludium zu meiner Reise durch Texas mit Charley in Rosinante geschrieben. Es war mir klar, daß dieser Teil der Reise anders verlaufen mußte als die übrigen. Erstens kannte ich das Land schon, und zweitens hatte ich dort Freunde und angeheiratete Verwandte, und eine solche Situation macht Objektivität praktisch unmöglich, denn ich kenne kein Land, in dem die Gastfreundschaft mit solcher Inbrunst ausgeübt wird wie in Texas.

Bevor jedoch diese höchst angenehme und manchmal etwas anstrengende menschliche Eigenschaft sich meiner bemächtigte, verbrachte ich noch drei Tage der Namenlosigkeit in einem schönen Motel mitten in Amarillo. Ein überholender Wagen auf einer Schotterstraße hatte Kies aufgewirbelt und Rosinantes Windschutzscheibe zertrümmert, so daß sie ersetzt werden mußte. Aber was noch schlimmer war, Charley wurde wieder von seinem alten Leiden geplagt, und diesmal war er sehr in Nöten und hatte große Schmerzen. Ich mußte an den unfähigen armen Tierarzt im Nordwesten denken, der nichts verstand und sich nichts daraus machte. Und mir fiel ein, wie peinlich berührt und verächtlich ihn Charley angesehen hatte.

In Amarillo erwies sich der Doktor, den ich gerufen hatte, als ein junger Mann. Er kam in einem Kabrio mittlerer Preislage vorgefahren. Er beugte sich über Charley. »Was hat er denn?« fragte er. Ich schilderte ihm Charleys Nöte. Die Hände des jungen Tierarztes betasteten die Hüften und den geblähten Unterleib – geübte und wissende Hände. Charley stieß einen langen Seufzer aus, hob langsam den Schwanz vom Boden und senkte ihn wieder. Er gab sich vertrauensvoll in die Hände des Arztes. Ich habe diese Sofortbeziehung schon früher erlebt, und es ist immer gut, sie zu sehen.

Die kräftigen Finger sondierten und forschten, dann richtete sich der Veterinär auf. »Das kann jedem alten Knaben passieren«, sagte er.

»Ist es das, was ich denke?«

»Ja. Prostatitis.«

»Können Sie die behandeln?«

»Sicher. Ich muß ihn erst entspannen, dann kann ich ihm ein Medikament geben. Können Sie ihn mir für etwa vier Tage überlassen?«

»Ob ich kann oder nicht, ich werde es tun.«

Er hob Charley auf die Arme, trug ihn hinaus und legte ihn auf den Beifahrersitz seines Kabrios, und die Schwanzquaste klopfte freudig erregt auf das Leder. Charley war zufrieden und vertrauensvoll, und ich war es auch. Und so kam es, daß ich ein paar Tage in und um Amarillo blieb. Um die Geschichte abzuschließen, vier Tage später holte ich Charley ab, er war völlig genesen. Der Doktor gab mir Pillen, die ich ihm in regelmäßigen Abständen geben sollte, solange wir reisten, und das Leiden ist nicht wiedergekommen. Es gibt absolut nichts, was einen guten Mann ersetzen kann.

Ich habe nicht vor, mich lange mit Texas aufzuhalten. Seit dem Tod Hollywoods hat der *Lone Star State* dessen Platz des am meisten interviewten, durchleuchteten und diskutierten magischen Ortes eingenommen. Aber kein Bericht über Texas wäre vollständig ohne eine texanische Orgie, die zeigt, wie schwerreiche Leute ihre Millionen für geschmacklosen und schwelgerischen Exhibitionismus verschleudern. Meine Frau war aus New York herübergekommen, um mich zu treffen, und wir waren zum Thanksgiving Day auf eine texanische Ranch eingeladen. Sie gehörte einem Freund, der manchmal nach New York kommt, wo wir dann für ihn eine Orgie veranstalten. Ich werde seinen Namen nicht nennen, sondern mich an den alten Brauch halten, die Leser raten zu lassen. Ich nehme an, daß er reich ist, obwohl ich ihn nie danach gefragt habe. Wir trafen pünktlich am Nachmittag vor Thanksgiving auf der Ranch ein. Es ist eine schöne Ranch, reich an Wasser und Bäumen und Weideland. Überall hatten Bulldozer Erdwälle aufgeworfen, um das Wasser zu stauen, so daß eine Reihe lebensspendender kleiner Seen entstanden war, die bis ins Zentrum der Ranch führte. Auf saftigen Wiesen grasten reinrassige Hereford-Rinder, die erst aufblickten, wenn wir in einer Staubwolke vorbeifuhren. Ich weiß nicht, wie groß die Ranch ist. Ich habe unseren Gastgeber nicht gefragt.

Das Haus, ein einstöckiges Backsteingebäude, stand in einem Pappelwäldchen auf einer kleinen Anhöhe über einem Teich, der aus einer mit Dämmen eingefaßten Quelle bestand. Auf der dunklen Wasserfläche zuckten Forellen, die dort ausgesetzt worden waren. Das Haus war komfortabel, es hatte drei Schlafzimmer, jedes mit Bad – sowohl Wanne wie Dusche. Das Wohnzimmer, mit gebeizter Kiefer getäfelt, diente zugleich als Eßzimmer, es hatte einen Kamin an der einen Seite und einen Gewehrschrank mit Glastür an der anderen. Durch die offene Küchentür sah man das Personal – eine große dunkle Lady und ein gickelndes Mädchen. Unser Gastgeber kam uns entgegen und half uns das Gepäck hineintragen.

Die Orgie begann unverzüglich. Wir nahmen ein Bad, und kaum waren wir wieder aufgetaucht, bekamen wir einen Scotch mit Soda vorgesetzt, den wir durstig tranken. Danach besichtigten wir den Schuppen auf der anderen Seite des Weges und den Hundezwinger, in dem sich drei Pointer befanden, von denen sich einer nicht so recht wohl fühlte. Dann gingen wir zum Korral, wo die Tochter des Hauses ein Reitpferd trainierte, einen talentierten Hengst namens Specklebottom. Danach inspizierten wir zwei neue Dämme, hinter denen sich langsam Wasser ansammelte, und kommunizierten an mehreren Tränken mit einer kleinen Herde kürzlich erworbener Rinder. Von diesen Ausschweifungen erschöpft, kehrten wir ins Haus zurück, um ein kurzes Nickerchen zu machen.

Aus dem erwachten wir, um zu sehen, wie befreundete Nachbarn eintrafen. Sie brachten einen großen Topf Chili con carne mit, das sie nach einem Familienrezept zubereitet hatten, das beste, das ich je gekostet habe. Nun trafen immer mehr reiche Leute ein, die ihren Status in Jeans und Reitstiefeln verbargen. Drinks wurden gereicht, und es begann eine muntere

Konversation, die sich um Jagen, Reiten und Viehzucht drehte, mit viel lautem Gelächter. Ich saß zurückgelehnt vor einem Fenster und beobachtete in der hereinbrechenden Dunkelheit, wie die wilden Truthähne sich zum Übernachten in den Pappeln versammeln. Sie flattern schwerfällig auf und verteilen sich, und plötzlich verschmelzen sie mit dem Baum und sind nicht mehr zu sehen. Ich zählte mindestens dreißig, die angeflogen kamen.

Die Dunkelheit machte das Fenster zu einem Spiegel, in dem ich meinen Gastgeber und seine Gäste beobachten konnte, ohne daß sie es merkten. Sie saßen in dem kleinen holzgetäfelten Raum, einige in Schaukelstühlen und drei der Damen auf einer Couch. Und das Subtile ihrer Protzerei fesselte meine Aufmerksamkeit. Eine der Damen strickte einen Pullover, eine andere legte ein Puzzle, wobei sie sich mit dem Radiergummi eines gelben Bleistifts an die Zähne klopfte. Die Herren sprachen entspannt über Weiden und Wasser und über einen gewissen So-und-so, der sich in England einen prämierten Zuchtbullen gekauft und im Flugzeug mitgebracht hatte. Sie waren in Jeans von jenem hellen Blau gekleidet, noch heller und ein bißchen ausgefranst an den Säumen, das man nur durch hundertmaliges Waschen erreicht.

Aber damit waren die raffiniert ausgeklügelten Details noch nicht zu Ende. Die Stiefel waren auf der Innenseite abgewetzt und mit Pferdeschweiß gesalzen, und die Hacken waren abgetreten. Die offenen Hemdenkrägen der Herren ließen dunkelrote Streifen sonnenverbrannter Haut an den Hälsen erkennen, und ein Gast hatte die Mühe und Kosten nicht gescheut, sich einen Zeigefinger zu brechen, der geschient und mit von einem Handschuh abgeschnittenen Lederstreifen umwickelt war. Der Gastgeber ging sage und schreibe so weit, seinen Gästen an einer Bar zu servieren, die aus einem Kübel Eis, ein paar Quartflaschen Soda, zwei Flaschen Whisky und einem Kasten Limonade bestand!

Der Geruch von Geld war überall. Die Tochter des Hauses zum Beispiel saß auf dem Boden, putzte ein .22er Jagdgewehr und erzählte dabei anspielungsreich-schlüpfrig, wie ihr Hengst Specklebottom einmal über ein Fünfstangen-Korralgatter gesprungen war, um eine Stute im Nachbarcounty zu besuchen. Sie fand, sie habe Eigentumsrechte an dem Fohlen, da Specklebottoms Stammbaum nun einmal sei, was er sei. Die Szene bestätigte alles, was wir immer über die legendären Texas-Millionäre gehört hatten.

Ich mußte unwillkürlich daran denken, wie ich einmal in Pacific Grove ein Haus, das mein Vater dort vor meiner Geburt gebaut hatte, innen neu strich. Mein angeheuerter Helfer arbeitete neben mir, und da keiner von uns ein Experte war, hatten wir uns beide ganz schön bekleckert. Auf einmal sahen wir, daß uns die Farbe ausgegangen war. Ich sagte: »Neal, lauf mal schnell rüber und hol uns 'ne halbe Gallone Farbe und ein Viertel Verdünner.«

»Da muß ich mich erst waschen und umziehen«, sagte er.

»Unsinn! Geh so, wie du bist.«

»Das kann ich nicht.«

»Wieso nicht? Ich würde es tun.«

Daraufhin sagte er etwas sehr Weises und Denkwürdiges: »Man muß unheimlich reich sein, um so schlecht angezogen rumzulaufen wie du.«

Das ist kein Witz. Es ist wahr. Und es galt auch für die Orgie. Wie unvorstellbar reich mußten diese Texaner sein, um so einfach zu leben, wie sie es taten!

Ich machte mit meiner Frau einen Spaziergang um den Forellenteich herum und den Hügel hinauf. Die Luft war kühl, und der Wind, der von Norden kam, hatte den Winter in sich. Wir horchten nach Fröschen, doch sie hatten sich schon zum Winterschlaf verkrochen. Aber wir hörten einen Kojoten in der Ferne heulen und eine Kuh nach ihrem kürzlich entwöhnten Kälbchen rufen. Die Pointer kamen an den Maschendraht des Zwingers, wanden sich umeinander wie zufriedene Schlangen und niesten begeistert, und sogar der kränkliche kam aus seiner Hütte und linste nach uns. Dann standen wir im Tor der großen Scheune und rochen die Süße der Alfalfa und den brotartigen Geruch der in Rollen gepreßten Gerste. Am Korral schnaubten uns die Zuchtpferde an und rieben die Köpfe an den Stangen, und Specklebottom schlug nach einem kastrierten Freund aus, nur um in Übung zu bleiben. Eulen flogen mit schrillem Jagdgeheul durch die Nacht, und aus der Ferne ertönte der rhythmische Ruf eines Nachthabichts. Ich wünschte, Able Barker Charley Dog hätte dabeisein können. Er hätte diese Nacht genossen. Aber er lag entspannt unter Sedativa in Amarillo, um seine Prostataentzündung auszukurieren. Der scharfe Nordwind zauste die nackten Pappelzweige. Mir schien, daß der Winter, der mir während der ganzen Reise auf den Fersen gewesen war, mich nun endlich eingeholt hatte. Irgendwann in unserer oder zumindest in meiner zoologischen Vergangenheit muß der Winterschlaf ein wichtiger Faktor gewesen sein. Warum sonst macht mich kalte Luft immer so schläfrig? Sie tut es und tat es auch diesmal, und so kehrten wir ins Haus zurück, wo die Geister sich schon zur Ruhe begeben hatten, und gingen zu Bett.

Ich wachte früh auf. Ich hatte zwei Angelruten außen vor unserem Zimmer an der Wand lehnen sehen. Ich ging den Grashang hinunter und rutschte auf dem frostglatten Boden an den Rand des dunklen Teiches. Ein künstlicher Köder war bereits an der Schnur befestigt, eine schwarze Fliege, ein bißchen abgenutzt, aber noch haarig genug. Kaum hatte sie die Wasserfläche berührt, begann es zu brodeln und zu schäumen. Ich zog eine fünfundzwanzig Zentimeter lange Regenbogenforelle heraus, warf sie aufs Gras und schlug ihr auf den Kopf. Nach vier Würfen hatte ich vier Forellen. Ich nahm sie aus und warf die Innereien zu ihren Freunden ins Wasser.

In der Küche gab mir die Köchin heißen Kaffee, und ich saß in einer Nische, während sie meine Fische in Maismehl wälzte, in

Speckfett knusprig briet und mir unter einer hauchdünnen Lage Speck servierte, die mir im Mund zerkrumpelte. Es war lange her, daß ich so frische Forellen gegessen hatte, fünf Minuten vom Wasser bis in die Pfanne. Man faßt sie mit spitzen Fingern an Kopf und Schwanz und knabbert sie vom Rückgrat her ab, und zuletzt verzehrt man den Schwanz, der knusprig wie ein Kartoffelchip ist. Der Kaffee hat den speziellen Geschmack eines frostigen Morgens, und die dritte Tasse ist so gut wie die erste. Ich hätte noch lange in der Küche herumsitzen und mit der Köchin über dies und das reden können, aber sie komplimentierte mich hinaus, weil sie zwei Truthähne für die Thanksgiving-Orgie herrichten mußte.

Im Schein der Vormittagssonne gingen wir auf die Wachteljagd, ich mit meiner schimmernden alten Zwölferflinte mit dem zerkratzten Lauf, die ich in Rosinante mitführte. Sie war nichts Besonderes gewesen, als ich sie vor fünfzehn Jahren gekauft hatte, und sie ist seitdem nicht besser geworden. Aber ich denke, sie ist so gut, wie ich bin. Wenn ich gut ziele, trifft sie auch. Doch bevor wir losgingen, blickte ich mit einer gewissen Sehnsucht durch die gläserne Schranktür auf eine 12-kalibrige Luigi-Franchi-Doppelflinte mit Purdy-Schloß, die so schön anzusehen war, daß mich blanker Neid erfüllte. Die Gravur auf dem Stahl hatte den perligen Glanz einer Damaszenerklinge, und der Schaft ging ins Schloß und das Schloß in die Läufe über, als wären sie aus einer magischen Pflanze gewachsen. Ich war sicher, daß mein Gastgeber, hätte er meinen begehrlichen Blick gesehen, mir die Schönheit geliehen hätte, aber ich bat ihn nicht darum. Angenommen, ich wäre gestolpert und gestürzt oder hätte sie fallen lassen oder ihren herrlichen Doppellauf an einen Felsen gestoßen? Nein, es wäre, als würden die Kronjuwelen durch ein Minenfeld getragen. Meine zerschundene alte Flinte ist kein Prachtstück, aber ihr ist schon alles passiert, was passieren kann, und so braucht man wenigstens nicht so sehr auf sie achtzugeben.

Eine Woche lang hatte unser Gastgeber beobachtet, wo die Wachtelschwärme sich sammelten. Wir verteilten uns und stapften durch Busch und Dickicht, ins Wasser hinein, hinaus und hinauf, während die stahlharten Pointer vor uns herpirschten und eine fette alte Pointerhündin namens Duchesse mit feurigen Augen sie alle und auch uns übertraf. Wir fanden Wachtelspuren im Staub, Wachtelspuren im Sand und Schlamm der Bachbetten, Flaum von Wachtelfedern an den trockenen Spitzen des Sagebrush. Wir gingen meilenweit, langsam, die Flinten im Anschlag, ständig bereit, auf einen burrenden Schwarm zu schießen. Und wir sahen keine einzige Wachtel. Auch die Hunde sahen und rochen keine einzige Wachtel. Wir erzählten uns Geschichten und wohl auch jägerlateinische Lügengeschichten über frühere Wachteljagden, aber es half nichts. Die Wachteln waren weg, einfach weg. Ich bin nur ein mittelmäßiger Wachteljäger, aber die anderen waren erstklassige, die Hunde waren Profis, scharfsinnig, hart und ausdauernd. Keine Wachteln. Aber eines ist schön an der Jagd: Auch ohne Vögel macht man lieber mit, als daß man zu Hause bleibt.

Mein Gastgeber dachte, mir bräche das Herz. »Weißt du was?« sagte er, »du nimmst heut nachmittag deine kleine .222er und schießt dir einen wilden Truthahn.«

»Wie viele gibt es davon?« fragte ich.

»Nun, vor zwei Jahren habe ich dreißig ausgesetzt. Ich denke, es müßten jetzt so um die achtzig sein.«

»In dem Schwarm, der gestern abend zum Haus geflogen kam, habe ich dreißig gezählt.«

»Es gibt noch zwei andere Schwärme«, sagte er.

Ich wollte wirklich keinen Truthahn haben. Was sollte ich in Rosinante mit ihm anfangen? »Warte noch ein Jahr«, sagte ich. »Wenn es hundert geworden sind, dann komme ich wieder und jage mit dir.«

Wir kamen ins Haus zurück, duschten und rasierten uns, und weil Thanksgiving Day war, zogen wir weiße Hemden und

Jacketts an und banden uns Krawatten um. Die Orgie begann pünktlich um zwei Uhr nachmittags. Ich übergehe die Details, um die Leser nicht zu schockieren, und ich sehe auch keinen Grund, diese Leute dem Hohn und Spott preiszugeben. Nach zwei guten Gläsern Whisky wurden die beiden braunglänzenden Truthähne aufgetragen, vom Hausherrn tranchiert und von uns auf die Teller verteilt. Wir sprachen das Tischgebet, dann stießen wir auf alle Anwesenden an und schlugen uns bis zur Bewußtlosigkeit voll. Danach machten wir, ganz wie die dekadenten Römer an Petronius' Tafel, einen Spaziergang und zogen uns zu dem ebenso nötigen wie unvermeidlichen Nickerchen zurück. Das war meine Thanksgiving-Orgie in Texas.

Natürlich glaube ich nicht, daß sie jeden Tag so leben. Sie könnten das gar nicht durchhalten. Und so ähnlich geht es zu, wenn sie uns in New York besuchen kommen. Natürlich wollen sie Shows sehen und in Nachtklubs gehen. Und nach ein paar Tagen sagen sie dann: »Wir begreifen einfach nicht, wie ihr so leben könnt.« Worauf wir antworten: »Wir können es nicht. Und wenn ihr wieder weg seid, tun wir es auch nicht.«

So, jetzt ist mir wohler, nachdem ich hier im gnadenlosen Licht der nüchternen Forschung die dekadenten Praktiken der reichen Texaner, die mir bekannt sind, dargelegt habe. Aber ich glaube keine Sekunde lang, daß sie jeden Tag Chili con carne oder gebratenen Truthahn essen.

Als ich den Plan zu meiner Reise faßte, hatte ich einige präzise Fragen, auf die ich passende Antworten haben wollte. Es schienen mir keine unmöglichen Fragen zu sein. Ich glaube, sie lassen sich alle in dieser einen zusammenfassen: »Wie sind die Amerikaner heute?«

In Europa ist es ein beliebtes Spiel zu beschreiben, wie die Amerikaner sind. Jeder scheint es zu wissen. Und auch wir sind sehr glücklich mit diesem Spiel. Wie oft habe ich einen meiner Landsleute nach einer dreiwöchigen Europatour im Brustton der Überzeugung das Wesen der Franzosen, der Briten, der Deutschen und vor allem der Russen beschreiben hören. Auf meinen Reisen habe ich früh den Unterschied zwischen *einem* Amerikaner und *den* Amerikanern gelernt. Sie sind einander so fern, daß man sie für Gegensätze halten könnte. Ich habe oft erlebt, daß ein Europäer, nachdem er die Amerikaner feindselig und voller Hohn beschrieben hatte, sich zu mir drehte und sagte: »Natürlich meine ich nicht Sie, ich spreche nur von diesen anderen.« Letztlich läuft es auf dies hinaus: *Die* Amerikaner und *die* Briten sind jene gesichtlose Masse, die man nicht kennt, aber *ein* Franzose oder *ein* Italiener, das sind unsere guten Bekannten und Freunde. Sie haben keine der Eigenschaften, die wir aufgrund unserer Unkenntnis hassen.

Ich hatte dies immer für eine Art von semantischer Falle gehalten, aber als ich durch mein eigenes Land fuhr, war ich mir dessen nicht mehr so sicher. Die Amerikaner, die ich sah und mit denen ich sprach, waren tatsächlich Individuen, jeder verschieden vom anderen, doch allmählich begann ich zu spüren, daß es *die* Amerikaner wirklich gibt, daß sie wirklich so etwas wie gemeinsame Merkmale haben, unabhängig von ihrem Heimatstaat, ihrem sozialen und finanziellen Status, ihrer Erziehung, ihrer Religion und ihren politischen Überzeugungen. Doch wenn es tatsächlich ein Bild der Amerikaner gibt, das eher der Wahrheit nahekommt, als Feindseligkeit oder Wunschdenken zu spiegeln, was ist das dann für ein Bild? Wie sieht es aus? Welche Wirkung hat es? Wenn derselbe Song, derselbe Witz, dieselbe Mode mit einem Schlag durch alle Teile des Landes fegen, dann müssen alle Amerikaner in irgendeinem Punkt gleich sein. Die Tatsache, daß derselbe Witz und dieselbe Mode in Frankreich oder England oder Italien *nicht* ankommen, spricht für die Richtigkeit dieser Vermutung. Doch je länger ich das mir vor Augen stehende Bild des Amerikaners betrachtete, desto unsicherer wurde ich mir. Es erschien mir immer paradoxer, und ich habe die Erfahrung gemacht, daß ein zu häufiges Auftreten von Paradoxen gemeinhin bedeutet, daß bestimmte Faktoren in der Gleichung fehlen.

Nun war ich durch eine Vielzahl von Staaten gereist, von denen jeder seinen eigenen Charakter hat, und war einer Unzahl von Menschen begegnet, und vor mir lag ein Gebiet, das zu sehen ich mich fürchtete, aber das ich sehen und hören mußte: der Süden. Ich fühle mich nicht von Schmerz und Gewalt angezogen. Ich bleibe nie bei Unfällen stehen, solange ich nicht helfen kann, und ich weide mich nicht an Straßenkämpfen. Ich sah dem Süden mit Grauen entgegen. Hier herrschten, soviel war mir klar, Leid und Chaos und all die manischen Folgen von Verwirrung und Angst. Und da der Süden ein Teil des Landes ist, zieht seine Pein ganz Amerika in Mitleidenschaft.

Wie jedermann kannte ich die zwar richtige, aber unvollständige Darstellung des Problems – eine Ursünde der Väter wird an den Kindern der folgenden Generationen vergolten. Ich habe viele Freunde im Süden, Schwarze und Weiße, von denen viele großartige Köpfe und Charaktere sind, und oft, wenn im Gespräch auch nur eine Andeutung der Schwarz-Weiß-Problematik aufkam, habe ich bei ihnen gesehen und gespürt, daß sie einen Erfahrungsraum betraten, in den ich ihnen nicht folgen konnte.

Vielleicht ist mir, mehr als den meisten anderen Amerikanern aus dem sogenannten Norden, ein volles und emotionales Verständnis dieser Leidensgeschichte nicht deshalb versperrt, weil ich als Weißer keine Erfahrung mit Schwarzen hätte, sondern gerade wegen der besonderen Art meiner Erfahrung.

In Salinas, wo ich geboren, aufgewachsen und zur Schule gegangen bin, also meine prägenden Eindrücke empfangen habe, gab es nur eine einzige schwarze Familie. Sie hießen Cooper, die Eltern waren schon in der Stadt, als ich zur Welt kam, und sie hatten drei Söhne; einer war etwas älter als ich, einer in meinem Alter und einer ein Jahr jünger, so daß ich in Grund- und Oberschule immer einen Cooper in der Klasse über mir, einen in meiner Klasse und einen in der darunter hatte. Mit einem Wort, ich war von Coopers eingekreist. Der Vater, der allgemein Mr. Cooper genannt wurde, hatte ein kleines Fuhrunternehmen, er war fleißig und verdiente sich einen gediegenen Lebensstandard. Mrs. Cooper war eine freundliche, warmherzige Frau, bei der man immer ein Stück Ingwerkuchen bekam, wenn man ein bißchen bettelte.

Wenn es in Salinas jemals ein Vorurteil wegen der Hautfarbe gab, dann habe ich jedenfalls nie einen Hauch davon mitbekommen oder gespürt. Die Coopers waren geachtete Bürger, und ihrer Selbstachtung wurde in keiner Weise Gewalt angetan. Ulysses, der älteste, war einer der besten Stabhochspringer, den unsere Stadt je hervorgebracht hat, ein hochgewachsener ruhiger Junge. Ich erinnere mich an die natürliche Anmut seiner Bewegungen in einem Trainingsanzug, und ich weiß noch, wie sehr ich ihn um seine perfekte Körperbeherrschung beneidete. Er starb in seinem dritten Highschool-Jahr, ich war einer seiner Sargträger, und ich glaube, ich beging die Sünde, stolz darauf zu sein, daß ich ausgewählt worden war. Der zweite Sohn, Ignatius, mein Klassenkamerad, war nicht mein Favorit, wie ich jetzt entdecke, denn er war weit und breit der beste Schüler. In Rechnen und später in Mathematik übertraf er uns alle, und in Latein war er nicht nur besser, sondern schrieb auch nicht ab. Wer kann einen solchen Klassenkameraden schon leiden? Der jüngste Cooper – das Nesthäkchen – war ein einziges Strahlen. Merkwürdig, daß ich mich nicht mehr an seinen Vornamen erinnere. Er war ein geborener Musiker, und als ich ihn das letzte Mal sah, steckte er tief in einer Komposition, die meinem unvollkommen geschulten Ohr kühn, originell und gelungen schien. Doch unabhängig von diesen Begabungen waren die Cooper-Jungen meine Freunde.

Dies also waren die einzigen Schwarzen, die ich in den Tagen meiner unbeschwerten Kindheit und Jugend gekannt oder auch nur von ferne wahrgenommen hatte, woran man sieht, wie wenig ich auf die große weite Welt vorbereitet war. Als ich zum Beispiel hörte, daß die Schwarzen eine minderwertige Rasse seien, dachte ich, der so Redende sei schlecht informiert. Als ich zum ersten Mal hörte, daß Neger dreckig seien, dachte ich an Mrs. Coopers blitzsaubere Küche. Faul? Das Rattern von Mr. Coopers Pferdewagen auf der Straße pflegte uns früh am Morgen zu wecken. Unredlich? Mr. Cooper war einer der wenigen Bürger von Salinas, die Schulden nie länger als bis zum Fünfzehnten des Monats stehenließen.

Heute ist mir klar, daß die Coopers sich in noch etwas von den anderen Schwarzen unterschieden, die ich seither gesehen und kennengelernt habe. Da sie nicht gekränkt oder beleidigt wurden, waren sie nicht abweisend oder streitsüchtig. Da ihre Würde unverletzt war, hatten sie es nicht nötig, aggressiv zu sein, und da die Cooper-Jungen nie gehört hatten, daß sie minderwertig seien, konnten sie ihre Anlagen voll entfalten.

Dies war meine Erfahrung mit Schwarzen, bis ich voll erwachsen war, vielleicht zu erwachsen, um die starren Gewohnheiten aus der Kinder- und Jugendzeit noch zu ändern. O ja, ich habe viel gesehen seitdem, ich habe die erschütternden Wellen der Gewalt und Verzweiflung und heillosen Verirrung durchaus wahrgenommen. Ich habe schwarze Kinder gesehen, die tatsächlich unfähig waren zu lernen, besonders die, denen bereits im zartesten Kindesalter ständig gesagt worden war, daß sie minderwertig seien. Wenn ich an die Coopers denke und mir vergegenwärtige, wie wir sie damals empfunden hatten, dann ist mein beherrschendes Gefühl heute, scheint mir, der Kummer über den Vorhang aus Angst und Wut, der sich zwischen uns gesenkt hat. Gerade ist mir eine amüsante Möglichkeit eingefallen: Wenn uns in Salinas jemand aus einer weiseren und komplizierteren Welt gefragt hätte: »Wie fänden Sie es, wenn Ihre Schwester einen Cooper heiraten wollte?«, hätten wir vermutlich gelacht. Denn es wäre uns vielleicht in den Sinn gekommen, daß ein Cooper unsere Schwester womöglich gar nicht hätte haben wollen, so gut befreundet wir auch waren.

Bleibt also zu konstatieren, daß ich zutiefst ungeeignet bin, mich im Rassenkonflikt auf eine Seite zu schlagen. Ich muß zugeben, daß Grausamkeit und Gewalt gegenüber Schwachen mich vor Wut krank machen, aber das gilt für die Behandlung jedes Schwachen durch jeden Starken.

Unabhängig von meinem Versagen als Rassist war mir klar, daß ich im Süden nicht willkommen war. Wenn Menschen sich in etwas verbeißen, worauf sie nicht stolz sind, haben sie ungern Zeugen dabei. Tatsächlich glauben sie am Ende nicht selten, die Zeugen seien der Grund des Übels.

In meinen Diskussionen über den Süden habe ich immer nur von der Gewalt gesprochen, die durch die *desegregation movements*, die Bewegungen zur Aufhebung der Rassentrennung ausgelöst wird – wenn schwarze und weiße Kinder gemeinsam zur Schule gehen, wenn junge Schwarze das fragwürdige Privileg einfordern, neben den Weißen an der Lunchtheke Platz zu nehmen, im selben Bus fahren und dieselben Toiletten benutzen zu dürfen. Dabei gilt mein Interesse besonders der Schulfrage, denn mir will scheinen, daß die Pest nur dann verschwinden kann, wenn es Millionen Coopers gibt.

Vor kurzem verdeutlichte mir ein guter Freund aus dem Süden hitzig die Theorie, nach welcher Schwarze und Weiße

»gleich, aber getrennt« sein sollten. »Wie es sich trifft«, sagte er, »gibt es in meiner Stadt drei neue Schulen für Schwarze, die denen für Weiße nicht nur gleich, sondern überlegen sind. Sollte man also nicht meinen, sie könnten damit zufrieden sein? Und in den Busbahnhöfen sind die Waschräume und Toiletten absolut gleich. Was sagst du dazu?«

Ich sagte: »Vielleicht ist es eine Frage der Ignoranz. Ihr könntet das Problem lösen und sie wirklich auf ihren Platz verweisen, wenn ihr einfach die Schulen und Toiletten vertauschen würdet. Sobald sie merken, daß eure Schulen und eure Toiletten nicht so gut sind wie ihre, würden sie ihren Irrtum erkennen.«

Und was hat er darauf geantwortet? Er sagte: »Du aufrührerischer Hundesohn!« Aber er sagte es lächelnd.

Gegen Ende 1960, als ich mich noch in Texas befand, war das am meisten in der Presse beschriebene und fotografierte Ereignis die Einschulung einiger sehr kleiner schwarzer Kinder in New Orleans. Hinter diesen kleinen schwarzen Würmchen stand die Hoheit des Gesetzes und seine Macht, Zwang auszuüben – Waage und Schwert der Justitia waren beide auf seiten der Kinder –, aber gegen sie standen dreihundert Jahre der Furcht und der Wut und der Angst vor Veränderung in einer sich verändernden Welt. Jeden Tag waren Fotos in den Zeitungen und Reportagen im Fernsehen. Was die Reporter so wild auf die Geschichte machte, war eine Gruppe von korpulenten Frauen mittleren Alters, die sich, ausgehend von einer eigenartigen Definition des Wortes »Mutter«, jeden Tag versammelten, um die Kinder lauthals zu beschimpfen. Eine kleine Anzahl von ihnen hatte sich darin so hervorgetan, daß sie als *the Cheerleaders* bekannt geworden waren, als wären sie die Anführer einer Buhrufertruppe, und jeden Tag versammelte sich eine große Menge, um ihrer Darbietung zu applaudieren.

Dieses seltsame Drama kam mir so unwahrscheinlich vor, daß ich spürte, ich mußte es mir ansehen. Es hatte die gleiche Anziehungskraft wie ein Kalb mit fünf Beinen oder ein Embryo mit zwei Köpfen in einem Kuriositätenkabinett, Zerrbilder des normalen Lebens, die wir schon immer so interessant fanden, daß wir bereit waren, für ihren Anblick zu bezahlen, vielleicht um uns zu beweisen, daß wir die richtige Anzahl von Beinen oder Köpfen haben. In der New-Orleans-Show witterte ich eine Mischung aus dem Ergötzen am unwahrscheinlichen Abnormen und dem Grauen darüber, daß so etwas möglich war.

Zu dieser Zeit hatte der Winter, der mir während der ganzen Reise auf den Fersen gewesen war, plötzlich mit einem kalten Nordwind zugeschlagen. Er brachte Eis und gefrierende Graupel und machte die Straßen spiegelglatt. Ich holte Charley bei dem guten Doktor ab. Er sah halb so alt aus und fühlte sich pudelwohl, und um das zu beweisen, rannte und sprang er umher und wälzte sich und lachte und stieß kleine Freudenjuchzer aus. Es war ein gutes Gefühl, ihn wieder bei mir zu haben, wie er da aufrecht neben mir saß und geradeaus auf die abrollende Straße blickte oder sich zum Schlafen zusammenkringelte und den Kopf in meinen Schoß legte, die albernen Ohren in bequemer Reichweite zum Kraulen. Dieser Hund kann schlafen und dabei jede Menge wohlbedachter Liebkosungen empfangen.

Wir trödelten jetzt nicht mehr, sondern legten ein zügiges Tempo vor. Wegen der vereisten Straßen konnten wir zwar nicht schnell fahren, aber wir fuhren unermüdlich, ohne viel auf das rechts und links vorüberziehende Texas zu achten. Und Texas wollte und wollte nicht enden – Sweetwater, Ballinger, Austin. Wir umfuhren Houston. Wir hielten nur zum Tanken und Kaffeetrinken und etwas zwischen die Zähne Schieben. Charley bekam sein Fressen und seinen Spaziergang an Tankstellen. Auch die Nacht hielt uns nicht auf, und als meine Augen vom langen Hinausschauen brannten und meine Schultern kleine Schmerzhügel waren, bog ich auf einen Rastplatz ab und kroch wie ein Maulwurf in mein Bett, nur um die Straße sich weiter hinter meinen geschlossenen Lidern winden zu sehen. Länger als zwei Stunden konnte ich nicht schlafen, dann ging's wieder raus in die bitterkalte Nacht und weiter und weiter. Tümpel und Wassergräben neben der Straße waren fest zugefroren, und die Leute hatten sich Schals und Pullover um die Ohren gewickelt.

Zu anderen Zeiten war ich schweißgebadet, nach Eis und klimatisierten Räumen lechzend in Beaumont angekommen.

Jetzt war die Stadt mit all ihrem gleißenden Neonglanz das, was man eingefroren nennt. Ich fuhr in der Nacht durch Beaumont, genauer gesagt in der Dunkelheit lange nach Mitternacht. Der blaufingrige Mann, der meinen Tank auffüllte, spähte zu Charley hinein und sagte: »Hey, das ist ja ein Hund! Ich dachte schon, Sie hätten 'nen Nigger da drin.« Und er lachte entzückt. Es war das erste Mal von vielen weiteren. Mindestens zwanzigmal habe ich es gehört: »Dachte, Sie hätten 'nen Nigger da drin.« Es war ein ungewöhnlicher Scherz, immer neu, und nie hieß es *Negro* oder auch bloß *Nigra*, immer *Nigger* oder eher *Niggah*. Dieses Wort schien ungemein wichtig zu sein, eine Art Sicherheitswort, an das man sich klammern konnte, für den Fall, daß irgendein Gebäude einstürzte.

Und dann war ich in Louisiana, mit Lake Charles seitlich im Dunkeln, aber meine Lichter glitzerten auf Eis und funkelten auf diamantenem Rauhreif, und die paar Leute, die sich nachts immer auf den Straßen herumtreiben, waren tief vermummt gegen die Kälte. Ich bretterte weiter durch La Fayette und Morgan City und kam in der frühen Morgendämmerung nach Houma, das wie Homer ausgesprochen wird und in meiner Erinnerung einer der angenehmsten Orte der Welt ist. Dort lebt mein alter Freund Doctor St. Martin, ein nobler und gebildeter Mann, ein *Cajun*, wie man die französischstämmigen Bewohner von Louisiana nennt, der meilenweit rings umher die Kinder seiner Landsleute zur Welt gebracht und die Koliken kuriert hat. Ich glaube, er weiß mehr über die Cajuns als jeder andere lebende Mensch, aber ich erinnerte mich voller Sehnsucht an andere Gaben von Doctor St. Martin. Er mixt den besten und subtilsten Martini der Welt mit einem Verfahren, das an Zauberei grenzt. Das einzige, was ich von seiner Formel weiß, ist, daß er für das Eis destilliertes Wasser verwendet und es selber destilliert, um sicher zu gehen. Ich habe *black ducks* an seiner Tafel gegessen – erst zwei Martinis à la St. Martin, dann ein Paar Dunkelenten mit einem Burgunder, der aus der Flasche entbunden wurde, wie wohl ein Baby entbunden wird, und das in einem verdunkelten Haus, dessen Läden am Morgen geschlossen wurden, damit die kühle Nachtluft drinnenblieb. Ich sehe die Tafel noch vor mir mit ihrem Silber, das weich und matt schimmerte wie Zinn, und das erhobene Glas mit dem heiligen Blut der Traube, den Stiel, wie er von den starken Künstlerfingern des Doktors gestreichelt wurde, und ich höre noch das reizende kleine Prosit und Willkommen in der singenden Sprache von Akadien, die einst Französisch war und jetzt sie selber ist. Dieses Bild füllte meine vereiste Windschutzscheibe, und wäre irgendwelcher Verkehr gewesen, hätte es mich zu einem gefährlichen Fahrer gemacht. Aber es war blaßgelbe Morgendämmerung in Houma, und ich wußte, wenn ich hier anhielt, um ihm meine Aufwartung zu machen, dann würden mein Wille und meine Entschlossenheit wegdriften auf dem speziellen Lotos, den Doctor St. Martin zu bereiten verstand, und bis zum Abend würden wir über zeitlose Themen sprechen und am nächsten Abend noch immer. Daher begnügte ich mich mit einer Verbeugung in Richtung meines alten Freundes und hielt weiter auf New Orleans zu, denn ich wollte unbedingt einen Auftritt der Cheerleaders mitbekommen.

Selbst ich bin klug genug, nicht mit einem in New York angemeldeten Auto in die Nähe von Rassenunruhen zu fahren, schon gar nicht mit einem wie Rosinante. Erst am Tag zuvor war ein Reporter verprügelt und seine Kamera zertrümmert worden, denn auch überzeugte Protestierer haben es nicht so gern, wenn ihr historischer Augenblick aufgezeichnet und festgehalten wird.

So fuhr ich gleich am Stadtrand auf einen Parkplatz. Der Wächter kam an mein Fenster. »Mann-o-Mann, ich dachte, Sie hätten 'nen Nigger da drin. Mann-o-Mann, das is' ja'n Hund! Ich seh das große alte schwarze Gesicht und denk mir, das is'n großer alter schwarzer Nigger.«

»Sein Gesicht ist blaugrau, wenn er sauber ist«, sagte ich kühl.

»Na, ich hab schon blaugraue Nigger gesehen, und die waren nich sauber. New York, eh?«

Mir schien, etwas Frostiges wie die Morgenluft kam in seine Stimme. »Bin nur auf der Durchreise«, sagte ich. »Möchte hier ein paar Stunden parken. Können Sie mir ein Taxi rufen?«

»Wissen Sie, was ich wette? Ich wette, Sie wollen die Cheerleaders sehen.«

»Stimmt.«

»Na, dann hoffe ich nur, Sie sind nich einer von diesen Unruhestiftern oder Zeitungsfritzen.«

»Ich möchte mir das nur ansehen.«

»Mann-o-Mann, da werden Sie was zu sehen kriegen! Die sind toll, diese Cheerleaders. Mann-o-Mann, sowas haben Sie noch nich gehört, wenn die loslegen!«

Ich schloß Charley in Rosinante ein, nachdem ich dem Parkwächter meine Behausung gezeigt, ein Glas Whisky vorgesetzt und einen Dollar gegeben hatte. »Seien Sie vorsichtig beim Türaufmachen, wenn ich weg bin«, sagte ich. »Charley nimmt seinen Job ziemlich ernst. Sie könnten eine Hand verlieren.« Das war natürlich eine faustdicke Lüge, aber der Mann sagte: »Okay, Sir. Sie werden mich nicht dabei erwischen, wie ich mit 'nem fremden Hund rumspiele.«

Der Taxifahrer, ein bläßlicher, gelbgesichtiger Mann, vor Kälte zusammengeschrumpft wie eine Kichererbse, sagte: »Ich fahre Sie nur bis ein paar Blocks in die Nähe. Ich will nicht, daß mein Taxi demoliert wird.«

»Ist es so schlimm?«

»Noch nich. Kann aber. Und es kann schlimm werden.«

»Wann geht's los?«

Er sah auf seine Uhr. »Wenn's nich zu kalt ist, kommen sie schon frühmorgens. Jetzt isses Viertel vor. Gehen Sie hin, und Sie werden nichts vermissen, außer es ist zu kalt.«

Ich hatte mich mit meiner alten blauen Jacke und meiner britischen Navy-Mütze verkleidet, da ich annahm, daß ein Seemann in einer Hafenstadt nicht mehr Beachtung findet als ein Kellner in einem Restaurant. An seinen natürlichen Aufenthaltsplätzen hat ein Seemann kein Gesicht und gewiß keine anderen Pläne, als sich zu betrinken und vielleicht nach einer Schlägerei ins Gefängnis zu kommen. Das jedenfalls denken die meisten über Seeleute. Ich hab's getestet. Allenfalls sagt eine freundliche Stimme des Gesetzes: »Warum gehst du nicht wieder auf dein Schiff, Sailor? Du willst doch nicht im Kittchen landen und deine Ausfahrt verpassen, nicht wahr, Sailor?« Und fünf Minuten später erkennt der Sprecher einen nicht wieder. Der Löwe und das Einhorn auf meiner Mütze machten mich sogar noch anonymer. Allerdings muß ich jeden warnen, der meine Theorie ausprobieren will: Versuchen Sie es nie anderswo als in einer Hafenstadt.

»Wo sind Sie her?« fragte der Taxifahrer ohne jede Spur von Interesse.

»Liverpool.«

»Ein Limey, hä? Na, dann wird Ihnen nix passieren. Es sind die gottverdammten New Yorker Juden, die den ganzen Ärger hier machen.«

Ich hörte mich mit einem britischen Akzent sprechen, aber keineswegs mit dem von Liverpool: »Was, Juden? Wie machen die denn hier Ärger?«

»Also hören Sie, Mister. Wir wissen schon, wie wir damit klarkommen. Alle hier sind glücklich und zufrieden. Jawohl, ich *mag* die Nigger. Und dann kommen diese gottverdammten New Yorker Juden und hetzen die Nigger auf. Die sollen doch in New York bleiben, dann hätten wir hier keinen Ärger. Ausmerzen sollte man die!«

»Sie meinen lynchen?«

»Genau das meine ich, Mister.«

Er ließ mich aussteigen, und ich machte mich auf den Weg. »Gehen Sie nicht zu nah ran, Mister«, rief er mir nach. »Amüsieren Sie sich gut, aber mischen Sie sich nicht ein.«

»Danke«, sagte ich und unterdrückte das »vielmals«, das mir auf die Lippen kam.

Als ich auf die Schule zuging, befand ich mich in einem Strom von Menschen, die alle weiß waren und alle in meine Richtung gingen. Sie bewegten sich zielstrebig voran wie Leute, die zu einem Feuer gehen, nachdem es schon eine Weile gebrannt hat. Sie schlugen die Hände aneinander oder an die Hüften oder vergruben sie in ihren Mänteln, und viele Männer hatten unter den Hüten noch zusätzlich Schals, die ihre Ohren bedeckten.

Auf der Straßenseite gegenüber der Schule hatte Polizisten hölzerne Barrieren aufgestellt, um die Menge zurückzuhalten, und patrouillierten vor ihr auf und ab, ohne sich um die Witze zu kümmern, die ihnen zugerufen wurden. Der Gehweg auf der Seite der Schule war leer, aber am Rinnstein standen in loser Reihe US-Marshals, nicht in Uniform, aber mit Armbinden, die sie kenntlich machten. Ihre Dienstwaffen zeichneten sich diskret unter ihren Mänteln ab, doch ihre Blicke schweiften nervös umher und musterten Gesichter. Mir schien, daß sie auch mich prüfend ansahen, aber dann fanden sie mich offenbar unwichtig und wandten sich ab.

Wo die Cheerleaders waren, ließ sich leicht erraten, denn die Leute schoben und drängten sich vor, um möglichst nahe an sie heranzukommen. Sie hatten einen bevorzugten Platz an der Absperrung direkt gegenüber dem Schuleingang, und in diesem Abschnitt konzentrierte sich eine größere Anzahl Polizisten, die mit den Füßen aufstampften und die Hände in den ungewohnten Handschuhen aneinanderschlugen.

Plötzlich wurde ich heftig angestoßen, und ein Geschrei erhob sich: »Da kommt sie! Laßt sie durch ... Los, los, zurücktreten. Laßt sie durch. Wo bist du gewesen? Du kommst zu spät für die Schule. Wo bist du gewesen, Nellie?«

Der Name war nicht Nellie. Ich habe vergessen, wie sie hieß. Aber sie schob sich durch die dichte Menge nahe genug an mir vorbei, daß ich ihren Mantel aus Lammfellimitat und ihre goldenen Ohrringe sehen konnte. Sie war nicht groß, aber füllig und vollbusig. Ich schätzte sie auf etwa fünfzig. Sie war stark gepudert, so daß ihre Doppelkinnfalte sehr dunkel aussah.

Sie hatte ein grimmiges Lächeln aufgesetzt und drängte sich durch die wogende Menge, wobei sie in einer Hand eine Anzahl

Zeitungsausschnitte hochhielt, damit sie nicht zerdrückt wurden. Da es die linke Hand war, suchte ich besonders nach einem Ehering, sah aber keinen. Ich drängte mich hinter sie, um in ihrem Kielwasser mitgetragen zu werden, aber das Gewühl war zu dicht, und jemand warnte mich auch: »He, immer langsam, Sailor! Wir wollen es alle hören.«

Nellie wurde mit lautem Jubel empfangen. Ich weiß nicht, wie viele Cheerleaders anwesend waren. Es gab keine klare Grenzlinie zwischen den Cheerleaders und der Menge hinter ihnen. Was ich sehen konnte, war, daß einige Leute einander Zeitungsausschnitte hin- und herreichten und laut mit kleinen entzückten Schreien daraus vorlasen.

Allmählich wurde die Menge unruhig wie ein Theaterpublikum, wenn der Vorhang nicht zur rechten Zeit aufgeht. Überall um mich herum sahen Leute auf ihre Armbanduhren. Ich sah auf meine. Es war drei Minuten vor neun.

Die Vorstellung begann pünktlich. Sirenen heulten, Motorradpolizisten erschienen. Dann hielten zwei große schwarze Limousinen mit großen Männern in hellen Filzhüten vor der Schule. Die Menge schien den Atem anzuhalten. Vier hünenhafte Marshals stiegen aus jedem Wagen, und von irgendwo aus dem Innern der Autos förderten sie das kleinste schwarze Mädchen zutage, das man je gesehen hat, in blendendes steifes Weiß gekleidet, mit neuen weißen Schuhen an den Füßchen, die so klein waren, daß sie fast rund erschienen. Das Gesicht und die kleinen Beinchen wirkten sehr schwarz gegen das Weiß.

Die riesigen Marshals stellten das Kind auf den Gehweg, und ein kreischend schrilles Hohngeschrei erhob sich hinter der Absperrung. Das kleine Mädchen sah nicht zu der heulenden Menge hin, aber von der Seite wirkte das Weiß seiner Augen wie bei einem erschrockenen Rehkitz. Die Männer drehten es wie eine Puppe herum, und dann zog die seltsame Prozession den breiten Weg zur Schule hinauf, und das Kind wurde sogar noch winziger, weil die Männer so groß waren. Auf einmal machte es einen komischen Hopser, und ich glaube, ich weiß, was es war. Ich glaube, in seinem ganzen Leben hatte das kleine Mädchen keine zehn Schritte getan, ohne zu hüpfen, aber jetzt mitten in seinem ersten Hüpfer drückte die Last es nieder, und seine kleinen runden Füßchen machten gemessene, zögernde Schritte zwischen den riesigen Wächtern. Langsam stiegen sie die Stufen hinauf und betraten die Schule.

In den Zeitungen hatte gestanden, die Schmäh- und Spottrufe seien grausam und manchmal obszön, und das waren sie auch, aber das war noch nicht die große Show. Die Menge wartete auf den Weißen, der es wagte, sein weißes Kind zur Schule zu bringen. Und da kam er auch schon den bewachten Gehweg entlang, ein hochgewachsener Mann in hellgrauem Anzug, sein verängstigtes Kind an der Hand. Der Körper war angespannt wie eine starke, bis zum Bruchpunkt gebogene Blattfeder, das Gesicht ernst und grau und der Blick auf den Boden vor seinen Füßen gerichtet. Die Backenmuskeln standen heraus, weil er die Zähne zusammenbiß, ein Mann, der sich fürchtete, aber seine Furcht durch seinen Willen bändigte, so wie ein sehr guter Reiter ein in Panik geratenes Pferd im Zaume hält.

Eine schrill kreischende Stimme machte den Anfang. Das Schreien erklang nicht im Chor. Die einzelnen Cheerladies traten der Reihe nach auf, und nach jeder Darbietung brach die Menge in Johlen und Brüllen und Pfeifen und Klatschen aus. Das war's, weswegen sie gekommen waren, das war's, was sie hatten sehen und hören wollen.

Keine Zeitung hatte die Worte gedruckt, die diese Frauen da schrien. Man hatte nur angedeutet, daß es unanständige Worte waren, manche schrieben sogar, obszöne. Im Fernsehen war der Ton verzerrt worden, oder man hatte andere Geräusche darübergelegt. Aber jetzt hörte ich diese Worte, und sie waren bestialisch, unflätig, absolut widerlich. In einem langen, unbehüteten Leben hatte ich schon früher Ausbrüche menschlicher

Dämonie erlebt. Warum war ich dann jetzt von diesen Schreien so schockiert und entsetzt?

Niedergeschrieben sind die Worte schmutzige, sorgfältig ausgesuchte Gemeinheiten. Aber hier gab es noch etwas viel Schlimmeres als Schmutz, nämlich eine erschreckende Art von Hexensabbat. Dies hier war kein spontaner Aufschrei der Wut oder der unbeherrschten Empörung.

Vielleicht war es das, was mir solch eine niederdrückende Übelkeit bereitete. Hier ging es nicht um ein prinzipielles Gut oder Böse, nicht um eine Richtung. Diese pausbäckigen Frauen mit ihren kleinen Hüten und ihren Zeitungsausschnitten gierten nach Aufmerksamkeit. Sie wollten bewundert werden. Sie strahlten in blöde-glücklichem, fast unschuldigem Triumph, wenn sie Beifall bekamen. Sie hatten die stupide Grausamkeit von egozentrischen Kindern, und das machte ihre gefühllose Bestialität irgendwie noch sehr viel niederschmetternder. Das waren keine Mütter, nicht einmal Frauen. Das waren verrückt gewordene Schauspielerinnen vor einem verrückt gewordenen Publikum.

Die Menge hinter der Absperrung johlte und gröhlte und tobte vor Begeisterung. Die nervös hin und her patrouillierenden Polizisten paßten auf, daß die Absperrung nicht durchbrochen wurde. Ihre Lippen waren fest zusammengepreßt, doch einige grinsten auch kurz, um rasch wieder ernst zu werden. Die Marshals auf der anderen Straßenseite rührten sich nicht. Der graue Mann hatte für einen Moment den Schritt beschleunigt, aber er riß sich zusammen und ging ruhig den Weg zur Schule hinauf.

Die Menge verstummte, und die nächste Megäre kam an die Reihe. Ihre Stimme war das Gebrüll eines Bullen, ein mächtiges, aus der Tiefe aufsteigendes Röhren mit einer Tendenz zum Überkieksen am Ende, wie bei einem Zirkusausrufer. Ihre Worte brauche ich hier nicht wiederzugeben. Das Muster war immer dasselbe, nur der Rhythmus und die Tonlage änderten sich. Jeder, der einmal mit dem Theater in Berührung gekommen ist, würde erkennen, daß diese Reden nicht spontan waren. Sie waren sorgfältig einstudiert und geprobt. Das war Theater. Ich beobachtete die Gesichter der lauschenden Menge, und es waren die Gesichter eines Theaterpublikums. Wenn es Applaus gab, dann für eine gelungene Darbietung.

Mir wurde ganz schlecht vor Ekel, aber ich durfte jetzt nicht aus Abscheu die Augen schließen, nachdem ich von so weit her gekommen war, um zu sehen und zu hören. Und plötzlich wußte ich, daß an der Szene etwas nicht stimmte, daß sie ein verzerrtes, unperspektivisches Bild abgab. Ich kannte New Orleans, ich hatte dort jahrelang viele Freunde gehabt, liebenswürdige und besonnene Leute mit einer Tradition der Güte und Höflichkeit. Ich erinnerte mich an Lyle Saxon, einen Hünen mit weichem Lachen. Wie viele Tage habe ich mit Roark Bradford verbracht, der Louisianas Bilder und Töne aufnahm und Gott erschuf und die Grünen Weiden, auf welche Er uns führet. Ich suchte in der Menge nach solchen Gesichtern, und sie waren nicht da. Ich habe die hier vertretene Sorte Menschen gesehen, wie sie bei einem Preiskampf nach Blut schrien, wie sie Orgasmen hatten, wenn ein Mann in der Stierkampfarena aufgespießt wurde, wie sie mit voyeuristischer Lust einen Verkehrsunfall begafften, wie sie geduldig Schlange standen, um irgendeinen Schmerz oder Todeskampf aus der Nähe zu sehen. Aber wo waren die anderen – diejenigen, die stolz darauf wären, zur selben Gattung wie der graue Mann zu gehören, diejenigen, die sich danach sehnen würden, das verängstige kleine schwarze Würmchen in die Arme zu nehmen?

Ich weiß nicht, wo sie waren. Vielleicht fühlten sie sich ebenso hilflos wie ich, aber sie ließen zu, daß New Orleans vor den Augen der Welt falsch dargestellt wurde. Die Menge eilte jetzt ohne Zweifel nach Hause, um sich im Fernsehen wiederzusehen, und was sie da sah, ging um die Welt, unangefochten von all dem, was es, wie ich wußte, dort auch gab.

Die Vorstellung war zu Ende, und die Menge begann sich zu verlaufen. Die nächste Vorstellung würde beginnen, wenn die Glocke zum Schulschluß läutete und das kleine schwarze Gesicht erneut auf die Reihen seiner Ankläger blicken mußte. Ich war im New Orleans der großen Restaurants. Ich kenne sie alle, und die meisten von ihnen kennen mich. Aber ich hätte jetzt ebensowenig zu Gallatoir's auf ein Omelett und ein Glas Champagner gehen können, wie ich auf einem Grab hätte tanzen können. Schon das Niederschreiben dieses Berichts hat in mir wieder dieselbe hilf- und hoffnungslose Übelkeit aufsteigen lassen. Ich habe ihn nicht zum Ergötzen geschrieben, und er ergötzt mich nicht.

So kaufte ich mir ein Arme-Leute-Sandwich und fuhr aus der Stadt hinaus. Nicht allzu weit draußen fand ich einen angenehmen Rastplatz, wo ich sitzen und kauen und nachdenken und über den mächtigen braunen, langsam fließenden Vater der Ströme blicken konnte, wie es mein Geisteszustand verlangte. Charley wanderte nicht umher, sondern saß dicht bei mir und drückte seine Schulter an mein Knie, und das tut er nur, wenn ich krank bin, also muß ich wohl irgendwie krank vor Kummer gewesen sein.

Ich hatte nicht auf die Zeit geachtet, aber eine Weile, nachdem die Sonne den höchsten Punkt ihrer Bahn passiert hatte, kam ein Mann zu Fuß daher, und wir tauschten *good afternoons* aus. Er war ein gutgekleideter Herr in fortgeschrittenem Alter mit einem El-Greco-Gesicht und feinem, wehendem Silberhaar und einem gepflegten weißen Schnurrbart. Ich lud ihn ein, sich zu mir zu setzen, und als er annahm, ging ich in mein Haus und setzte Kaffeewasser auf, und da ich mich erinnerte, wie Roark Bradford ihn gemocht hatte, verdoppelte ich die Dosis – zwei gehäufte Teelöffel für jede Tasse und zwei gehäufte für die Kanne. Dann schlug ich ein Ei auf, entfernte den Dotter und tat das Eiweiß mitsamt den Schalen in die Kanne, denn ich weiß nichts, was Kaffee so aufpoliert und schimmern läßt. Die Luft war noch immer sehr kalt, und eine kalte Nacht stand bevor, so daß mein Gebräu, während es langsam zum Siedepunkt anstieg, jenen guten Duft verbreitete, der mit den besten anderen Düften konkurrieren kann.

Mein Gast war sehr zufrieden und wärmte sich die Hände an der Plastiktasse. »Nach Ihrem Nummernschild zu schließen, sind Sie nicht von hier«, sagte er. »Woher wissen Sie dann so gut, wie man Kaffee kocht?«

»Das habe ich an Bourbon Street gelernt, von Riesen auf Erden«, sagte ich. »Aber sie hätten noch dunkler geröstete Bohnen verlangt und hätten auch gern ein bißchen Zichorie zum Beißen drin.«

»Sie wissen Bescheid«, sagte er. »Sie sind also doch nicht ganz fremd hier. Können Sie auch Diablo machen?«

»Für Parties, ja. Sind Sie von hier?«

»Seit mehr Generationen, als ich zweifelsfrei nachweisen kann, bis auf die, die in St. Louis unter *ci gît* geführt werden.«

»Verstehe. Sie sind einer von denen. Ich bin froh, daß Sie hier vorbeigekommen sind. St. Louis habe ich früher gut gekannt, ich habe sogar Grabinschriften gesammelt.«

»Tatsächlich? Dann werden Sie sich auch an die ausgefallene erinnern.«

»Wenn Sie dieselbe meinen, ja, die habe ich sogar auswendig zu lernen versucht, aber ich weiß nur noch den Anfang: *Alas, that one whose darnthly joy ...*«

»Richtig, die meine ich. Robert John Cresswell, gestorben 1845 im Alter von sechsundzwanzig.«

»Ich wollte, ich könnte sie mir merken.«

»Haben Sie ein Papier? Ich kann sie Ihnen sagen.«

Ich holte einen Schreibblock, und als ich ihn auf den Knien hatte, diktierte er: »*Alas that one whose darnthly joy had often to trust in heaven should canty thus sudden to from all its hopes benivens and though thy love for off remore that dealt the dog pest thou left to prove thy sufferings while below.*«

»Wunderbar«, sagte ich. »Das hätte Lewis Carroll geschrieben haben können. Ich verstehe fast, was es bedeutet.«

»Das geht jedem so. Reisen Sie zum Vergnügen?«

»Ja, bis heute. Dann habe ich die Cheerleaders gesehen.«

»O ja, ich verstehe«, sagte er, und eine lastende Düsternis legte sich über sein Gesicht.

»Wie wird es weitergehen?«

»Ich weiß nicht. Ich weiß es wirklich nicht. Ich wage nicht daran zu denken. Warum muß ich mir den Kopf darüber zerbrechen? Ich bin zu alt. Sollen sich andere drum kümmern.«

»Können Sie ein Ende absehen?«

»Oh, gewiß, ein Ende schon. Nur nicht die Mittel, die dahin führen ... die Frage ist, welche Mittel. Aber Sie sind aus dem Norden. Das ist nicht Ihr Problem.«

»Ich glaube, es ist unser aller Problem. Das ist keine bloß lokale Frage. Wie wär's, wollen Sie noch eine Tasse Kaffee und ein bißchen mit mir darüber sprechen? Ich habe keine bestimmte Position. Ich meine, ich möchte nur zuhören.«

»Da gibt's nichts zu lernen«, sagte er. »Das Bild scheint sich dauernd zu ändern, je nachdem wer man ist und wo man gelebt hat und wie man empfindet – nicht denkt, sondern *empfindet*. Es hat Ihnen nicht gefallen, was Sie gesehen haben?«

»Hätte es Ihnen gefallen?«

»Vielleicht noch weniger als Ihnen, weil ich alles über seine leidvolle Vergangenheit weiß und manches über seine stinkende Zukunft – ein häßliches Wort, Sir, aber es gibt kein anderes.«

»Die Schwarzen wollen Menschen sein. Haben Sie etwas dagegen?«

»Bei Gott, nein! Aber um Menschen sein zu können, müssen sie gegen jene kämpfen, denen es nicht genügt, Menschen zu sein.«

»Sie meinen, die Schwarzen werden sich niemals begnügen, egal was sie kriegen?«

»Tun Sie das? Tut das irgendwer, den Sie kennen?«

»Wären Sie's zufrieden, sie Menschen sein zu lassen?«

»Zufrieden gewiß, aber ich würde es nicht verstehen. Ich habe zu viele *Ci gîts* hier. Wie soll ich Ihnen das erklären? Also, sagen wir mal so: Angenommen, Ihr Hund hier, er sieht sehr intelligent aus...«

»Das ist er auch.«

»Gut, also angenommen, er könnte sprechen und auf den Hinterbeinen stehen. Vielleicht könnte er alles sehr gut machen. Vielleicht könnten Sie ihn zum Essen einladen, aber könnten Sie ihn als einen Menschen sehen?«

»Sie meinen, wie ich es fände, wenn meine Schwester ihn heiraten wollte?«

Er lachte. »Ich wollte damit nur verdeutlichen, wie schwer es ist, unsere Gefühlseindrücke zu ändern. Und glauben Sie nicht, daß es für die Schwarzen genauso schwer sein wird, ihre Gefühlseindrücke über uns zu ändern, wie für uns, die unseren über sie? Diese ganze Geschichte ist ja nichts Neues. Das geht schon sehr lange so.«

»Jedenfalls kann einem das Thema die Freude an der schönsten Unterhaltung verderben.«

»Ja, das kann es, Sir. Ich denke, ich bin das, was Sie vielleicht einen aufgeklärten Südstaatler nennen, wenn Sie eine Beleidigung mit einem Kompliment verwechseln. Als solch ein neugeborener Zwitter weiß ich, was im Laufe der Zeiten geschehen wird. Es beginnt gerade jetzt in Afrika und in Asien.«

»Sie meinen Absorption – die Schwarzen werden verschwinden?«

»Wenn sie uns an Zahl übertreffen, werden *wir* verschwinden, oder wahrscheinlicher ist, daß wir beide verschwinden und daß daraus etwas Neues entsteht.«

»Und in der Zwischenzeit?«

»Es ist die Zwischenzeit, die ich fürchte, Sir. Die Alten legten Liebe und Krieg in die Hände sehr nahe verwandter Götter. Das war kein Zufall, Sir. Das war ein tiefes Wissen um den Menschen.«

»Sie argumentieren gut.«

»Die Leute, die Sie heute gesehen haben, argumentieren überhaupt nicht. Aber sie sind es, die den Kriegsgott anrufen könnten.«

»Also glauben Sie nicht, daß es friedlich abgehen kann?«

»Ich weiß es nicht«, rief er aus. »Ich glaube, diese Ungewißheit ist das Schlimmste. Ich weiß es einfach nicht. Manchmal sehne ich mich danach, meinen rechtmäßigen Titel *Ci gît* anzunehmen.«

»Ich wollte, Sie könnten mit mir fahren. Sind Sie unterwegs?«

»Nein. Ich habe ein kleines Haus dort drüben hinter dem Wäldchen. Ich verbringe viel Zeit da, meistens mit Lesen – alte Sachen –, oder ich sehe mir etwas an – alte Sachen. Das ist meine vorsätzliche Methode, dem Thema auszuweichen, denn ich fürchte mich davor.«

»Ich glaube, das tun wir alle ein bißchen.«

Er lächelte. »Ich habe ein altes Negerehepaar, beide in meinem Alter, die kümmern sich um mich. Und manchmal am Abend vergessen wir. Sie vergessen, mich zu beneiden, und ich vergesse, daß sie es könnten, und wir sind einfach drei zufriedene … Wesen, die zusammen sitzen und sich am Duft der Blumen erfreuen.«

»Wesen«, wiederholte ich. »Das ist interessant – nicht Mensch und Tier, nicht Schwarze und Weiße, sondern zufriedene Wesen. Meine Frau hat mir einmal von einem uralten Mann erzählt, der sagte: ›Ich erinnere mich an eine Zeit, als die Neger noch keine Seelen hatten. Damals war es viel besser und einfacher. Jetzt ist es so verwirrend.‹«

»Ich erinnere mich nicht, aber es muß so gewesen sein. Ich denke, wir können unsere ererbte Schuld nicht wie einen

Geburtstagskuchen aufteilen«, sagte er, und bis auf den Schnurrbart sah er jetzt aus wie El Grecos Paulus mit dem geschlossenen Buch. »Sicher hatten meine Vorfahren Sklaven, aber es ist möglich, daß Ihre Vorfahren sie gefangen und an uns verkauft haben.«

»Ich habe eine puritanische Ahnenreihe, die das sehr wohl getan haben könnte.«

»Wenn Sie ein Geschöpf zwingen, wie ein Tier zu leben und zu arbeiten, dann müssen Sie es auch als Tier betrachten, sonst würde das Mitgefühl Sie verrückt machen. Haben Sie es erst einmal in Ihrem Kopf klassifiziert, sind Ihre Gefühle vor ihm sicher.« Er starrte auf den Fluß, und sein Haar wehte im Wind wie weißer Rauch. »Und wenn es in Ihrem Herzen noch humane Reste von Mut und Zorn gibt, was beim Menschen Tugenden sind, dann haben Sie Angst vor einem gefährlichen Tier, und da Ihr Herz Intelligenz und Erfindungskraft hat und die Fähigkeit, sie zu verbergen, leben Sie in ständiger Furcht. Dann müssen Sie alle menschlichen Regungen in dem Geschöpf ersticken und es zu dem gehorsamen Tier machen, das Sie haben wollen. Und wenn Sie Ihren Kindern von Anfang an klarmachen können, daß es ein Tier ist, dann werden sie Ihre Verwirrung nicht teilen.«

»Mir ist erzählt worden, daß der gute Neger in alten Zeiten immerzu sang und tanzte und zufrieden war.«

»Er floh auch. Und die Anti-Flucht-Gesetze lassen erkennen, wie oft.«

»Sie sind nicht gerade das, was man sich im Norden unter einem Südstaatler vorstellt.«

»Möglich. Aber ich bin nicht allein.« Er stand auf und klopfte sich den Staub von der Hose. »Nein, nicht allein. Ich gehe jetzt zu meinen zufriedenen Wesen.«

»Ich habe Sie nicht nach Ihrem Namen gefragt, Sir, und Ihnen auch nicht den meinen angeboten.«

»Ci Gît«, sagte er. »Monsieur Ci Gît – eine große Familie, ein weit verbreiteter Name.«

Es berührte mich wie eine wunderbar zarte Musik, als ich ihn davongehen sah, wie wenn Musik die Haut mit einem leichten Frösteln erquicken könnte.

Für mich war es ein Tag gewesen, der länger als einer gedauert hatte, nicht zu vergleichen mit irgendwelchen anderen Tagen auf meiner Reise. Nach dem wenigen Schlaf in der Nacht zuvor war mir klar, daß ich eigentlich hätte über Nacht bleiben müssen. Ich war sehr müde, aber manchmal kann Müdigkeit auch ein Stimulans sein. Ich zwang mich, meinen Tank auffüllen zu lassen, und befahl mir, anzuhalten und einem alten Schwarzen, der schwerfüßig am Straßenrand entlangtrottete, eine Mitfahrt anzubieten. Er zögerte etwas und nahm schließlich nur an, als ob er nicht widerstehen könnte. Er trug die abgenutzten Kleider eines Landarbeiters und einen altmodischen Wollmantel, der vom langen Gebrauch schon ganz blank war. Sein Gesicht war kaffeebraun und von Tausenden winziger Fältchen durchzogen, und seine unteren Augenlider hatten rote Ränder wie die Augen von Bluthunden. Er faltete die Hände im Schoß, die knollig und knotig wie Kirschzweige waren, und schien auf dem Sitz zusammenzuschrumpfen, als ob er seine Umrisse in sich einsog, um sich kleiner zu machen.

Er sah mich keine Sekunde lang an. Ich konnte nicht erkennen, ob er überhaupt irgend etwas ansah. Aber zuerst hatte er gefragt: »Beißt Hund, Captain, Sir?«

»Nein, er ist freundlich.«

Nach einer langen stummen Weile fragte ich: »Wie geht's, wie stehen die Dinge bei Ihnen so?«

»Gut, sehr gut, Captain, Sir.«

»Wie finden Sie das, was hier vorgeht?«

Er antwortete nicht.

»Ich meine das mit den Schulen und den Sit-ins.«

»Davon weiß ich nichts, Captain, Sir.«

»Arbeiten Sie auf einer Farm?«

»Baumwollpflücken, Captain, Sir.«

»Können Sie davon leben?«

»Ich komme klar, Captain, Sir.«

Wir fuhren schweigend ein längeres Stück am Fluß entlang. Die Bäume und das tropische Gras waren braun und niedergedrückt vom harschen Nordwind. Nach einer Weile sagte ich, mehr zu mir selbst als zu ihm: »Na ja, stimmt schon, warum sollten Sie mir auch trauen? Eine Frage ist eine Falle, und eine Antwort ist Ihr Fuß darin.« Ich erinnerte mich an eine Szene, die sich vor Jahren in New York abgespielt hatte, und war versucht, sie ihm zu erzählen, aber ich verwarf den Gedanken gleich wieder, denn aus den Augenwinkeln sah ich, daß er weggerückt war und sich ins äußerste Ende der Kabine drückte. Aber die Erinnerung stand mir sehr lebhaft vor Augen.

Ich wohnte damals in einem kleinen Backsteinhaus in Manhattan, und da ich gerade zu etwas Geld gekommen war, hatte ich einen Schwarzen angestellt. Auf der anderen Straßenseite vorn an der Ecke war eine Bar und ein Restaurant. Eines Abends im Winter, als die Gehsteige vereist waren, stand ich am Fenster und sah eine beschwipste Frau aus der Bar kommen, auf dem Eis ausrutschen und hinfallen. Sie versuchte aufzustehen, glitt aber wieder aus und blieb lamentierend liegen. In diesem Moment kam der Schwarze, der für mich arbeitete, um die Ecke, sah die Frau und ging sofort auf die andere Straßenseite, um sie so weit wie möglich zu umgehen.

Als er hereinkam, sagte ich: »Ich habe Sie ausweichen sehen. Warum haben Sie der Frau nicht geholfen?«

»Nun, Sir, sie ist betrunken, und ich bin ein Schwarzer. Wenn ich sie anrühre, kann sie leicht schreien, ich wollte sie vergewaltigen, und dann gibt's einen Auflauf, und wer glaubt dann wohl *mir*?«

»Da müssen Sie aber schnell gedacht haben, um so schnell auszuweichen.«

»Ach, nein, Sir!« sagte er. »Ich habe schon lange Übung darin, ein Schwarzer zu sein.«

Und jetzt, hier in Rosinante, versuchte ich törichterweise, eine lebenslange Übung zu durchbrechen!

»Ich werde Ihnen keine Fragen mehr stellen«, sagte ich.

Aber er rutschte unruhig hin und her. »Würden Sie mich hier bitte rauslassen, Captain, bitte? Ich wohne hier in der Nähe.«

Ich ließ ihn hinaus und sah im Rückspiegel, wie er wieder am Straßenrand trottete. Er wohnte durchaus nicht hier in der Nähe, aber gehen war sicherer, als mit mir zu fahren.

Schließlich zwang mich die Müdigkeit, an einem hübschen Motel zu halten. Die Betten waren gut, aber ich konnte nicht schlafen. Der graue Mann wanderte mir über die Augen, die Gesichter der Cheerladies zogen vorbei, aber vor allem sah ich den alten Mann, der so weit wie möglich von mir abrückte, als ob ich ansteckend wäre, und vielleicht war ich das ja. Ich war gekommen, um etwas zu lernen. Und was lernte ich nun? Ich hatte mich keinen Augenblick frei von der Spannung gefühlt, die hier herrschte, eine alles niederdrückende, wilde Angst. Sicher empfand ich sie stärker, weil ich von draußen kam, aber sie war da, ich hatte sie nicht mitgebracht. Jeder hier, ob weiß oder schwarz, lebte in ihr und atmete sie – alle Altersstufen, alle Berufe, alle Klassen und Schichten. Für die Leute hier war sie ein Bestandteil ihrer Existenz. Und sie baute einen Druck wie in einem Dampfkessel auf. Gab es keinen anderen Ausweg als die Explosion?

Ich hatte so wenig vom Ganzen gesehen. Ich hatte nicht viel vom Zweiten Weltkrieg gesehen – eine Landung von hundert, ein paar einzelne Gefechte, ein paar Tausend von Millionen Toten –, aber es war genug, um das Gefühl zu haben, daß ich den Krieg kennengelernt hatte. Und so war es auch hier – eine kleine Episode, ein paar Gespräche, aber der Atem der Angst war überall. Ich wollte weg von hier – eine feige Haltung vielleicht, aber noch feiger wäre es, sie zu leugnen. Doch die Leute hier lebten damit.

Sie akzeptierten die Angst als eine permanente Bedingung des Lebens, sie hatten es nie anders gekannt und nie erwartet, daß es einmal aufhören würde. Die Kinder in London hatten nicht einschlafen können, als die Bombenangriffe aufhörten und damit eine Lebensweise zerstörten, an die sie sich gewöhnt hatten.

Ich wälzte mich unruhig hin und her, bis Charley ärgerlich wurde und mehrmals »Ftt« machte. Aber Charley hat nicht unsere Probleme. Er gehört nicht zu einer Spezies, die zwar klug genug ist, um Atome zu spalten, aber nicht klug genug, mit sich selbst in Frieden zu leben. Er versteht überhaupt nichts von Rassen und macht sich auch keine Gedanken darüber, wen seine Schwester heiratet. Ganz im Gegenteil. Er hatte sich einmal in eine Dackelhündin verliebt, eine Romanze, die rassisch unpassend, physisch lächerlich und mechanisch unmöglich war. Aber Charley ignorierte all diese Probleme. Er liebte heiß und versuchte alles Hundemögliche. Es wäre schwierig, einem Hund zu erklären, welchen guten und moralischen Sinn es hat, wenn tausend erwachsene Menschen sich versammeln, um aus Leibeskräften ein winziges Menschenkind zu beschimpfen. Ich habe manchmal einen Blick in Hundeaugen gesehen, einen kurz aufzuckenden Blick voll staunender Verachtung, und ich bin überzeugt, daß Hunde im Innersten denken, wir Menschen sind alle verrückt.

Meinen ersten Kunden am nächsten Tag wählte ich mir nicht selbst, sondern er wählte mich. Er saß auf dem Hokker neben mir und aß einen Hamburger, dessen Zwillingsbruder ich in der Hand hielt. Er war Anfang bis Mitte Dreißig, lang und dünn und nett aussehend. Sein langes glattes Haar war beinahe aschblond und offenbar sein ganzer Stolz, denn er bearbeitete es unbewußt immer wieder mit einem Taschenkamm. Er trug einen leichten grauen Anzug, der vom Reisen zerknittert und fleckig war. Die Jacke hatte er sich über die Schulter gehängt, den Kragen seines weißen Hemdes hatte er aufgeknöpft und den Knoten seiner hellen Wollkrawatte heruntergezogen. Sein Akzent war der tief-südlichste, den ich bisher gehört hatte. Er fragte mich, wohin ich unterwegs sei, und als ich sagte, ich wolle nach Jackson und Montgomery, bat er mich, ihn mitzunehmen. Als er dann Charley sah, dachte er im ersten Moment, ich hätte »einen Nigger da drin«. Es mußte ein Automatismus sein.

Wir machten es uns in der Kabine bequem. Er kämmte sein Haar zurück und gratulierte mir zu Rosinante. »Natürlich«, sagte er, »ich hatte mir gleich gedacht, daß Sie aus dem Norden sind.«

»Sie haben aber ein gutes Ohr«, sagte ich in einem, wie ich dachte, scherzenden Ton.

»Oh, ich komme viel herum«, gab er zu.

Ich glaube, ich war selber schuld an dem, was dann geschah. Hätte ich meinen Mund halten können, dann hätte ich vielleicht etwas Interessantes gelernt. Schuld war die unruhige Nacht und die lange Reise und die Nervosität. Außerdem rückte Weihnachten näher, und ich dachte öfter, als mir guttat, an das Nachhausekommen.

Wir legten fest, daß ich zum Vergnügen unterwegs war und er, um sich einen Job zu suchen.

»Sie kommen den Fluß rauf«, sagte er. »Haben Sie gesehen, was in New Orleans los ist?«

»Ja, hab ich.«

»Ist das nich'n Ding, besonders diese Nellie? Die hat's ihnen vielleicht gegeben, was?«

»Ja, hat sie.«

»Tut einem richtig gut, mal jemand zu sehen, der seine Pflicht tut.«

Ich glaube, das war der Moment, wo ich platzte. Ich hätte grunzen und die Interpretation ihm überlassen sollen. Doch ein häßlicher kleiner Zorneswurm begann sich in mir zu regen. »Sie meinen, die tun das aus Pflichtgefühl?«

»Klar, Gott segne sie. Jemand muß doch diese gottverdammten Nigger aus unseren Schulen raushalten.« Die edle

Selbstaufopferung, von der die Cheerleaders erfüllt waren, überwältigte ihn. »Irgendwann muß ein Mann sich hinsetzen und nachdenken, und dann muß er sich entschließen, sein Leben für etwas herzugeben, woran er glaubt.«

»Haben Sie sich schon entschlossen?«

»O ja, das habe ich, und ich bin nicht der einzige.«

»Und woran glauben Sie?«

»Ich bin nicht bereit, meinen Kindern zu erlauben, mit keinen Niggern nich zusammen zur Schule zu gehen. Jawohl, Sir. Dafür will ich mein Leben hergeben, aber vorher werde ich noch versuchen, 'ne ganze gottverdammte Niggerbande kaltzumachen, bevor ich abtrete.«

»Wie viele Kinder haben Sie?«

Er schwang zu mir herum. »Keine hab ich, aber ich *werde* welche haben, und ich verspreche Ihnen, sie werden mit keinem Nigger nich zur Schule gehen.«

»Wollen Sie Ihr Leben opfern, bevor Sie Kinder haben oder danach?«

Ich mußte auf die Straße achten, daher konnte ich nur einen kurzen Blick auf seinen Gesichtsausdruck werfen, und der war nicht angenehm. »Sie klingen mir wie ein Niggerfreund. Hätt' ich mir gleich denken können. Diese Unruhestifter – kommen hier runter und wollen uns erzählen, wie wir zu leben haben! Aber von wegen, Mister, damit werden Sie nicht durchkommen. Wir haben ein Auge auf euch kommunistische Niggerfreunde.«

»Ich hatte mir nur gerade vorgestellt, wie Sie heldenmütig Ihr Leben opfern.«

»Bei Gott, ich hatte recht. Sie *sind* ein Niggerfreund!«

»Nein, bin ich nicht. Und ich bin auch kein Freund der Weißen, wenn diese edlen Cheerladies dazugehören.«

Sein Gesicht kam sehr nahe an meines heran. »Wollen Sie hören, was ich von Ihnen denke?«

»Nein. Ich habe die Worte gestern von Nellie gehört.« Ich trat auf die Bremse und fuhr rechts ran.

Er guckte verblüfft. »Warum halten Sie?«

»Raus«, sagte ich.

»Ach, Sie wollen, daß wir's austragen?«

»Nein, ich will Sie loswerden. Raus.«

»Wollen Sie mich zwingen?«

Ich griff mit der Linken in den schmalen Raum zwischen Sitz und Tür, wo gar nichts lag.

»Okay, okay«, sagte er und stieg aus und warf die Tür so krachend zu, daß Charley ärgerlich aufjaulte.

Ich fuhr sofort los, aber ich hörte ihn zetern, und im Spiegel sah ich sein haßerfülltes Gesicht und seinen geifernden Mund. »Niggerfreund, Niggerfreund, Niggerfreund!« schrie er, solange ich ihn sehen konnte, und ich weiß nicht, wie lange noch weiter. Es stimmt, ich hatte ihn aufgestachelt, aber ich konnte nicht anders. Ich glaube, wenn Friedensstifter rekrutiert werden, verzichtet man besser auf mich.

Zwischen Jackson und Montgomery nahm ich noch einen Passagier mit, einen schwarzen Studenten mit scharfen Gesichtszügen und dem Blick und Ausdruck grimmiger Ungeduld. Er hatte drei Füllfederhalter in der Brusttasche, und seine Innentasche war prall voller Papiere. Daß er Student war, wußte ich, weil ich ihn gefragt hatte. Er war auf der Hut. Mein Nummernschild und mein Akzent lockerten ihn so weit, wie es bei ihm möglich war.

Wir sprachen über die Sit-ins. Er hatte an ihnen teilgenommen, auch an dem Busboykott. Ich erzählte ihm, was ich in New Orleans gesehen hatte. Er war dort gewesen. Er hatte erwartet, was mich so schockiert hatte.

Schließlich sprachen wir über Martin Luther King und seine Lehre vom passiven, aber unnachgiebigen Widerstand.

»Das geht zu langsam«, sagte er. »Das dauert zu lange.«

»Aber es wächst und wächst immer weiter. Gandhi hat bewiesen, daß es die einzige Waffe ist, mit der man erfolgreich gegen die Gewalt kämpfen kann.«

»Ich weiß das alles. Ich hab es studiert. Die Erfolge sind Wassertröpfchen, und die Zeit vergeht. Ich will es schneller haben, ich will Taten – und zwar jetzt.«

»Aber das könnte leicht alles verderben.«

»Aber sonst bin ich vielleicht ein alter Mann, bevor ich überhaupt ein Mann geworden bin. Sonst bin ich vielleicht vorher tot.«

»Das kann sein. Gandhi ist auch tot. Gibt es viele wie Sie, die jetzt Taten wollen?«

»Ja. Ich meine, ein paar schon… Ich meine, ich weiß nicht genau, wie viele.«

Wir sprachen noch über allerlei andere Themen. Er war ein leidenschaftlicher junger Mann, der sich gut ausdrücken konnte und bei dem der Tatendrang und die Ungeduld dicht unter der Oberfläche lagen. Doch als ich ihn in Montgomery absetzte, streckte er den Kopf zum Fenster herein und lachte. »Ich muß mich schämen«, sagte er. »Es ist bloß Selbstsucht. Aber ich möchte es noch erleben – ich – und nicht als Toter. Hier! Ich! Und möglichst bald.« Dann drehte er sich um, fuhr sich mit der Hand über die Augen und ging rasch davon.

Angesichts aller Umfragen und Meinungsforschungen, angesichts aller Zeitungen, die mehr Meinungen als Nachrichten bringen, so daß wir die einen nicht mehr von den anderen unterscheiden können, möchte ich hier eines ganz klar sagen: Ich hatte nicht die Absicht – und habe es, denke ich, auch nicht getan –, irgendeine Art von repräsentativem Querschnitt vorzuführen, so daß der Leser sagen kann: »Er glaubt, er habe ein wahres Bild des Südens gezeichnet.« Das habe ich nicht. Ich habe nur erzählt, was einige wenige Leute zu mir gesagt haben und was ich gesehen habe. Ich weiß nicht, ob sie typisch waren oder ob daraus irgendein Schluß gezogen werden kann. Aber ich weiß, daß es ein Land in Nöten ist und ein Volk, das sich in einer bösen Klemme verfangen hat. Und ich weiß, daß die Lösung, wenn sie je kommt, nicht leicht und nicht einfach sein wird. Und ich glaube mit Monsieur Ci Gît, daß das Fragliche nicht das Ende oder Ziel des ganzen Prozesses ist, sondern wie man dieses Ende oder Ziel erreicht. Es sind die Mittel – die furchtbare Ungewißheit der Mittel.

Zu Beginn dieses Berichts habe ich die Natur und den Charakter von Reisen zu ergründen versucht und geschrieben, daß jede Reise eine Person in sich ist und keine der anderen gleicht. Ich habe ein wenig verwundert Betrachtungen über die ausgeprägte Individualität von Reisen angestellt und bin zu der Feststellung gelangt, daß wir keine Reisen unternehmen, sondern von ihnen unternommen werden. Aber ich bin nicht auf die Frage der individuellen Lebensspanne von Reisen eingegangen. Diese scheint variabel und nicht vorhersehbar zu sein. Wer hat nicht schon eine Reise erlebt, die vorbei und gestorben war, bevor der Reisende wiederkehrte? Das Gegenteil stimmt auch: Manche Reisen gehen noch lange weiter, nachdem die Bewegung in Raum und Zeit aufgehört hat. Ich erinnere mich an einen Mann in Salinas, der in seinen mittleren Jahren einmal nach Honolulu gereist ist, und diese Reise hat für den Rest seines Lebens nicht aufgehört. Wir konnten es sehen, er saß in seinem Schaukelstuhl auf seiner Veranda, die Augen halb geschlossen, und reiste unaufhörlich nach Honolulu.

Meine Reise hatte lange vor meiner Abfahrt begonnen und war vorbei, bevor ich zurückkam. Ich weiß genau, wann und wo sie vorbei war. An einem windigen Nachmittag um vier Uhr in der Nähe von Abingdon im Südwestzipfel von Virginia machte sich meine Reise ohne Vorwarnung, ohne Gruß oder Abschiedskuß davon und ließ mich fern der Heimat allein. Ich versuchte sie zurückzurufen, sie wieder einzufangen – ein törichtes, hoffnungsloses Unternehmen, denn sie war definitiv und für immer vorbei. Die Straße wurde ein endloses graues Band, die Hügel wurden zu Hindernissen, die Bäume zu grünen Flecken, die Menschen zu bewegten Figuren mit Köpfen, aber ohne Gesichter. Alles Essen schmeckte nur noch wie Suppe, sogar die Suppe selbst. Mein Bett blieb ungemacht. Ich kroch in langen, ungleichmäßigen Abständen hinein, um ein paar kurze Stunden zu schlafen. Mein Herd blieb kalt, und ein Laib Brot schimmelte in meinem Küchenschrank. Die Meilen rollten unbeachtet unter mir ab. Ich weiß, daß es kalt war, aber ich spürte es nicht; ich weiß, daß die Landschaft schön gewesen sein muß, aber ich sah sie nicht. Ich donnerte blind durch Virginia, preschte nach Pennsylvania hinein und jagte Rosinante auf den großen breiten gebührenpflichtigen Super-Highway. Es gab keine Nacht, keinen Tag, keine Entfernungen. Ich muß wohl angehalten haben, um zu tanken, um Charley hinauszulassen und zu füttern, um selber etwas zu essen und zu telefonieren, aber ich erinnere mich an nichts von alledem.

Es ist wirklich sehr seltsam: Bis Abingdon, Virginia, kann ich die Reise wie einen Film vor mir ablaufen lassen. Ich habe fast alles im Gedächtnis gespeichert, jedes Gesicht ist da, jeder Berg, jeder Baum, jede Farbe, ich kann die Reden noch hören und mir kleine Szenen komplett in Erinnerung rufen. Und nach Abingdon – nichts mehr. Der Rest war ein grauer, zeit- und ereignisloser Tunnel, doch an dessen Ende winkte die eine leuchtende Realität – meine Frau, mein Haus in meiner Straße, mein Bett. Es war alles da, und ich spurtete ihm entgegen. Rosinante konnte flink sein, doch bisher hatte ich sie nicht wirklich schnell gefahren. Jetzt aber schoß sie unter meinem Bleifuß dahin, und der Wind pfiff um die Kanten des Aufbaus. Falls jemand meint, ich erginge mich hier in Phantasien über meine Reise, wie erklärt sich dann bitte, daß auch für Charley die Reise ganz ohne Zweifel zu Ende war? Er ist schließlich kein Träumer und keiner, der sich künstlich in Stimmungen hineinsteigert. Er schlief, den Kopf in meinem Schoß, sah nicht zum Fenster hinaus, machte nicht »Ftt« und drängte mich nicht zu halten. Er erledigte seine Verrichtungen wie ein Schlafwandler und ignorierte ganze Reihen von Abfalltonnen. Wenn das kein Beweis für die Wahrheit meiner Behauptung ist, dann gibt es keinen.

New Jersey war ein weiterer Super-Highway. Mein Körper befand sich in einem Vakuum ohne Nerven und ohne Müdigkeit.

Der immer dichter werdende Verkehrsstrom nach New York trug mich mit sich, und plötzlich stand ich vor dem einladenden Schlund des Holland-Tunnels, und am anderen Ende war ich zu Hause.

Ein Polizist winkte mich aus der Warteschlange und stoppte mich. »Sie können mit Ihrem Butangas nicht durch den Tunnel fahren«, sagte er.

»Aber Officer, es ist abgestellt.«

»Egal. Es ist Vorschrift. Sie dürfen kein Gas mit in den Tunnel nehmen.«

Da klappte ich zusammen und brach in ein lautes Wehgeschrei aus. »Aber ich will nach Hause«, jammerte ich. »Wie soll ich denn dann nach Hause kommen?«

Er war sehr freundlich zu mir, auch geduldig. Vielleicht hatte er irgendwo ein Zuhause. »Sie können den Hudson rauffahren und die George-Washington-Brücke nehmen, oder Sie können eine Fähre nehmen.«

Es war Stoßzeit, aber der weichherzige Polizist mußte in mir einen potentiellen Irren gesehen haben. Er hielt den tobenden Verkehr auf und schleuste mich durch und gab mir eine genaue Wegbeschreibung. Ich glaube, er war stark versucht, mich nach Hause zu fahren.

Wie durch Zauberei gelangte ich auf die Hobokenfähre und dann an Land, weit unten Downtown, mitten im täglichen panikartigen Strom der Pendler, die vor mir her sprangen und rannten und durcheinanderwuselten, ohne auf irgendwelche Signale zu achten. In Lower Manhattan ist jeden Abend Pamplona. Ich bog nach links und dann nach rechts, fuhr verkehrt herum in eine Einbahnstraße hinein, mußte zurücksetzen und wurde mitten auf der Kreuzung von einem wirbelnden Strudel zurückkehrender Pendler blockiert.

Schließlich fuhr ich in einer Parkverbotszone an den Bordstein, stellte den Motor ab, lehnte mich zurück und lachte los, lachte laut und anhaltend, daß es gar kein Ende nehmen wollte.

Meine Hände und Arme und Schultern zuckten vor aufgestauter Erregung.

Ein altmodischer Polizist mit herrlich rotem Gesicht und frostigen blauen Augen lehnte sich zu mir herein. »Was ist los mit dir, Mac? Betrunken?« fragte er.

»Officer«, sagte ich, »mit diesem Ding bin ich durchs ganze Land gefahren, durch Gebirge, Ebenen, Wüsten. Und jetzt komme ich in meine eigene Stadt zurück, wo ich zu Hause bin, und habe mich verirrt!«

Er grinste glücklich. »Mach dir nix draus, Mac. Ich hab mich erst letzten Samstag in Brooklyn verirrt. Also, wohin soll's denn gehen?«

Und so fand der Reisende wieder nach Hause.

Nachwort und Anmerkungen

Von Burkhart Kroeber

Ein heller hoher Raum mit großer Fensterfront, an der einen Längswand eine monumentale Karte der Vereinigten Staaten mit blinkenden Lämpchen, die offenbar eine Reiseroute markieren, in der Mitte des Raumes ein flaschengrün lackierter GMC-Pickup-Truck mit Camperaufsatz auf der Ladefläche und einer großen blaugrauen Pudelfigur auf dem Beifahrersitz, an der Wand gegenüber ein großer Bildschirm, auf dem ein Videofilm läuft, davor ein halbes Dutzend Stuhlreihen mit aufmerksam lauschenden Zuschauern, direkt vor mir ein altes Ehepaar, und plötzlich höre ich die Frau leise zu dem Mann sagen: »Es ist heute noch immer genauso, findest du nicht?«

So bin ich zum ersten Mal diesem Buch begegnet, Ende Juli 1998 in dem gerade erst frisch eröffneten *Steinbeck National Centre* in Salinas, einem großzügigen Museum, das jedem Buch des Autors einen eigenen Saal widmet, und dieser war eben der Saal der *Travels with Charley*, mit der echten Rosinante in der Mitte und einem (hoffentlich nicht echten) ausgestopften Charley auf dem Beifahrersitz. Den Videofilm hatte jemand gedreht, der dreißig Jahre später dieselbe Route noch einmal gefahren war und Steinbecks Eindrücke mit der heutigen Realität verglichen hatte – daher die Bemerkung der alten Dame. Ich war sofort gefesselt. Was mußte das für ein Reisebuch sein, das beinahe vierzig Jahre nach seiner Entstehung noch einen solchen Kommentar hervorrufen konnte?

Ein packendes Buch, wie ich bald entdeckte. Ein Reisebericht ganz eigener Art, der zwar sehr wohl auch eine geographische Reise beschreibt – und was für eine! –, aber dabei immer mehr zu einer Reise ins eigene Bewußtsein, ins eigene Leben & Leiden des Reisenden wird, bis schließlich die geographische Reise fast ganz in den Hintergrund tritt und nur noch pro forma beendet wird.

Die Form ist allerdings wichtig. Steinbeck betont ausdrücklich, daß er seiner Reise eine Form geben wollte, denn »alles in der Welt muß eine Form haben, sonst lehnt der menschliche Geist es ab« (S.66f.). Und ein Blick auf die Route zeigt sofort, was für eine Form er im Sinn hatte: eine Umkreisung des Landes, ein Abfahren seiner äußeren Grenzen (ein bißchen wie Reinhold Messners Umwanderung Südtirols im Sommer 1994), also die »Suche nach Amerika« als eine Art Vergewisserung der äußeren Intaktheit des Landes (wohl ahnend, daß im Innern vieles gar nicht intakt war). Selbst im Süden, als er die Erfüllung seines Formprogramms schon so gut wie aufgegeben hatte, kommt er noch einmal darauf zurück und nähert sich seinem Etappenziel New Orleans nicht etwa, wie es bei seiner Ermüdung nahegelegen hätte, auf der bequemen Schnellstraße

U.S. 10 über Baton Rouge, sondern auf der weiter südlich verlaufenden Landstraße über Morgan City und Houma. Näher an der Küste des Golfes von Mexiko – also an der Grenze – kann man dort nicht fahren.

Was Steinbeck vorschwebte, war jedenfalls keine systematische Erkundung Amerikas, schon gar nicht eine psycho-soziologische Feldforschung, sondern eher so etwas wie ein impressionistisch inspirierter Versuch – nicht zuletzt angeregt durch die bevorstehende Präsidentenwahl, in der Kennedy und Nixon gegeneinander antraten –, seinem Land und seinen Landsleuten den Puls zu fühlen.

Zugleich war es eine Herausforderung an sich selbst, an seinen Lebenswillen und sein physisches wie psychisches Durchhaltevermögen. Hinter dem entspannten Plauderton, in dem er sein Vorhaben auf den Seiten 23f. begründet, verbirgt sich ein kleines – oder gar nicht einmal so kleines, aber von ihm selbst systematisch heruntergespieltes – persönliches Drama. Im Jahr zuvor hatte Steinbeck einen Schlaganfall gehabt, der ernst genug war, um ihm und mehr noch seiner Frau und seinen engsten Freunden das Gefühl zu geben, daß es beim nächsten Mal zu Ende sein könnte. Im Buch spricht er darüber nur sehr verhalten, im Leben war es – so jedenfalls bezeugen seine beiden wichtigsten Biographen* – eine viel ernstere Erfahrung, und er wollte sich durch die Reise beweisen, daß er durchaus noch imstande war, eine solche Gewalttour zu überstehen.

Das Donquichotteske des Unternehmens war ihm sehr wohl bewußt: Er taufte nicht nur sein Reisegefährt Rosinante, sondern führte das ganze Projekt zunächst unter dem Titel »Operation Windmills«**, angeregt durch seine Agentin Elizabeth Otis, die es »*very Quixotic*« fand – erinnert es doch in manchem an das Unternehmen des Edlen Don Quixote, der es für »nützlich und nötig« hielt, »sowohl zur Vermehrung seiner Ehre als zum Besten seiner Republik, ein irrender Ritter zu werden und mit Rüstung und Pferd durch die ganze Welt zu ziehen, um Abenteuer aufzusuchen und ... sich Arbeiten und Gefahren zu unterziehen, die ihn im Überstehen mit ewigem Ruhm und Namen schmücken würden«.***

Arbeiten und Beginnen sollte die Reise eigentlich am Labor Day, dem ersten Arbeitstag nach den Sommerferien (der in jenem Jahr auf den 5. September fiel), wenn die Straßen nicht mehr von Touristen verstopft sein würden, aber noch genügend

---

* Jackson J. Benson, *The True Adventures of John Steinbeck, Writer*, New York, Viking Press, 1984, S. 863, 881ff.; Jay Parini, *John Steinbeck. A Biography*, New York, Henry Holt and Co., 1995, S. 417ff.

** Auf den Titel *Travels with Charley* kam Steinbeck erst während der Reise, als seine Frau ihm in einem Telefongespräch sagte, seine von unterwegs geschriebenen Briefe erinnerten sie an Robert L. Stevensons *Travels with a Donkey*.

*** Miguel de Cervantes Saavedra, *Leben und Taten des scharfsinnigen Edlen Don Quixote von La Mancha*, deutsch von Ludwig Tieck, Berlin, Rütten & Loening, 1986, S. 17f.

Zeit bis zum ersten Schneefall im Norden blieb. Das verhinderte jedoch der Hurrikan Donna, der genau an diesem Tag über die Ostspitze von Long Island herfiel. Die dem Reisebericht vorangestellte Erzählung dieser Episode steht paradigmatisch für die ganze Reise: Der Autor wird unversehens in einen heftigen Sturm gerissen, sieht Unheil kommen, stürzt sich ins dickste Getümmel und rettet, was zu retten ist, läßt sich treiben, gelangt ans sichere Ufer zurück und hat etwas über sich selbst erfahren. Die klassische Reise en miniature, wie Jay Parini schreibt: Der Held ist gleichzeitig Don Quixote und Sancho Pansa, der furchtlose Ritter und der ironische Beobachter.

Ganz heil war Rosinante allerdings nicht geblieben, die Windschutzscheibe mußte ersetzt und der aufgemalte Namenszug *Rocinante* mußte erneuert werden. Knapp drei Wochen später, am Morgen des 23. September 1960, fuhr Steinbeck dann wirklich los und blieb insgesamt elf Wochen unterwegs. Im Bericht über diese Reise betont er vor allem die Begegnungen und Gespräche mit den verschiedensten Leuten, in Wirklichkeit litt er sehr unter der Trennung von seiner Frau, unter dem Alleinsein und dem Mangel an Kommunikationsbereitschaft oder -fähigkeit seiner meisten menschlichen Zeitgenossen (weshalb ihm die Kommunikation mit seinem hündischen Reisebegleiter um so wertvoller wurde). Abends schrieb er tagebuchartige Briefe an seine Frau und machte sich Notizen, auf deren Grundlage er später den vorliegenden Bericht verfaßte.

Dieser ist jedoch keine bloße Aufzählung seiner Erlebnisse, sondern ein literarisch geformter Reisebericht. Die einzelnen Episoden, vor allem die Gespräche, werden bei aller Zwanglosigkeit in erzählerisch wohlkalkulierter Form dargeboten, sicher auch zurechtgestutzt und arrangiert. Besonders deutlich wird das an der Erwähnung des einzigen präzise datierbaren zeitgeschichtlichen Vorfalls: des berühmten Auftritts von Nikita Chruschtschow in der UN-Vollversammlung, als der sowjetische Parteichef mit einem Schuh auf das Rednerpult trommelte, um seinen Protest zu unterstreichen. Im Buch will Steinbeck diesen Vorfall von einem Farmer in New Hampshire erfahren haben, mit dem er am Abend des zweiten Reisetags über aktuelle und allgemeine Weltpolitik spricht (S. 34). Das wäre am 24. September gewesen. In Wirklichkeit hat er jedoch, wie er in einem Brief vom 30. September an seine Frau schreibt, erst an diesem Tag, auf der Rückkehr aus Maine, selber im Autoradio von Chruschtschows ungewöhnlichem Auftritt gehört (»I hear the news on the car radio. Khrushchev's pounding and chanting seems incredible and inexplicable to me«*). An diesem Tag aber hatte Chruschtschow noch mit bloßen Fäusten auf den Tisch gehämmert; die berühmte Szene, wie er in der UN-Vollversammlung mit seinem Schuh auf das Pult trommelt, hat erst am 12. Oktober stattgefunden**, als Steinbeck bereits irgendwo in North Dakota war (wo er sein zweites Gespräch über allgemeine Weltpolitik und »die Russen« hatte, S. 143f.). Er hat also offenbar mehrere ähnliche Reiseerfahrungen zu einer Szene zusammengezogen und diese an den Anfang der Reise verlegt. Mit anderen Worten, er hat sie literarisch geformt.

Im Verlauf der Reise ändert sich freilich das Tempo und die Methodik der »Suche nach Amerika«. Schon die lange Fahrt zur Westküste wird nach der Unterbrechung in Chicago immer schneller, und im Süden hat Steinbeck die Suchbewegung auf zwei Felder begrenzt (deren Beschreibung dann allerdings zu unvergeßlichen Höhepunkten des Buches führt): Texas und die Rassenfrage im tiefen Süden. Es sei ihm einfach alles zuviel geworden, behauptet er selbst und benutzt das Bild von der üppigen Mahlzeit (S. 209), aber in Wahrheit hatte er wohl spätestens nach dem Besuch seiner alten Heimat Salinas / Monterey das Interesse an Amerika und den Amerikanern ein bißchen

* *Steinbeck: A Life in Letters*, edited by Elaine A. Steinbeck and Robert Wallsten, New York, Viking Press, 1975, S. 681.

** vgl. Bericht und Foto in der *New York Times* vom 13. 10. und vorher vom 30. 9. 1960.

verloren. Seine zunehmende Enttäuschung, ja Verzweiflung ist als Subtext des Ganzen deutlich zu spüren. Was als hochgemute, von Neugier und Anteilnahme getriebene Erkundungsreise begonnen hatte, wird gegen Ende immer mehr zu einer schaudernden Abwendung, fast einer Flucht.

In seinen unterwegs geschriebenen Briefen habe sich Steinbeck, behauptet sein Biograph Jay Parini, viel amerikakritischer als im ganzen Reisebericht geäußert. Er habe wohl nicht als Weltuntergangsprophet auftreten wollen, sondern es vorgezogen, einen etwas dünnen Patriotismus zu artikulieren – womit er sich der Chance begeben habe, ein wirklich großes Buch über Amerika zu schreiben.* Das mag so sein, als Nicht-Amerikaner kann man das schwerlich beurteilen, aber ein Satz wie dieser auf S. 208: »Wenn ich etwas zu kritisieren und zu beklagen fand, dann waren es Tendenzen, die sich genauso in mir selber finden«, bezeugt eine tiefe Einsicht, die jeder Kritiker sich zu Herzen nehmen sollte. Mit Amerika und seiner Seele hatte sich Steinbeck drei Jahrzehnte lang beschäftigt. Was er nach dieser Reise über sie dachte, kommt gut in einem Brief an seinen Lektor Pascal Covici zum Ausdruck, den er im Juli 1961 schrieb**, mitten in der Arbeit an *Travels with Charley*:

»Auf allen meinen Reisen habe ich wenig wirkliche Armut gesehen, ich meine die niederdrückende, schreckliche Armut der dreißiger Jahre. Die war wenigstens real und greifbar. Nein, was ich gesehen habe, war eine Krankheit, eine Art verzehrender Schwäche. Es gab Wünsche, aber keine Bedürftigkeit. Und unterschwellig die drängende Energie, wie Gase in einem Leichnam. Wenn das einmal explodiert – ich zittere bei dem Gedanken an das Ergebnis. Immer wieder ist mir durch den Kopf gegangen: Uns fehlt der Druck, der die Menschen stark macht, und das Leid, das sie groß macht. Was uns drückt, sind unsere Schulden,

* Jay Parini, op. cit., S. 424ff.

** *Steinbeck. A Life in Letters*, op. cit., S. 702f.

was wir uns wünschen, sind noch mehr materielle Spielsachen, und was uns quält, ist die Langeweile. Im Laufe der Zeit ist diese Nation ein mißvergnügtes *(discontented)* Land geworden.«

Basis und treibende Kraft solcher Kritik ist indessen – und dies hebt den Autor John Steinbeck weit über die allermeisten seiner schreibenden Zeitgenossen hinaus – ein feines Gespür und fundiertes Interesse für ökologische Zusammenhänge und ihre politischen Konsequenzen, lange vor dem Aufkommen einer »grünen« Bewegung. Man lese in diesem Licht nur noch einmal seine Ausführungen über die Funktion der Wüste als möglicherweise rettendes Ufer und Renaissance-Ort des Lebens nach einer von Menschenhand gemachten finalen Katastrophe, S. 217f.: »Die Wüstenbewohner … könnten sehr wohl die letzte Hoffnung des Lebens gegen das Nichtleben sein. Die Wüste hat schon andere Wunder hervorgebracht.«

Daß Steinbeck in seinem ganzen Fühlen und Denken ein seiner Zeit weit vorauseilender Ökologe und Ökologist war (und somit nicht etwa ein kleinerer Bruder, wie manchmal behauptet wird, sondern ein geistiger Antipode seines nur wenig älteren und berühmteren Kollegen Hemingway), ist in Amerika mittlerweile erkannt und gewürdigt worden.* Es wäre auch hierzulande an der Zeit und sicher gewinnbringend, ihn unter solchen Vorzeichen neu zu lesen.

* *Steinbeck and the Environment*, ed. Susan Shillinglaw et al., Tuscaloosa, University of Alabama Press, 1997.

Anmerkungen zum Text

7 *Harold Guinzburg:* Steinbecks langjähriger Verleger, der im Dezember 1961, während Steinbeck die Fahnen der *Travels with Charley* korrigierte, überraschend gestorben ist.

12 *Labor Day:* der erste Arbeitstag nach den Sommerferien, traditionell der erste Montag im September, 1960 der 5.; vgl. unten S. 17.

34 *Chruschtschow in der UNO:* Während der 15. UN-Vollversammlung im Herbst 1960 kam es mehrmals zu spektakulären Protestaktionen des sowjetischen Partei- und Regierungschefs Nikita Chruschtschow; das größte Aufsehen erregte er, als er sich schließlich einen Schuh auszog und damit wütend aufs Rednerpult hämmerte. Zu den Daten vgl. oben S. 33.

39 *Federal Communications Commission:* die nationale Aufsichts- und Regulierungsbehörde für Rundfunk- und Fernsehstationen.

39 *Aroostook County:* der nördlichste Bezirk des Staates Maine, vgl. unten S. 62.

42 *Joseph Addison* (1672–1719), englischer Politiker und Schriftsteller, Herausgeber der Wochenzeitschriften *The Tatler* und *The Spectator.*

42 *Non fumum …:* »Nicht Rauch aus Feuerschein, sondern Licht aus Rauch will er geben, um dann herrliche Wunder hervorzubringen« – Horaz über die Kunst Homers, *Ars poetica*, 143–45.

44 *YMCA-Herberge:* von der Young Men's Christian Association (dem Christlichen Verein Junger Männer) betriebene Herberge, die nur männliche Gäste aufnimmt.

45 *Sic semper cum Frenchies:* »So ist es immer bei den Franzmännern«; im Original: *Sic semper cum Frogs.*

52 *Elizabeth Otis:* Steinbecks literarische Agentin.

70 *roulotte:* frz. »Wohnwagen«.

72 *Je vous porte…:* »Ich bringe Ihnen ein teures Andenken an das schöne Frankreich – besonders an das Departement Charente.«

74 *Enfant de France…:* »Kind Frankreichs, gestorben fürs Vaterland.«

76 *Schmetterlingsschwenk seiner ersten Veronica:* im Original *butterfly sweep of his first veronica*, ein doppeltes Wortspiel: *butterfly sweep* ist der Name einer zum Angriff lockenden Schwertkampf-Bewegung, *Veronica* ist eine klassische Stierkampf-Figur, die als Auftakt zum Todesstoß ausgeführt wird (der Matador hält die ausgebreitete Capa vor sich und wartet, bis der Stier angreift; dann bewegt er das Tuch langsam nach rechts, indem er die rechte Hand nach oben und die linke nach unten zieht, so daß die Capa voll ausschwingt; während der Stier in das tiefgehaltene Tuch stößt, dreht sich der Matador um die eigene Achse und zieht mit der Capa den Stier hinter sich her). Zugleich ist Veronica aber auch eine populäre Bezeichnung für Freundin, Geliebte.

83 *end-run:* ein besonderer Lauf im Football: ein Stück außen ums Feld herum.

115 *tort:* juristischer Fachausdruck für »Übertretung«, im Gegensatz zu »Verbrechen« und »Vergehen«.

135 *WPA, Works Progress Administration:* Präsident Franklin D. Roosevelts Arbeitsbeschaffungsprogramm im »Zweiten New Deal«, 1935–38, zur Überwindung der wirtschaftlichen und sozialen Depression in den dreißiger Jahren.

160 *John Birch Society:* rechtsradikale, extrem antikommunistische und rassistische Organisation, gegründet 1958, bis

zum Ende des Kalten Krieges sehr einflußreich als Vorhut der äußersten amerikanischen Rechten.

161 *Remingtons Gemälde:* Frederic H. Remington (1861–1909), *Custer's Last Stand*

161 *Charles Erskine Scott Wood* (1852–1944), amerikanischer Dichter, hatte als junger Leutnant die berühmt gewordene »Surrender Speech« überliefert, mit welcher Chief Joseph am 5. Oktober 1877 in den Bear Paw Mountains, nur einen Tagesmarsch von der kanadischen Grenze entfernt, vor General Nelson A. Miles seine Kapitulation erklärte. *(»I am tired of fighting. Our chiefs are killed... From where the sun now stands I will fight no more forever.«)*

167 *Nachtbär:* Kenner vermuten richtig, im Original steht hier *night baer.* Hübsches kleines Wortspiel mit *nightmare*, Nachtmahr.

169 *Wahlkampf der Präsidentschaftskandidaten:* im Herbst 1960 traten Kennedy und Nixon gegeneinander an,

189 *Davies-Company:* eine bekannte Forstwirtschafts-Beratungsfirma.

196 *The miners came in forty-nine....:* Anspielung auf den kalifornischen Goldrausch von 1849ff. – »Die Schürfer kamen '49, die Huren '51, und als sie sich zusammentaten, machten sie einen einheimischen Sohn.«

201 *Gallego:* spanischer Name für Galicier

204 *Willie Trip, Pilon* usw.: Personen beziehungsweise deren reale Vorbilder in Steinbecks Monterey-Romanen *Tortilla Flat* und *Cannery Row.*

225 *Do you have a pin...:* Spiel mit *pin*, Nadel, und *pen*, Feder; wörtl.: »Haben Sie eine Nadel?« – »Sicher, mein Liebes, willst du eine Stecknadel oder eine Sicherheitsnadel?« – »Ich will einen Füllfederhalter« (*fountain pen*).

236 *Nachthabicht:* Falken-Nachtschwalbe *(Chordeiles minor)*, ähnlich dem europäischen Ziegenmelker.

246 *Cheerleaders:* eigentlich Jubler, Claqueure; der Ausdruck bezeichnet ursprünglich die Wort- oder Anführer von gekauften Claquen im Theater.

258 *ci gît:* französisch »Hier ruht…« – die Formel auf alten Grabsteinen.

258 *Alas that one whose darnthly joy…:* unübersetzbarer Text voll frei erfundener oder verballhornter englischer Wörter und Wortverbindungen à la *Finnegans Wake*, an dessen Verdeutschung sich richtige Anglisten versuchen mögen. Werner von Koppenfels schlägt vor: »Oweh das einer der seine wirrsche Freud so hofft dem himmelan Heim gestält soje von hünen gangen Mist obzwar dein lieb für Jammer da die heile Pest zum Zeichnis liest für wastu gelitten hast hienieten.«

274 *Pamplona:* nordspanische Stadt, in der einmal pro Jahr die Jungstiere durch die Straßen getrieben werden, um ihrerseits die jungen Männer der Stadt zu jagen.

275 *Und so fand der Reisende…:* Diese letzte Zeile, im Original *And that's how the traveler came home again*, ist eine Anspielung auf den oben S. 202 zitierten Roman von Thomas Wolfe: *You Can't Go Home Again*, deutsch erschienen unter dem Titel *Es führt kein Weg zurück*.